Internationale Bibliothek

Band 81

Erik Gurgsdies

Schulreform und Chancengleichheit

Ergebnisse der schwedischen Gesamtschulreformen

Verlag J. H. W. Dietz Nachf. GmbH
Berlin · Bonn-Bad Godesberg

Als Dissertation unter dem Titel »Schulreform und Chancengleichheit – Eine Untersuchung der schwedischen Gesamtschulreform« angenommen von der Wirtschafts- und Sozialwissenschaftlichen Fakultät der Universität Hamburg

ISBN 3-8012-1081-2

Berlin · Bonn-Bad Godesberg
53 Bonn-Bad Godesberg 1, Kölner Straße 149

Umschlag: Die Arbeitsgemeinschaft Uwe Loesch, Düsseldorf
Herstellung: braunschweig-druck GmbH
Printed in Germany 1975

Vorwort

Das Verfassen einer wissenschaftlichen Arbeit wird gemeinhin als Ausweis individueller Leistung angesehen. Bei näherem Hinsehen erkennt man jedoch den sozialen Zusammenhang, in dem auch wissenschaftliche Arbeiten entstehen: Ohne eine Vielzahl hilfsbereiter wie interessierter Personen — denen ich Dank schulde —, ohne eine Reihe glücklicher Umstände — für die ich dankbar bin —, wäre dieses Buch nicht entstanden. Einzelne oder einzelnes herauszuheben, hieße ungerechtfertigt werten. Um das Spektrum nur anzudeuten: Es zieht sich vom Personal der Stockholmer Bibliotheken bis zum wissenschaftlichen Betreuer dieser Arbeit, Professor Kob, es reicht von den schwedischen Freunden, die für die zum Gelingen der Arbeit unerläßliche emotionale Stabilität sorgten, bis zur Friedrich-Ebert-Stiftung, die die ebenso unerläßlichen Geldmittel bereitstellte.

Bergneustadt 1975

Erik Gurgsdies

Inhaltsverzeichnis

Schwedische Begriffe und Abkürzungen

Aktuellt från skolöverstyrelsen	Aktuelles von der Zentralschulverwaltung
enhetsskola	die von 1950 bis 1962 versuchsweise eingeführte integrierte Gesamtschule
grundskola	die seit 1962 obligatorische integrierte Gesamtschule
Jämlikhet (S 1969)	Abkürzung für den 1969 erschienenen 1. Gleichheitsbericht der schwedischen Sozialdemokraten
Kungl. Maj:ts proposition	formal im Namen des Königs von der Regierung unterbreiteter Gesetzesvorschlag
Lgr 62 bzw. 69 = Läroplan för grundskolan	Lehrplan für die seit 1962 bestehende integrierte Gesamtschulform aus den Jahren 1962 bzw. 1969
LO = Landsorganisationen	Arbeitergewerkschaft Schwedens
LU = Låginkomstutredningen	Komitee zur Erforschung der Lebensverhältnisse der unteren Einkommensschichten
Pedagogiska institution	Fachbereich Pädagogik
P. M. = Pro Memoriam	zumeist behördeninternes Schriftstück
SäU = Särskilda utskottets utlåtanden	Stellungnahme eines sog. »Besonderen Ausschusses« des schwedischen Reichstages
SAP = *S*ocialdemokratiska *A*rbetare *P*arti	Sozialdemokratische Arbeiter Partei
SCB = *S*tatistiska *C*entral*b*yrån	Statistisches Zentralamt
SIFO	Schwedisches Institut für Meinungsforschung
SÖ = *S*kol*ö*verstyrelsen	Zentralschulverwaltung
SOS = Sveriges Officiella Statistik	Schwedens offizielle Statistik der Reichstagswahlen, die vom Statistischen Zentralamt erstellt wird

SOU = *S*tatens *O*ffentliga *U*tredningar	Öffentliche staatliche Untersuchungen
TCO = *T*jänstemännens *C*entral*o*rganisation	Angestellten Gewerkschaft Schwedens
U 68	1968 eingesetztes Komitee zur Umgestaltung des schwedischen Hochschulwesens

Einleitung

Das schwedische Bildungswesen befindet sich seit rund zwanzig Jahren in einer Phase kontinuierlicher Umgestaltung, der eine zehnjährige intensive Reformdiskussion voranging. Die tiefgreifenden Reformen insbesondere des Grundschulwesens, auf die sich die folgende Untersuchung beschränken wird, sollten nicht nur zu einer Anpassung des Bildungswesens an eine sich wandelnde Gesellschaft führen, sondern sie wurden zugleich als »eine soziale Reform im weitesten Sinne mit tiefgreifenden Rückwirkungen auf die Entwicklung der Gesellschaft auf lange Sicht« betrachtet[1]. Den Reformen kam eine offensichtlich gesellschaftsverändernde Funktion zu: »Die bislang betriebene Bildungspolitik spiegelt einen starken Glauben wider, durch (Aus-) Bildung die soziale Wirklichkeit verändern zu können«[2]. Gesellschaftsverändernde Funktion wurde insbesondere dem Bemühen um die Realisierung von Chancengleichheit durch die Gesamtschulreformen zugeschrieben. In dieser Arbeit soll untersucht werden, ob die schwedischen Gesamtschulreformen[3] zu einer Verminderung sozial bedingter Auslese-

---

1 SäU 1962: 1. Särskilda utskottets utlåtande nr. 1 vid 1962 års riksdag. Stockholm: Riksdagens protokoll, S. 152.

2 *Palme, Olof* (S 1970), Die soziale Wirklichkeit zu verändern. In: Utbildningstidningen (1970), nr.1, S. 14; die im folgenden angewandte Zitierweise orientiert sich am Harvard-System: Autorennamen werden zusammen mit dem Erscheinungsjahr der Publikation aufgeführt. Skandinavische Veröffentlichungen werden mit einem S vor der Jahreszahl kenntlich gemacht und mit dem ins Deutsche übersetzten Titel zitiert, um dem Leser einen Eindruck von der schwedischen Forschungsarbeit zu vermitteln. Der Originaltitel kann im Literaturverzeichnis unter dem Autorennamen und der Jahreszahl ersehen werden. Direkte Zitate aus dem Schwedischen können im Original unter dem Autorennamen und der Jahres- sowie Seitenzahl im Anhang 4 nachgelesen werden. Übersetzungen aus den skandinavischen Sprachen stammen vom Verf.

3 Wir beschränken uns auf eine Analyse der integrierten Gesamtschulform auf der Grundstufe (1.—9. Schuljahr). Zur Entwicklung der additiven Gesamtschule des folgenden »gymnasialen« Stadiums siehe *Wieser, Klaus* (1974), Bildungspolitik und Gesellschaft in Schweden — Dargestellt am Beispiel der Einführung der »Gymnasialschule« als Berufsgrundschule, Hamburg: Diss.

prozesse beitrugen, die einen wesentlichen Aspekt schulischer Chancenungleichheit darstellen.

Sowohl »Gesamtschule« als auch »Chancengleichheit« sind Begriffe, mit denen recht unterschiedliche Tatbestände bezeichnet worden sind. Im Rahmen dieser Arbeit reduziert sich das terminologische Problem auf zwei empirischen Fragen: »Wie sah und sieht die schwedische Gesamtschule aus?« und »Was versteht man in Schweden unter Chancengleichheit?« Zur Klärung dieser Fragen soll im I. Teil der Arbeit eine ausführliche Analyse der Ziele der Gesamtschulreformen durchgeführt werden, um einerseits das Spezifische der schwedischen Gesamtschulkonzeption sowie andererseits Inhalt und Stellenwert der Forderung nach gleichen Bildungschancen deutlich zu machen.

Dabei wird auf eine deskriptive Behandlung der Reformen weitgehend verzichtet werden, weil eine Untersuchung der Ziele und Probleme eher Aufschluß über den bisherigen sowie zukünftigen Reformverlauf geben kann, als dies durch eine mehr deskriptive Darstellung möglich wäre[4].

Im II. Teil der Arbeit soll an Hand in Schweden vorliegenden empirischen Materials untersucht werden, ob sich im Verlaufe der Schulreformen eine Verminderung der sozialen Auslese und damit ein Mehr an Chancengleichheit ergab. Die Interpretation der empirischen Resultate wird auf dem Hintergrund der Ziel- und Problemanalyse des I. Teils erfolgen, die erst eine nuancierte Beurteilung der empirischen Sachverhalte ermöglicht.

Mit den empirischen Untersuchungen des II. Teils soll geprüft werden, ob ein Zusammenhang zwischen Gesamtschulreformen und sozialen Ausleseprozessen in Schweden zu konstatieren ist;

ferner soll ein Eindruck von den die Schulreformen begleitenden Forschungsarbeiten vermittelt werden;

schließlich soll mit dieser Arbeit ein Beitrag zur bundesrepublikanischen Gesamtschuldiskussion geleistet werden, indem Möglichkeiten und Grenzen einer auf Chancengleichheit abzielenden Gesamtschulkonzeption empirisch aufgezeigt werden.

Die Untersuchungen des II. Teils können insofern als Sekundäranalyse bezeichnet werden, als das aus mehreren für ganz Schweden repräsentativen Erhebungen gewonnene empirische Material unter dem Aspekt sozialer Ausleseprozesse aufgearbeitet wurde. Das umfangreiche empirische Material erlaubte es, die Frage nach dem Einfluß von Gesamtschulreformen auf die schulische Chancengleichheit unter drei Aspekten zu untersuchen.

4 Zudem liegt bereits eine Reihe von Studien in deutscher und englischer Sprache vor, die über Gestaltung und Inhalt der Gesamtschule detailliert Auskunft geben, s. z. B. *Bierschenk, Bernhard* (1968); *Hörner, Horst* (1970); *Jüttner, Egon* (1970b); *Orring, Jonas* (1968b); *Trouillet, Bernard* (1967).

Erstens wird das traditionelle schwedische Schulsystem, das sich in gewisser Weise mit dem herkömmlichen deutschen Schulwesen vergleichen läßt, der in den fünfziger Jahren versuchsweise eingeführten Gesamtschulform (enhetsskola) gegenübergestellt werden. Dabei werden vor allem Untersuchungen herangezogen, die innerhalb des sog. Individualstatistik-Projektes entstanden sind[5].

Zum Zeitpunkt der ersten Erhebung des Individualstatistik-Projektes (1961) bestanden in Schweden zwei quantitativ bedeutende[6], konkurrierende Grundschulformen, deren Schüler sich beim Übergang auf die sekundäre Stufe des Bildungswesens, d. h. beim Eintritt in die 7. Klasse, unterschiedlichen organisatorischen Differenzierungsformen gegenüber sahen: Die Schüler des traditionellen Schulsystems konnten entweder den Besuch der Volksschule fortsetzen oder auf die studienbezogene Realschule übergehen, wobei eine Auslese der Schüler nach dem erreichten Notendurchschnitt stattfand[7].

Die Schüler der integrierten Gesamtschule konnten sich dagegen frei für eine Fortsetzung ihres Bildungsganges entweder auf den praktischen (berufsbezogenen) oder theoretischen (studienbezogenen) Varianten entscheiden.

Da die Schüler der repräsentativen Stichprobe sowohl den gleichen kulturellen Einflüssen ausgesetzt waren als auch in den ersten sechs Schuljahren annähernd das gleiche Schulmilieu erlebt hatten, können Unterschiede im Grad der sozialen Auslese zwischen traditionellem und integrierter Gesamtschule mit hoher Wahrscheinlichkeit auf die unterschiedlichen organisatorischen Differenzierungsformen zurückgeführt werden. Die empirischen Befunde dieser Untersuchungen können deshalb auch als Beitrag zur deutschen Gesamtschuldiskussion angesehen werden.

Der ersten Erhebung des Individualstatistik-Projektes im Jahre 1961 schloß sich 1966 eine zweite Untersuchung an. Während dieses Zeitraums war die versuchsweise eingeführte Gesamtschule 1962 durch die obligatorische Gesamtschulform der grundskola abgelöst worden. Die obligatorische Gesamtschule unterschied sich insofern von der enhetsskola der fünfziger Jahre, als sie neben theoretischen und praktischen Wahlfachkombinationen noch »halb-theoretische« Varianten aufwies, die eine größere Durchlässigkeit der organisatorischen Differenzierung gewährleisten sollten. Die Schüler konnten nun nicht nur von den theoretischen, sondern auch von den

---

5 Ausführlicher zum Individualstatistik-Projekt s. die Einleitung zu Teil II sowie Abschnitt II.2.

6 Von der Gesamtschülerschaft besuchten 1961 rund ²/₃ das traditionelle Schulsystem und ¹/₃ die integrierte Gesamtschulform der enhetsskola.

7 Zur organisatorischen Differenzierung des traditionellen schwedischen Bildungswesens s. Figur 1 in Abschnitt I.1. Exkurs.

halb-theoretischen Varianten auf das Gymnasium übergehen, wenn sie von den angebotenen Komplettierungskursen Gebrauch machten.
In einem zweiten Schritt soll geprüft werden, ob die Ablösung der relativ starren organisatorischen Differenzierung der Versuchsschule durch die flexiblere Differenzierung der obligatorischen Gesamtschule zu einer Verringerung der sozialen Auslese und damit zu einem Mehr an schulischer Chancengleichheit führte. Mit dieser Untersuchung soll deutlich gemacht werden, daß der Erfolg einer auf Chancengleichheit abzielenden Reformpolitik zu einem wesentlichen Teil von der Ausgestaltung der Differenzierungsform der Gesamtschule abhängt.
Die Einführung der integrierten Gesamtschulform bezweckte vor allem, die Schüler nicht auf bestimmte Ausbildungsgänge festzulegen. Hieran knüpften die schwedischen Schulreformer die Hoffnung, daß die Ausbildungsentscheidungen mit zunehmendem Alter der Schüler weniger vom Elternhaus als vielmehr den Anlagen und Interessen der Jugendlichen gesteuert würden. Die These eines verminderten Elterneinflusses wirft jedoch zugleich die Frage nach neuen Referenzgruppen des Jugendlichen auf.
An Hand einer Paneluntersuchung des Individualstatistik-Projektes, in der die Schüler zu Beginn (1966) und am Ende (1969) der Gesamtschuloberstufe befragt wurden, soll geprüft werden, inwieweit von einer Durchlässigkeit der organisatorischen Differenzierung gesprochen werden kann und ob sie sich auf die soziale Selektion der Schüler auswirkte. Zudem wird untersucht werden, ob die Gruppe der Gleichaltrigen einen Einfluß auf die Ausbildungsentscheidungen auszuüben vermochte.
Durch die Verlängerung der Schulpflichtzeit bekamen die Ausbildungsentscheidungen der Schüler den Charakter einer vorbereitenden Berufswahl. Abschließend soll einmal untersucht werden, ob sich der Zusammenhang zwischen Ausbildungsplänen und Berufswünschen 13- bis 16jähriger Schüler verstärkte; andererseits soll geprüft werden, inwieweit sich der soziale Hintergrund der Schüler in den Berufsplänen widerspiegelte.
Die Verknüpfung der Ausbildungsentscheidungen mit den Berufswünschen verweist auf den Zusammenhang zwischen sozialem Hintergrund der Schüler und ihrem zukünftigen sozialen Status. Damit wird insofern über die Frage nach den Bestimmungsfaktoren schulischer Chancengleichheit hinausgegangen, als auch die zukünftigen Berufs- und Lebenschancen der Jugendlichen in die Analyse einbezogen werden. Die abschließenden Untersuchungen über den Zusammenhang von Ausbildungs- und Berufsentscheidungen mit dem sozialen Hintergrund der Schüler suchen die These zu belegen, daß die Realisierung schulischer Chancengleichheit, die auf eine Verminderung sozialer Ungleichheiten abzielt, diese bereits zu einem gewissen Grade voraussetzt.

Im II. Teil der Arbeit soll also untersucht werden, ob sich der Zusammenhang zwischen sozialem Hintergrund der Schüler und ihren Ausbildungsentscheidungen im Verlaufe der schwedischen Gesamtschulreformen verringert hat. Dabei wird das umfangreiche empirische Material des Individualstatistik-Projektes, das sich über einen Zeitraum von 8 Jahren erstreckt, im Mittelpunkt der Analyse stehen, zu dem noch empirische Untersuchungen einer Reihe anderer Projekte hinzukommen. Die in diesen Untersuchungen zutage tretenden empirischen Resultate werden auf dem Hintergrund der Ziele und Probleme der schwedischen Gesamtschulkonzeption interpretiert werden, wie sie im I. Teil der Arbeit dargestellt werden.

Teil I

Die Ziele der schwedischen Grundschulreformen — Eine Analyse der schwedischen Bildungsideologie

The may not put a man on the moon but they hope to settle all their people in harmonious cooperation on earth
DIXON (1965) S. 175

1. *Einleitung*

Die mit Reformmaßnahmen verfolgten Absichten werden oft als Ziele bezeichnet. Der Begriff des Zieles weist jedoch im Zusammenhang mit Bildungsreformen eine Reihe von Unklarheiten auf, so daß einige klärende Bemerkungen unumgänglich erscheinen. Wir werden uns im folgenden auf eine kurze Erörterung des

Problems der Realitätsnähe von Bildungszielen sowie
der Ziel-Mittel-Problematik

beschränken.

Wenn von den Zielen einer Schulreform gesprochen wird, so steht oft nicht eindeutig fest, ob die in der Zielformulierung angesprochenen Wirkungen erst in Zukunft auftreten werden oder aber bereits Teil der Bildungspraxis sind. Man kann hier von dem Problem der Realitätsnähe von Bildungszielen sprechen. Das Ziel z. B., durch Grundschulreformen eine Erhöhung des Bildungsniveaus der Gesamtschülerschaft herbeizuführen, kann mit der Einführung der Gesamtschule weitgehend als verwirklicht angesehen werden, während das Ziel, einen Abbau der sozialen Selektion zu erreichen, gegenwärtig als nur teilweise realisiert angesehen werden kann[8]. Die in den Lehrplänen und offiziellen Stellungnahmen formulierten Ziele der Gesamtschulkonzeption sind demnach auf ihre Realitätsnähe hin zu prüfen.

Zur Kennzeichnung dieses Sachverhaltes soll im folgenden an die Begriffe Bildungsideologie und Bildungspraxis angeknüpft werden. Bildungsideologie soll dabei den gesamten Zielkomplex bezeichnen, der als — nicht unbedingt widerspruchsfreies — Aussagensystem normativen *und* erfahrungswissenschaftlichen Charakters zur Rechtfertigung eines bestehenden sowie Begründung eines zu schaffenden Ausbildungswesens verstanden werden kann. Jene Teile dieses Zielkomplexes, die bereits realisiert werden konnten, gehen in die jeweilige Bildungspraxis ein.

---

8 S. hierzu den II. Teil der Arbeit.

Wenn man sich vor Augen hält, daß die schwedischen Grundschulreformen von »oben« gegen den teilweise erbitterten Widerstand bestimmter Lehrergruppen durchgeführt wurden und daß »the implementation of a reform . . . is never done through direct control over the educational process by the school authorities«[9], so gewinnt die Unterscheidung zwischen deklarierter Reformabsicht und Bildungsrealität d. h. zwischen Ideologie und Praxis bedeutendes Gewicht.

Der Begriff der Bildungsideologie verweist nun unmittelbar auf die dahinter stehenden Bildungsideologen und damit den politischen Aspekt der Reformen. Dieser besitzt im vorliegenden Zusammenhang insofern beträchtliches Gewicht, als die Gesamtschulreformen weniger aus primär pädagogischen als vielmehr politischen und sozialen Motiven entsprangen[10].

Die im folgenden zu analysierende schwedische Bildungsideologie kann deshalb weitgehend aus offiziellen Gutachten und Stellungnahmen sowie Gesetzen entnommen werden. Diese »offizielle Bildungsideologie« ist jedoch im Rahmen des vorhandenen empirischen Materials an der Bildungspraxis und damit ihrer Realitätsnähe zu messen. Aufgrund des starken Einflusses des politischen Willensbildungsprozesses auf den Verlauf der Reformen soll im folgenden Exkurs auf die Funktion und die Rolle des sog. Komiteewesens eingegangen werden, womit zugleich ein erster Überblick über die nunmehr 20jährigen Grundschulreformen vermittelt wird.

Exkurs: Komiteearbeit und Reformverlauf: Eine chronologische Darstellung der Reform

Gesetzliche Regelungen werden in Schweden meist von sog. Komitees vorbereitet, die den berührten Sachverhalt so umfassend wie möglich beleuchten sollen, um dadurch eine Grundlage für die öffentliche Diskussion und den nachfolgenden gesetzlichen Beschluß zu erstellen[11]. Das Komitee erarbeitet innerhalb der vom

9 *Dahllöf, Urban* (1970b), The materials and methods of implementation in the development of the curriculum. Outline of a model and some illustrations from Sweden (Project Compass nr. 21). Göteborg: Reports from the Institute of Education, University of Göteborg, S. 6.

10 Vergl. *Jüttner, Egon* (1970a), Der Kampf um die schwedische Schulreform. Eine Darstellung ihres Entstehungsprozesses unter Berücksichtigung politischer, wissenschaftlicher, demographischer und schulorganisatorischer Aspekte. Berlin: Diss., S. 298 ff. sowie *Paulston, Rolland G.* (1968), Educational Change in Sweden: Planning and Accepting the Comprehensive School Reforms. N. Y.: Teachers College Press, S. 145.

11 Ausführlich zum Gesetzgebungsprozeß s. *Andrén, Nils* (1961), Modern Swedish government, Stockholm: Almqvist & Wiksell, besonders S. 77 ff.

zuständigen Minister angegebenen Direktiven ein Gutachten, das allen berührten und interessierten Institutionen zugeleitet wird, die innerhalb eines bestimmten Zeitraumes eine Stellungnahme abgeben können (sog. remiss-Verfahren). Aufgrund dieser Äußerungen ersieht der Minister die Haltung der Öffentlichkeit — und hermit ist in Schweden fast ausschließlich die organisierte Öffentlichkeit angesprochen[12] — und damit die politische Opportunität des angestrebten Gesetzes. Bei weitreichenden und politisch kontroversen Gesetzesvorhaben kommt es meist zur Einsetzung eines sog. parlamentarischen oder öffentlichen Komitees[13], das nicht so sehr aus politisch neutralen Experten, sondern vielmehr aus fachlich kompetenten Vertretern der politischen Institutionen besteht. Im Verlaufe des Schulreformprozesses kam diesen parlamentarischen Komitees einmal die Aufgabe der empirischen Bestandsaufnahme des jeweiligen Entwicklungsstandes der Reform zu, zum anderen sollte auf dieser Grundlage ein politisch akzeptabler Reformvorschlag erarbeitet werden, d. h. aber auch: der Raum für einen politischen Kompromiß abgesteckt werden. Die Gutachten der Komitees werden in der Reihe SOU (*S*tatens *o*ffentlia *u*tredningar, dt.: öffentliche staatliche Untersuchungen) in Buchform der Öffentlichkeit zugänglich gemacht.
Die von diesen parlamentarischen Komitees erarbeiteten Vorschläge basieren also bereits auf einem weitgehenden Konsensus und markieren den späteren Gesetzesvorschlag (schwedisch: proposition) meist schon ziemlich genau. Aus diesem Grunde beinhaltet die Charakterisierung der unterschiedlichen Komitees zugleich die wesentlichen Etappen der Einführung der integrierten Gesamtschule in Schweden[14].

Bereits zu Beginn des II. Weltkrieges kam es zur Einsetzung des sog.

1940er Schulkomitees (schwedisch: 1940 års skolutredning)[15]

das eine grundlegende empirische Bestandsaufnahme des traditionellen Schulwesens durchführte, das folgenden Aufbau besaß:

---

12 Diese Organisationen, vor allem jene des Arbeitsmarktes, werden von staatlicher Seite weniger als Interessenorganisationen im engeren Sinne, sondern vielmehr als repräsentative Vertreter wichtiger und legitimer Gesellschaftsinteressen betrachtet, s. z. B. *Andrén, Nils* (S 1968), Schwedische Staatswissenschaft, Stockholm: Liber, S. 34 ff.; zur Stellung der Organisationen im Gesetzgebungsprozeß s. *Foyer, Lars* (S 1961), Formen des Kontakts und der Zusammenarbeit zwischen Staat und Organisationen, in: SOU 1961:21, S. 10 ff. sowie in deutscher Sprache *Wieser, Klaus* (1974), Teil 5.

13 Zu den unterschiedlichen Arten von Komitees sowie deren Funktion im Rahmen wechselnder politischer Kräfteverhältnisse im Reichstag s. *Meijer, Hans* (S 1956), Komiteepolitik und Komiteearbeit. Entwicklungslinien des staatlichen Komiteewesens von 1905—1954 sowie dessen gegenwärtige Funktion und Arbeitsformen. Lund: Gleerup, S. 90 ff.

14 Eine Zusammenstellung der wichtigsten offiziellen Reformdokumente findet sich in *Egidius, Henry* (S 1969), Die schwedische Schulreform. Eine Auswahl von Gutachten und Gesetzesvorlagen (Pedagogisk orientering och debatt 26), Lund: Läromedelsförlagen.

15 Zur Zusammensetzung und Arbeit dieses Komitees s. vor allem *Jüttner, Egon* (1970a), S. 102 ff.

Figur 1[16]

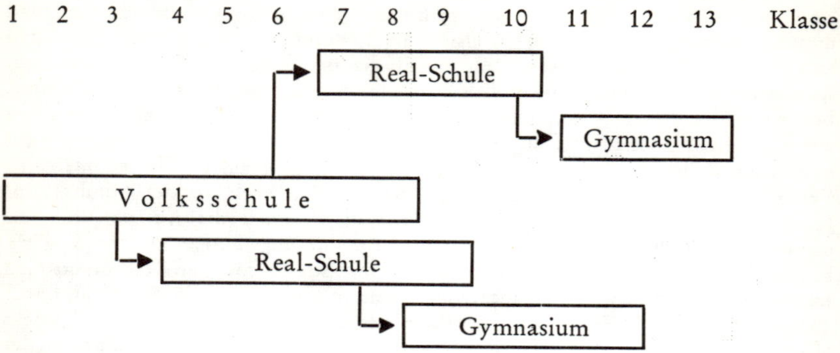

Aufgrund seiner Zusammensetzung konnte sich das 1940er Schulkomitee jedoch auf keinen für alle politischen Parteien akzeptablen Reformvorschlag einigen. Der durch den Krieg verursachte Reformstopp trug dazu bei, daß die schwedische Arbeiterbewegung[17] noch vor Ende des Krieges ein Programm verabschiedete, das weitgehende soziale Reformen beinhaltete[18]. Die sozialdemokratische Partei (*S*ocialdemokratiska *A*rbetare*p*arti: SAP) hob auf dem 1944er Parteitag die instrumentelle Rolle des Schulwesens zur Veränderung der Gesellschaft hervor. So betonte *Ernst Wigforss*, einer der führenden Theoretiker der SAP, auf diesem Parteikongreß: »One of the most vital means to the realization of democracy and the implementation of socialism will be to reorganize the school system«[19].

Bevor noch das 1940er Schulkomitee seine Arbeit abgeschlossen hatte, kam es auf Betreiben der SAP zur Einsetzung der sog.

1946er Schulkommission (schwed.: 1946 års skolkommission[20]),

deren Arbeit entscheidend zur Einführung der integrierten Gesamtschule in Schweden beitrug. Man kann sogar sagen, daß das Fundament der Gesamtschulreformen

16 Das traditionelle schwedische Schulwesen in dem die Schüler entweder nach dem 4. oder 6. Volksschuljahr auf die studienbezogene Realschule übergehen konnten, läßt sich als duales Parallelschulsystem beschreiben.

17 Hierbei handelte es sich vor allem um die sozialdemokratische Partei (SAP) sowie die Arbeitergewerkschaft (schwedisch: Landsorganisationen = LO).

18 S. LO/SAP/SUS/SSKF (S o. J.), Nachkriegsprogramm der Arbeiterbewegung. Zusammenfassung in 27 Punkten, o. O.

19 Zitiert nach *Paulston, Rolland G.* (1968), S. 90.

20 Zur Zusammensetzung und Arbeitsweise vergl. *Jüttner, Egon* (1970a), S. 149 ff. sowie SOU 1948:27, S. XI.

»in der Ausbildungsphilosophie und dem Geist (d. 1946er Schulkommission, d. V.) (liegt), die Ziel und Richtlinien des Lehrplanes durchdringen«[21].

Im Gegensatz zum Experten-Komitee von 1940 wurde dieses parlamentarische Gremium weitgehend von den Sozialdemokraten beeinflußt. Bereits nach zwei Jahren wurde das grundlegende Gutachten unter dem Titel

> SOU 1948:27, Gutachten der 1946er Schulkommission mit einem Vorschlag für Richtlinien zur Entwicklung des schwedischen Schulwesens (im folgenden zitiert als SOU 1948:27), Stockholm: Ecklesiastikdepartementet

abgegeben, das die Einführung einer neunjährigen integrierten Gesamtschule vorschlug[22].
Der organisatorische Aufbau der vorgeschlagenen Gesamtschulkonzeption läßt sich wie folgt charakterisieren:

Figur 2

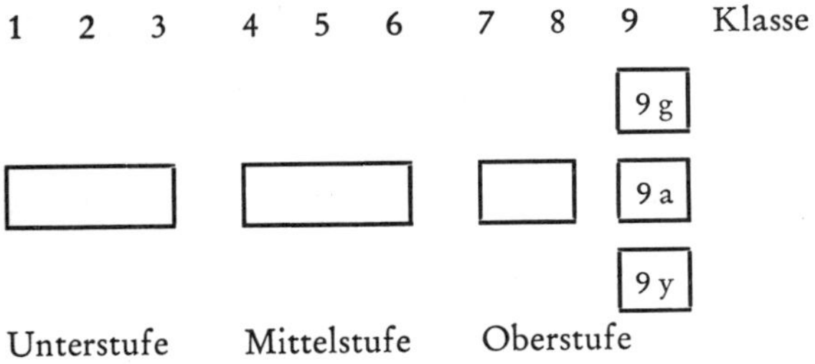

Die Schüler sollten erst im 9. Schuljahr auf unterschiedliche Züge aufgeteilt werden. Der Zug 9g diente der Vorbereitung auf gymnasiale Studien, 9a zielte auf ein mittleres Qualifikationsniveau der Wirtschaft ab, 9y wies im Gegensatz zu 9g und 9a bereits stark berufsvorbereitende Elemente auf. Damit wurde das sog. Prinzip der zusammengehaltenen d. h. unselegierten Klassen zu einem Strukturmerkmal der vorgeschlagenen Gesamtschulreform. Auf der Oberstufe sollte in der 7. und 8. Klasse eine Differenzierung der Schüler im Rahmen der unselegierten Klassen nur durch Wahlfächer und Niveaukurse geschehen, wobei sich die Schüler frei für die angebotenen Alternativen entscheiden sollten. Mit diesen Maßnahmen war die Ablösung des traditionellen selektiven Schulsystems durch die Zuwahlsschule beabsichtigt[23].

21 *Dahllöf, Urban* (S 1971a), 25 Jahre schwedischer Ausbildungsplanung. Lund: Studentlitteratur, S. 47.
22 Vergl. auch *Wieser, Klaus* (1974), Abschnitt 4.1.
23 Ausführlich zum Aufbau dieses Gesamtschultyps vergl. *Jüttner, Egon* (1970a), S. 160 ff.; *Dahllöf, Urban* (S 1971a), S. 23 ff.

Als Hauptargument für die vorgeschlagene Gesamtschulform wurde angeführt, daß die traditionelle Schule in mancher Hinsicht als Produkt nicht-demokratischer Gesellschaftsformen anzusehen sei[24]. Die angestrebte Demokratisierung der Gesellschaft mache ihrerseits eine Demokratisierung der Schule notwendig, die am ehesten durch eine integrierte Gesamtschule zu erreichen sei. Hinter diesem Vorschlag stand eine grundsätzliche Umorientierung der offiziellen schwedischen Bildungspolitik, die man als Übergang von einer elitären zu einer egalitären Auffassung bezeichnen kann[25].

Nach Abschluß des remiss-Verfahrens wurde dem Reichstag ein Vorschlag für Richtlinien der Entwicklung des schwedischen Schulwesens vorgelegt:

> Kungl.Maj:ts proposition 1950:70, Gesetzesvorlage der königlichen Majestät an den Reichstag über Richtlinien zur Entwicklung des schwedischen Schulwesens, Stockholm: Riksdagen,

der Diskussionen und gewisse Umformulierungen durch einen Sonderausschuß mit sich brachte. Der schließlich vom Reichstag gutgeheißene Vorschlag über den Beginn einer Versuchsperiode mit einer neunjährigen integrierten Gesamtschule, die den Namen »enhetsskola« (deutsch: Einheitsschule) trug, wies in seinen entscheidenden Passagen mehrdeutige Formulierungen auf[26], die später von Anhängern und Gegnern der Reform unterschiedlich interpretiert wurden. Meinten die Befürworter, die Einführung der Gesamtschule sei bereits beschlossen, problematisch sei nur noch die durch Schulversuche festzustellende Form, so behaupteten die Gegner, die Resultate der Schulversuche müßten erst erweisen, ob eine Ablösung des selektiven Systems überhaupt angebracht sei.
Die während der fünfziger Jahre durchgeführten Schulversuche mit der »enhetsskola« gestalteten sich aus einer Reihe von Gründen äußerst schwierig. Insbesondere ist darauf hinzuweisen, daß die den Gemeinden eingeräumte Freiheit der Ausgestaltung der Oberstufe, die Raum für eine Vielzahl von Schulexperimenten lassen sollte, zu einer weitgehenden Angleichung der Versuchsschule an das traditionelle Schulsystem führte. Die Schüler wurden nämlich in der Mehrzahl der Gemeinden aufgrund der von ihnen getroffenen Zuwahl von Wahlfächern und Niveaukursen bereits nach dem 6. statt wie angenommen nach dem 8. Schuljahr auf voneinander getrennte Klassen verteilt, was dem Prinzip der zusammengehaltenen Klassen entgegenstand[27].

---

24 Vergl. SOU 1948:27, S. 2.

25 S. hierzu *Tomasson, Richard F.* (1965), From Elitism to Egalitarianism in Swedish Education; in: Sociology of Education 38 (1965), S. 203 ff.

26 Ausführlich hierzu *Jüttner, Egon* (1970a), S. 177 ff. sowie *Richardson, Gunnar* (S 1967), Der Einheitsschulbeschluß von 1950 — Ein politisches Nebulosum; in: Statsvetenskaplig tidskrift 49 (1967), nr. 5, S. 369 ff.

27 Ausführlich zum Reformverlauf s. *Jüttner, Egon* (1970a); Gewerkschaft Erziehung und Wissenschaft (1968), Kräfte und Gegenkräfte. Die pädagogischen und schulpolitischen Voraussetzungen der schwedischen Schulreform, Ffm.: GEW; *Boalt, Gunnar, Husén, Torsten* (1968), Bildungsforschung und Schul-

Trotz dieser Schwierigkeiten wurde die neue Schulform in einer ständig wachsenden Zahl von Gemeinden eingeführt, wozu ein Reichstagsbeschluß von 1956 beigetragen haben mag. In ihm wurde eine zusammenfassende Untersuchung der bisher durchgeführten Versuche vorgeschlagen, um auf dieser Grundlage spätestens 1962 einen Reichstagsbeschluß zur Einführung der obligatorischen Gesamtschule herbeiführen zu können.

Bereits ein Jahr später kam es zur Einsetzung des sog.

> 1957er Schulausschusses (1957 års skolberedning)[28],

auf dessen Betreiben ein umfangreiches Forschungsprogramm in Angriff genommen wurde. Im Jahre 1960 einigten sich die Komiteemitglieder auf einen gemeinsam zu unterbreitenden Vorschlag, der ein Jahr später unter dem Titel

> SOU 1961:30, Die grundskola. Gutachten des 1957er Schulausschusses VI, Stockholm: Ecklesiastikdepartementet (im folgenden zitiert als SOU 1961:30)

der Öffentlichkeit vorgelegt wurde.
Nach diesem Vorschlag wurde das Prinzip der zusammengehaltenen Klasse[29] bis zum Beginn des 9. Schuljahres durchgesetzt, in welchem die Schüler auf neun unterschiedliche Züge der Gesamtschule verteilt werden sollten. In der 7. und 8. Klasse war eine Differenzierung der Schüler nur durch die Zuwahl gewisser Wahlfächer sowie bestimmter Niveaukurse vorgesehen. Die neun Züge des letzten Gesamtschul-Jahres ließen sich unter übergreifenden Gesichtspunkten dem studienbezogenen, sozialen, ökonomischen sowie technischen Bereich zuteilen[30].
Der Name der vorgeschlagenen Gesamtschulform war »grundskola« (dt.: Grundschule), so daß sich die obligatorische Gesamtschule schon rein namensmäßig von der versuchsweise eingeführten »enhetsskola« unterschied.
Betrachtet man die vorgeschlagene Schulform als Teil des gesamten Bildungssystems, so bestand eine Neuerung in der Auflockerung der Trennung studien- und berufsbezogener Ausbildungswege. Galt es im traditionellen Schulwesen wie auch zu Beginn der enhetsskola-Oberstufe sich für studien- oder berufsbezogene Varianten zu entscheiden, so beinhaltete der Vorschlag des 1957er Schulausschusses eine flexiblere organisatorische Differenzierung: einerseits führte die neu einzurichtende Fachschule, die neben Gymnasium und Berufsschule an die grundskola anknüpfen und auf ein mittleres Qualifikationsniveau abzielen sollte, eine Erweiterung des Bildungsangebots nach Abschluß der grundskola mit sich; andererseits konnten jene Schüler, die zu Anfang der grundskola-Oberstufe Wahlfach-

---

reform in Schweden, Stuttgart: Klett, S. 11 ff.; *Marklund, Sixten* (S 1960), 10 Jahre enhetsskola, Kungl. Skolöverstyrelsens skriftserie 46, Stockholm: SÖ sowie Abschnitt II.2.7. dieser Arbeit.

28 Zur Zusammensetzung und Arbeit dieses Komitees s. SOU 1961:30, S. 19 ff.; *Jüttner, Egon* (1970a), S. 228 ff.; *Hörner, Horst* (1970), S. 120 ff.

29 Ausführlich zum Prinzip der zusammengehaltenen Klasse s. I.2.3.

30 Siehe auch die Ausführungen in I.2.1. sowie Figur 3.

kombinationen wählten, die auf die Fachschule vorbereiteten, durch Komplettierungsstudien die Berechtigung zum Übergang auf das Gymnasium erwerben. In der vorgeschlagenen Gesamtschulform sollte es damit also neben theoretischen (studienbezogenen) und praktischen (berufsbezogenen) auch quasi-theoretische Ausbildungswege geben. Dieser Vorschlag des 1957er Schulausschusses lag dem Gesetzesvorschlag des Ausbildungsministers

> Kungl. Maj:ts proposition 1962:54, Zur Reform der obligatorischen Schule u. a., Stockholm 1962: Riksdagen

fast unverändert zugrunde. Der Reichstag beschloß 1962 die Einführung einer obligatorischen, neunjährigen integrierten Gesamtschule, die bis zum Schuljahr 1971/72 im ganzen Lande eingeführt sein sollte. Der Name der neuen Schulform wurde — wohl nicht zuletzt aus Rücksicht auf bürgerliche Kritiker — von enhetsskola in grundskola umgewandelt, deren schulische Arbeit sich im Rahmen des von der Zentralschulverwaltung ausgearbeiteten

> Lehrplan für die grundskola (im folgenden zitiert als Lgr 62). Kungl. Skolöverstyrelsens skriftserie 60, 2. Aufl. Stockholm 1964

vollziehen sollte.

Bereits im Jahre 1966 begann die Zentralschulverwaltung an einer Überprüfung dieses Lehrplanes zu arbeiten und legte im folgenden Jahr den Reformvorschlag

> Skolöverstyrelsen (S 1967), Lehrplanüberprüfung. Die grundskola. Vorschlag der Köngl. Majestät zur Überprüfung des Lehrplans der grundskola. Stockholm: Sö-Förlaget

vor. Eines der wesentlichen Motive für diese Überarbeitung, die noch vor der Einführung der Gesamtschule im ganzen Lande vorgenommen wurde, war, daß die vielfältigen Zuwahlsmöglichkeiten von den Schülern nur unzureichend ausgenutzt worden waren: die überwiegende Mehrzahl der Schüler — rund 80 % — wählten theoretische oder doch quasi-theoretische Ausbildungswege auf der Oberstufe der Gesamtschule[31]. Aus diesem Grunde schlug die Zentralschulverwaltung die Abschaffung der Züge in der neunten Klasse vor, was auf die Durchsetzung des Prinzips der zusammengehaltenen Klasse während der gesamten grundskola-Zeit hinauslief. Ferner wurde eine Abschaffung studien- und berufsbezogener Wahlfachkombinationen vorgeschlagen[32]. Der Ausbildungsminister folgte in

> Kungl. Maj:ts proposition 1968:129, Über die Lehrplanüberprüfung für die grundskola. Stockholm: Riksdagen

dem Vorschlag der Zentralschulverwaltung in den wesentlichen Punkten. Die Durchführung des revidierten Lehrplanes

---

31 Ausführlich zu den Wahlentscheidungen auf der Oberstufe der grundskola s. Abschnitt II.3.2.

32 Diese rasche Änderung wurde auch dadurch ermöglicht, daß die gesamten schwedischen Bildungsreformen von Anfang an im Sinne einer »rollenden Reform« angelegt waren. Vergl. auch *Wieser, Klaus* (1974), Kapitel 4.

Lehrplan für die grundskola 1969 (im folgenden zitiert als Lgr 69). Allgemeiner Teil. Stockholm: Utbildningsförlaget

beinhaltete demnach eine wesentliche Einschränkung der organisatorischen Differenzierung, indem vier Wahlfachkombinationen (2. Fremdsprache, Ökonomie, Technik, Kunst) eingeführt wurden, die alle die gleiche formale Berechtigung beim Übergang auf die gymnasiale Stufe gaben. Dieser Abbau der organisatorischen Differenzierung ließ nun die pädagogischen Probleme immer stärker in den Vordergrund treten.
Diese Darstellung der wichtigsten organisatorischen Reformen im Lichte des legislativen Prozesses sagt nun jedoch wenig über die inhaltliche Seite der Reformen, nämlich die innere pädagogische Arbeit aus. Einer der Schwerpunkte der folgenden Ausführungen zur schwedischen Bildungsideologie und -praxis wird deshalb auf diesen primär pädagogischen Problemen liegen.

Aus den soeben aufgeführten Reformdokumenten lassen sich Zielsetzungen für die innere Arbeit der Schule relativ eindeutig bestimmen. Diese Bildungsziele im engeren Sinne reichen zu einer Analyse der mit den Reformen verfolgten Absichten alleine jedoch nicht aus. Betrachtet man nämlich die Erziehungsinstitutionen in einem umfassenderen sozialen Kontext, so kommt der Mehrzahl der Bildungsziele Mittelfunktion bei der Erfüllung gesellschaftlicher Aufgaben zu. Reformziele können mit anderen Worten erst dann sinnvoll bestimmt werden, wenn die Ebene der Gesellschaft explizit gemacht wird, auf der bestimmte Wirkungen erzielt werden sollen. Die Auswahl solcher Systemebenen richtet sich nach dem Zweck der jeweiligen Untersuchung.
Anknüpfend an die sekundäre Sozialisationsfunktion eines Bildungswesens in einer technisch entwickelten Gesellschaft können analytisch zwei Aspekte zur Charakterisierung von Bildungsideologien und damit Zielen unterschieden werden. Zum einen soll die Sozialisation innerhalb des öffentlichen Bildungswesens dem einzelnen Schüler helfen, seine Anlagen zu entwickeln — zumindest finden sich in den modernen Bildungskonzeptionen verbale Erklärungen dieser Art[33]. Zum anderen besitzt die schulische Sozialisation in den Industriegesellschaften eine Allokationsfunktion: Die schulische Erziehung bereitet auf die Übernahme von Rollen, insbesondere Berufsrollen vor, die wesentlich über die soziale Stellung des Individuums entscheiden.
Diese beiden Aspekte spiegeln zugleich die Problematik wider, die allen Bildungskonzeptionen gemeinsam ist, nämlich »das Moment der Spannung, die zwischen dem Recht des Individuums auf Selbstbestimmung und der Gefahr bloßer Anpassung an jeweils vorfindliche Gesellschaftssysteme

33 So soll sich der Schüler in Schweden zu einem freien, selbständigen und harmonischen Menschen entwickeln; vergl. z. B. Lgr 69, S. 10.

herrscht«[34]. Zur Beantwortung der »zentralen Frage an ein Bildungsziel«, inwieweit nämlich dieses Moment der Spannung in ihm bewußt aufgenommen und artikuliert ist[35], werden wir von folgender Unterscheidung ausgehen[36]:

(1) Primär an den Individuen orientierte Zielsetzungen.

Ausgehend von empirisch feststellbaren oder auch vermuteten Bedürfnissen der Schüler werden Ziele zur Gestaltung der äußeren (organisatorischen) Struktur sowie inneren (methodisch-didaktischen) Arbeit der Schule aufgestellt. Man kann hier von der psychologisch-pädagogischen Komponente der Bildungsideologie sprechen, da aufgrund einer bestimmten Auffassung vom Menschen unter Berücksichtigung psychologischen Wissens pädagogische Maßnahmen ergriffen werden sollen.

(2) Primär gesellschaftsbezogene Ziele.

Schulische Erziehung besitzt als Ziel zwar die Entfaltung der Persönlichkeit des Schülers, diese Entfaltung vollzieht sich jedoch immer im Rahmen der gegebenen Gesellschaft. Die Schule spielt in diesem Zusammenhang insofern eine bedeutende Rolle, als die von ihr vermittelten Qualifikationen und Berechtigungen zu einem wesentlichen Teil darüber bestimmen, welchen Platz das Individuum innerhalb der Sozialstruktur einnehmen wird, und das heißt auch: wie groß die künftigen Chancen der Selbstverwirklichung sein werden. Man kann hier von der Allokationsfunktion der Schule oder der sozio-ökonomischen Komponente der Bildungsideologie sprechen.

Mit Bildungsreformen können auf gesamtgesellschaftlicher Ebene grundsätzlich zwei Zielsetzungen verfolgt werden: Zum einen kann das Aufholen eines sog. Modernitätsrückstandes beabsichtigt sein, um den funktionalen Bedürfnissen der bestehenden Gesellschaft besser entsprechen zu können; zum anderen können die Reformen auf eine Veränderung der bestehenden Gesellschaft, also auf sozialen Wandel angelegt sein. Dieser Tatbestand wird in Schweden als Gegensatz von Gesellschaftserhaltung und Gesellschaftsveränderung gesehen[37].

---

34 *Nunner-Winkler, Gertrud* (1971), Chancengleichheit und individuelle Förderung. Eine Analyse der Ziele und Konsequenzen moderner Bildungspolitik, Stuttgart: Enke, S. 71.

35 Ebda.

36 Wir schließen uns hier an einen Vorschlag von *Lena Johansson* an; vergl. *Johansson, Lena* (S 1970), Ausbildung — theoretischer Teil, Stockholm: Allmänna Förlaget, S. 8 ff.

37 Vergl. ebda.

Diese Einteilung ist jedoch nicht unproblematisch; denn Wandel an sich kann nicht als Unterscheidungsmerkmal in Frage kommen, da die *bestehende* Sozial- und insbesondere ökonomische Struktur durch Wandel geradezu charakterisiert werden kann, in der Wachstum ein Mittel der Gesellschaftserhaltung ist. Die Unterscheidung der Reformmaßnahmen danach, ob sie

a) den funktionalen Anforderungen der Gesellschaft dienen oder

b) auf sozialen Wandel abzielen, soll vielmehr darauf beruhen, daß erstere sich auf die bestehende Gesellschaft sowie deren *prognostizierbare* Entwicklung beziehen, während letztere *politische Handlungsprogramme* zur Veränderung der Gesellschaft zur Grundlage haben. Prognosen sind dabei im wissenschaftlichen Sinne als bedingte Aussage über zukünftige Gesellschaftszustände anzusehen, die Theorien über die jeweils relevanten Gesellschaftsbereiche voraussetzen, während Programme Ausdruck einer politischen Handlungskonzeption sind, um auf der Grundlage bestimmter Wertvorstellungen eine »bessere« Gesellschaft durchzusetzen. Nicht Wandel, sondern die Richtung des Wandels bildet somit das Kriterium zur Unterscheidung funktionaler und gesellschaftsverändernder Zielsetzungen. Diese Unterscheidung ist nicht in jedem Fall eindeutig verwendbar; für den Zweck einer Darstellung der grundsätzlichen Züge der schwedischen Reformkonzeption erscheint sie jedoch brauchbar.

Mit Hilfe dieser Klassifikation in primär individuum- und primär gesellschaftsbezogene Zielsetzungen soll im folgenden eine Analyse des Inhaltes und der Problematik der dem Reformprozeß zugrunde liegenden Bildungsideologie gegeben werden.

2. *Der psychologisch-pädagogische Aspekt der schwedischen Bildungsideologie — Primär an den Individuen orientierte Reformmaßnahmen*

Dieser Komponente der schwedischen Bildungsideologie kommt insofern eine wesentliche Bedeutung zu, »als die gesamte Grundschulreform primär auf einer Beurteilung des Bedürfnisses nach mehr Ausbildung in einer veränderlichen und sich ständig komplizierenden Gesellschaft aus der Perspektive der Individuen beruht, und die gesamte Entwicklung und Veränderung der Wahlmöglichkeiten (in der Gesamtschule, d. V.) auf psychologischen und sozialen Überlegungen basiert«[38].

38 *Dahllöf, Urban* (S 1971a), S. 134.

Die Forderung

> jedem Schüler der Gesamtschule die Entwicklung seiner Anlagen zu ermöglichen

kann als die wichtigste, an den Bedürfnissen der Schüler orientierte Zielsetzung bezeichnet werden[39]. Diese im folgenden inhaltlich zu präzisierende Forderung erfuhr im Verlaufe des Reformprozesses unterschiedliche Formulierungen, was als Ausdruck der mit ihrer Verwirklichung verbundenen Schwierigkeiten gewertet werden kann. In der bisher letzten Revision des grundskola-Lehrplanes wird allgemein die Forderung nach einer Persönlichkeitsentwicklung der Schüler ausgesprochen[40].
Zur Konkretisierung dieser an den Individuen orientierten Zielsetzung soll im folgenden eine Darstellung der wichtigsten bisher durchgeführten Reformmaßnahmen gegeben werden, um auf diese Weise sowohl eine Präzisierung des Begriffsinhaltes als auch eine Analyse der Problematik der Reformkonzeption zu geben.
Diese Vorgehensweise gibt einen besseren Einblick in Verlauf und Probleme der Reformkonzeption als dies durch eine Analyse der übrigen individuumbezogenen Zielsetzungen möglich wäre, die aufgrund ihrer allgemeinen Formulierungen dem mit dem Reformverlauf nicht allzu vertrauten Leser keine wesentlichen Informationen geben können[41].
Die im folgenden ausführlich zu behandelnden Maßnahmen zur Realisierung einer »schülerzentrierten« Schule können geradezu als Strukturmerkmale der schwedischen Gesamtschulkonzeption bezeichnet werden — nämlich die Schaffung einer möglichst durchlässigen und vielseitigen organisatorischen Differenzierungsform, die Einführung der freien Zuwahl anstelle der Auslese, die Durchsetzung des sog. Prinzips der zusammengehaltenen Klasse sowie das Bestreben, eine möglichst weitgehende Individualisierung des Unterrichts zu erreichen.

---

39 Vergl. z. B. U 68 Debatt (S 1969), S. 17

40 Vergl. hierzu Lehrplan für die grundskola 1969, (Lgr 69), S. 12.

41 Eine Darstellung der dem 1962er grundskola-Lehrplan zugrunde liegenden Ziele wird z. B. von *Hörner* gegeben; vergl. *Hörner, Horst* (1970), Demokratisierung der Schule in Schweden (Erziehungswissenschaftliche Forschungen Bd. 4), Weinheim/Berlin/Basel: Beltz, S. 121 ff.; eine Analyse der individuumbezogenen Zielsetzungen findet sich bei *Johansson, Lena* (S 1970), S. 9 ff.

2.1. Die Schaffung einer flexiblen organisatorischen Differenzierungsform

Im folgenden wird die sog. Differenzierungsfrage erörtert werden, die während der fünfziger Jahre im Vordergrund der Gesamtschuldiskussion stand. Es handelte sich hier um das Problem, durch welche organisatorische Gestaltung des Grundschulwesens den unterschiedlichen interesse- und begabungsmäßigen Voraussetzungen der Schüler am besten Rechnung getragen werden kann. Dabei werden wir uns auf die Diskussion der Forschungsergebnisse beschränken, die zur Begründung der schließlich gewählten Differenzierungsform herangezogen wurden[42].

Zuvor jedoch noch kurz eine definitorische Klarlegung: Differenzierende Maßnahmen lassen sich nach unterschiedlichen Kriterien einteilen. Für den Zweck dieser Untersuchung scheint es am sinnvollsten zu sein, zwischen dem Unterrichtsprozeß als dem eigentlich pädagogischen Vorgang und der organisatorischen Struktur der Schule zu unterscheiden, innerhalb deren sich der Unterrichtsprozeß zu vollziehen hat. So gesehen werden wir im folgenden zwischen der pädagogischen (inneren) und organisatorischen (äußeren) Differenzierung unterscheiden[43]. Die sog. Differenzierungsfrage bezog sich auf das Problem der organisatorischen Differenzierung, d. h. wann und auf welche Art und Weise die Schüler unterschiedlichen Schularten, Zügen, Linien u. ä. zugeordnet werden sollen. Probleme der pädagogischen Differenzierung ergeben sich aus der Interaktion von Lehrern und Schülern innerhalb der organisatorischen Strukturen.

Bestand noch Anfang der 40er Jahre weitgehende Einigkeit darüber, daß die sog. studienbegabten Schüler bereits im Alter von 11 bis 13 Jahren auf die studienbezogene (schwedisch: theoretische) Realschule übergehen sollten[44], so stellte die 1946er Schulkommission die Differenzierungsfrage in ein neues Licht. Aus hauptsächlich sozial motivierten Gründen[45] sprach

---

42 Der politische Aspekt der Differenzierungsfrage braucht hier nicht berührt zu werden; s. hierzu die Ausführungen im Exkurs sowie *Jüttner, Egon* (1970a), *Paulston, Rolland G.* (1968) und *Wieser, Klaus* (1974).

43 Wir schließen uns hiermit an einen Vorschlag von *Husén* an; vergl. z. B. *Boalt, Gunnar; Husén, Torsten* (1968), Bildungsforschung und Schulreform in Schweden, Stuttgart: Klett, S. 84 ff.

44 S. z. B. SOU 1943:19, Der derzeitige Standpunkt der psychologischen Forschung zur psychologischen Entwicklung von Kindern und Jugendlichen u. ä., Utlåtanden avgivna till 1940års skolutredning av professorerna *G. A. R. Anderberg, J. K. G. Elmgren, D. Katz* och *I. Landqvist,* Stockholm: Ecklesiastikdepartementet 1943, S. 18 ff.

45 Ausführlich hierzu im folgenden: »Das sog. Prinzip der zusammengehaltenen Klasse«, wo eine Untersuchung der sozialen Motive durchgeführt wird.

man sich für eine Zusammenfassung der bisher organisatorisch getrennten praktischen Volksschule mit der theoretischen Realschule in einer gemeinsamen Schulform aus. Dabei sollte es sich um eine integrierte Gesamtschule handeln, in der die Schüler erst im 9. Schuljahr auf unterschiedliche Zweige aufgeteilt werden sollten.

Zur Begründung dieser organisatorischen Differenzierungsform stützte man sich vor allem auf Forschungsergebnisse von *Elmgren*[46]. Auch er kam zwar zu dem Ergebnis, daß die spätere Studienbefähigung der Kinder bereits im Alter von 11 Jahren festgestellt werden könne, wandte jedoch ein, daß es aufgrund der positiven Korrelation zwischen theoretischer und praktischer Begabung[47] nicht sinnvoll sei, die Kinder bereits in diesem Alter auf voneinander völlig getrennte Schulformen zu verteilen. Die 1946er Schulkommission führte die Argumentation dahingehend weiter, daß eine konsequente Ausschöpfung der Begabungsreserven unter Beibehaltung des traditionellen Schulsystems dazu führen müßte, den manuellen Berufen, d. h. jener Schicht, die die SAP vertrat, die theoretischen Begabungen und damit die Wortführer zu entziehen[48].

Zur Begründung der vorgeschlagenen Gesamtschulform wurde weiterhin eine Untersuchung von *Neymark* herangezogen, in der eine festere Interessenausprägung, die als Grundlage für eine zukünftige Berufswahl dienen könnte, nicht vor dem 14.—15. Lebensjahr bei den Mädchen und dem 15.—16. Lebensjahr bei den Jungen festgestellt wurde[49].

In der vorgeschlagenen Gesamtschulform sollte deshalb eine Entscheidung zwischen praktischen und theoretischen Varianten, die den späteren Berufsweg in hohem Grade vorprägt, nicht vor dem 7. und endgültig erst im 9. Schuljahr getroffen werden müssen.

Die während der fünfziger Jahre durchgeführten Schulversuche mit der Gesamtschule, die u. a. der Lösung der Differenzierungsfrage durch Experimente mit unterschiedlichen Differenzierungsformen dienen sollten, führten aus einer Reihe von Gründen nicht zu brauchbaren Ergebnissen[50].

Der 1957er Schulausschuß, der auf der Grundlage der mit der »enhetsskola« während der fünfziger Jahre gemachten Erfahrungen einen Vorschlag zur endgültigen Ausgestaltung der organisatorischen Differenzierung machen sollte, war deshalb zur Durchführung weiterer Forschungen ge-

46 Vergl. *Elmgren, John* (1952), School and Psychology, Stockholm: Ecklesiastikdepartementet.

47 Zur Problematik dieser Begriffsbildung s. *Klingberg, Göte* (S 1966), Psychologie der Grundschuljahre, Stockholm: Natur och Kultur, S. 106 f.

48 Vergl. SOU 1948:27, S. 9.

49 S. *Neymark, Ejnar* (S 1945), Anleitung der Schuljugend für Ausbildung und Beruf; in: SOU 1945:43, Bilaga V.

50 Ausführlicher hierzu Abschnitt II.2.7. dieser Arbeit.

zwungen. Dabei ging der Schulausschuß davon aus, daß die Forderung nach Differenzierung an die feststellbaren Unterschiede zwischen den Schülern anzuknüpfen habe[51].
Diese Unterschiede waren Gegenstand einer von *Härnqvist* im Auftrag des Schulausschusses durchgeführten Untersuchung, auf die wegen ihrer grundsätzlichen Bedeutung näher eingegangen werden soll. Dabei wurden Art und Entwicklung der Begabung und der Interessen zweier Stichproben von Schülern der enhetsskola in den Klassen 4—9 untersucht[52]. *Härnqvist* wandte einerseits einen mehrdimensionalen Begabungstest an, der durch eine Reihe »aus faktorenanalytischer Perspektive ziemlich ›reinen‹ Teiltests« operationalisiert wurde[53], zum anderen ein umfangreiches Interesseninventar[54]. Mit Hilfe dieser Instrumente konnte jeder Schüler durch ein ganz bestimmtes Begabungs- und Interessenprofil beschrieben werden.

Bei der Lösung der Differenzierungsfrage besaßen vor allem folgende Aspekte Bedeutung:

(1) Eine Notwendigkeit zur Differenzierung entsteht erst in dem Augenblick, da große *inter*-individuelle Unterschiede zwischen den Schülern gegeben sind. In einer von *Husén* referierten Studie zeigte sich, daß die interindividuellen Begabungsunterschiede mit steigendem Alter tendenziell zunehmen[55]. Dies bedeutet, daß die Notwendigkeit differenzierender Maßnahmen um so größer ist, je älter die Schüler sind.

(2) Je größer die *intra*-individuellen Begabungsunterschiede ausfallen, d. h. je größer die Streuung von starken und schwachen Seiten bei ein und demselben Schüler ist, desto unangebrachter erscheint eine Aufteilung der Schüler auf unterschiedliche Schulformen, Züge oder Linien nach nur einem Kriterium, z. B. der vermuteten späteren Studienfähigkeit, zu sein. Vielmehr stellt sich das Problem, eine flexible Differenzierungsform in dem

51 Vergl. SOU 1961:30, S. 118.

52 S. *Härnqvist, Kjell* (S 1960), Individuelle Unterschiede und Schuldifferenzierung, SOU 1960:13. Eine Zusammenfassung dieser Studie findet sich bei *Boalt/Husén* (1968), S. 87 f. sowie *Hörner, Horst* (1970), S. 303 ff.

53 *Dahllöf, Urban* (S 1971a), S. 40; die wichtigsten Teiltests bezogen sich auf die verbale, logische und räumliche Dimension.

54 Zur Gestaltung des Interessentestes s. *Hörner, Horst* (1970), S. 308 sowie *Härnqvist* (S 1960), S. 20.

55 S. den Beitrag von *Husén* in *Elmgren, John, Husén, Torsten, Sjöstrand, Wilhelm, Trankell, Arne* (S 1959), Die Schule und die Differenzierung. Vier Professoren haben das Wort, Stockholm: Almqvist & Wiksell, S. 84—90; vergl. auch das Referat dieser Untersuchung bei *Hörner, Horst* (1970), S. 298 f.

Sinne zu schaffen, als den Schülern Kurse unterschiedlichen Schwierigkeitsgrades anzubieten sind, so daß die Schüler das Kursniveau nach ihren speziellen Voraussetzungen wählen können; eine Differenzierung gemäß dem sog. »streaming«-Prinzip ist demnach also abzulehnen.
Wie groß müssen jedoch die intra-individuellen Begabungsunterschiede sein, um einen niveaugruppierten Kursunterricht rechtfertigen zu können? *Härnqvist* stellt in seiner Studie fest, daß die durchschnittliche Streuung der intra-individuellen Begabungsunterschiede 40—60 % der Streuung der inter-individuellen Unterschiede ausmachte — je nachdem, welche Tests man der Berechnung zugrunde legte[56]. *Härnqvist* wie auch die Mitglieder des Schulausschusses sahen diese Größenordnung als ausreichend an, gegen eine generelle Aufteilung der Schüler auf unterschiedliche Schulformen zu plädieren[57]. Statt dessen wurde eine organisatorische Differenzierung vorgeschlagen, die es den Schülern gestattete, gehobene oder allgemeine Niveaukurse in Englisch und Mathematik zu wählen. Für das Fach Schwedisch wurde eine solche Niveaugruppierung allerdings aus sozialen Gründen abgelehnt[58].

(3) Nach einem Jahr wurde die Stichprobe aus dem Jahre 1958 einer erneuten Untersuchung unterworfen, um über die zeitliche Veränderung der Begabungs- und Interessenprofile der Schüler Aufschluß zu erhalten. Aus den Ergebnissen dieser Paneluntersuchung zog *Härnqvist* folgenden Schluß: »Selbst wenn die Konstanz nicht auffallend niedrig ist, so finden doch bereits innerhalb eines Jahres soviele Veränderungen statt, daß gegenüber Differenzierungsformen, die einen definitiven Charakter besitzen oder doch nur schwer Änderungen zulassen, Skepsis angebracht ist«[59]. Aus diesem Grunde wurde den Schülern während des Verlaufs der Oberstufe der Gesamtschule die Möglichkeit geboten, einmal getroffene Ausbildungsentscheidungen zu revidieren[60]. Um dieser formalen Möglichkeit, sich umzuentscheiden, realen Inhalt zu geben, bot die Schule den Schülern bei einem Wechsel der Wahlfachkombinationen Stützunterricht an, der die Kinder zwar nicht finanziell, wohl aber arbeitsmäßig belastete[61].

56 Vergl. *Härnqvist* (S 1960), Kap. 6 sowie Kap. 12, S. 113 f.
57 Ebda S. 114 sowie SOU 1961:30, S. 119 f.
58 Näheres hierzu im Abschnitt »Das sog. Prinzip der zusammengehaltenen Klasse«.
59 *Härnqvist* (S 1960), S. 114.
60 Das Bemühen, bildungsmäßige »Sackgassen« (s. z. B. SOU 1961:30, S. 278) zu vermeiden, spielte auch bei den Reformen auf den höheren Stufen des Bildungswesens eine wesentliche Rolle.
61 Zur faktischen Kursmobilität in der »enhetsskola« und »grundskola« s. II.4.2.

(4) Der geeignete Differenzierungszeitpunkt konnte aus der begabungsmäßigen Entwicklung der Schüler nicht abgeleitet werden; denn die Kurve der intra-individuellen Begabungsentwicklung in den Klassen 4 bis 9 wies einen derart komplizierten und zudem für Jungen und Mädchen unterschiedlichen Verlauf auf, daß daraus pädagogische Schlußfolgerungen nicht gezogen werden konnten[62].
Betrachtet man hingegen die interessenmäßige Entwicklung der Schüler, so ergab sich ein anderes Bild. Es zeigte sich nämlich, daß sich die Schüler mit zunehmenden Alter auf immer weniger Interessengebiete konzentrieren, ein Ergebnis, das auch in den Untersuchungen von *Neymark* und *Henricson* zutage getreten war[63]. Ausbildungsentscheidungen, die einen engen Zusammenhang mit der späteren Berufswahl aufweisen, sollten deshalb nicht vor dem 9. Schuljahr getroffen werden müssen; die Schüler wurden deshalb erst im 9. Schuljahr auf organisatorisch voneinander getrennte Züge verteilt.

Zusammenfassend läßt sich die nach dem 1962er Reichstagsbeschluß durchgeführte organisatorische Differenzierung wie folgt charakterisieren[64]:

- Durch die späte Differenzierung der Schüler auf organisatorisch voneinander getrennte Züge wurde ein möglichst langer Aufschub einer definitiven Zuweisung der Schüler auf studien- oder berufsbezogene Ausbildungswege angestrebt.
- Im Rahmen der bis zum 9. Schuljahr zusammengehaltenen Klassen sollten sich die Schüler aufgrund ihrer Begabung und ihrer Interessen einmal für Wahlfachkombinationen, die sich auf breite Sektoren des Berufslebens bezogen, zum anderen für Niveaukurse in Englisch und Mathematik entscheiden.
- Einmal getroffene Ausbildungsentscheidungen sollten relativ problemlos revidiert werden können, d. h. man strebte einen Abbau sog. bildungsmäßiger Sackgassen an.

Betrachtet man nun diese organisatorische Differenzierung unter dem Aspekt zukünftiger Ausbildungsmöglichkeiten, so bestand auch in der grundskola von 1962 die Trennung in studien- und berufsbezogene Ausbildungswege fort. Gegenüber dem traditionellen Schulwesen mit seinen organisatorisch streng voneinander getrennten Schulformen hatte sich jedoch insofern eine Veränderung ergeben, als eine größere Durchlässigkeit zwischen den Varianten realisiert worden war, indem Wahlfachkombi-

62 Vergl. SOU 1961:30, S. 119.

63 S. *Neymark, Ejnar* (S 1945) sowie *Henricson, Sven Eric* (S 1961), Die Einstellung der Oberstufenschüler zu Berufen, Fächern und Fachwahl. Några undersökningar utförda på uppdrag av 1957 års skolberedning, Stockholm: o. V., hekt.

64 S. Figur 3.

nationen geschaffen wurden, die zwischen den rein theoretischen und rein praktischen Varianten lagen. Schüler, die z. B. diese einbuchstabigen Züge[64a] in der 9. Klasse besuchten, besaßen einmal die Möglichkeit, auf die neugeschaffene Fachschule überzugehen, zum anderen konnten sie mit Hilfe von Komplettierungsstudien die Berechtigung für den Übergang auf das Gymnasium erwerben.

Der 1962er Reichstagsbeschluß zur Einführung der obligatorischen integrierten Gesamtschule kam durch einen politischen Kompromiß zustande, was eine erfolgreiche Durchführung dieser Differenzierungsform von vornherein fraglich erscheinen ließ. So lag z. B. die Vermutung nahe, daß eine Reihe der 9 angebotenen Züge des letzten grundskola-Jahres nicht auf eine ausreichende Nachfrage seitens der Schüler stoßen würde. Ferner blieb trotz der Schaffung einer flexibleren Differenzierungsstruktur die Trennung in studien- und berufsbezogenen Varianten weiterhin erhalten, was eine unterschiedliche soziale Bewertung der Ausbildungswege durch die Schüler und deren Eltern erwarten ließ. Bereits 1966 wurde deshalb mit der Revision des 1962er Lehrplanes begonnen, also noch bevor die Gesamtschulform im ganzen Lande eingeführt war. Zur Begründung dieser Vorgehensweise wurde insbesondere angeführt, daß sich die überwiegende Mehrzahl der Schüler für die theoretischen Züge entschieden habe und somit eine Reihe der angebotenen Wahlmöglichkeiten überflüssig sei. Dies berührt nun unmittelbar die sogenannte freie Zuwahl der Schüler, die im folgenden behandelt werden soll.

64a S. Figur 3.

Figur 3 Aufbau der grundskola laut Parlamentsbeschluß von 1962

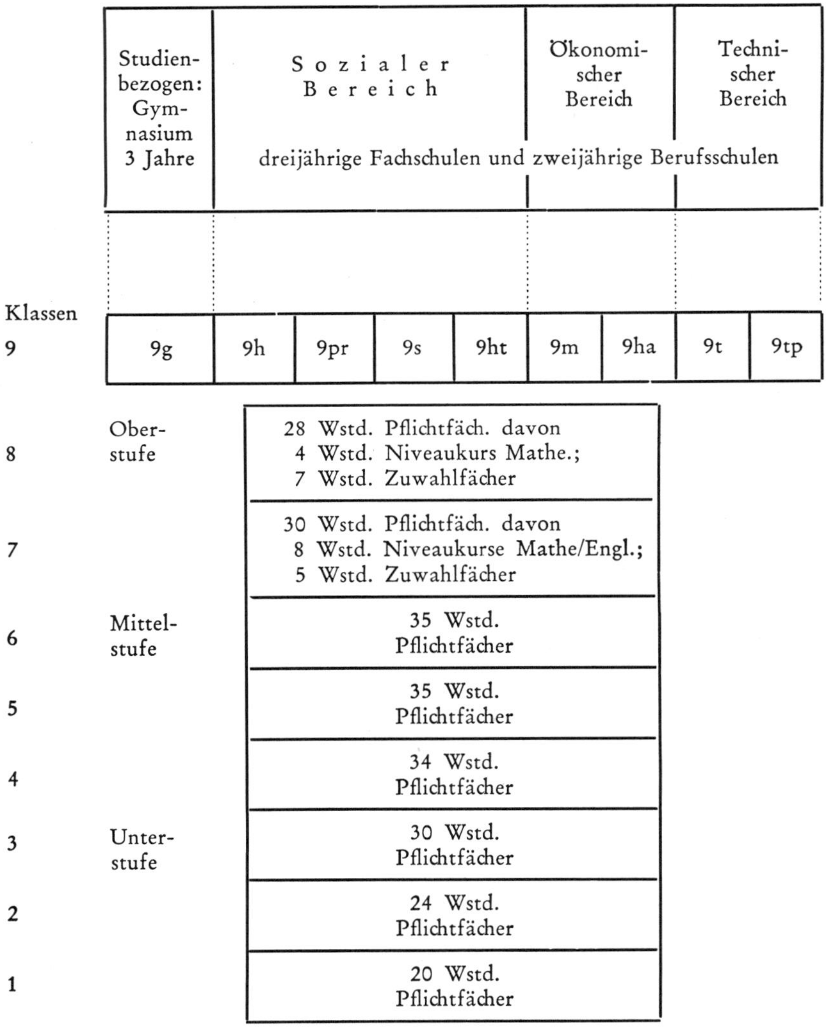

9g = aufs Gymnasium vorbereitend
9h = humanistisch
9pr = allg. handwerklich
9s = sozial
9ht = haushaltstechnisch
9m = merkantil
9ha = handelskundlich
9t = technisch
9tp = technisch-praktisch

2.2. Die freie Zuwahl

Der Übergang von der elitären zur egalitären Grundschulkonzeption brachte außer der organisatorischen Umgestaltung auch die Abschaffung der Auslese durch die sog. freie Zuwahl mit sich. Dies wurde damit begründet, daß es in einer »Schule für alle«, die sich nicht mehr ausschließlich an den Leistungen der Kinder orientieren kann, keiner Auslese mehr bedarf, wie sie z. B. beim Übergang von der Volksschule auf die studienbezogene Realschule des traditionellen Schulsystems gegeben war. Vielmehr sollten die Schüler und Eltern nach Beratschlagung mit den Lehrern über den weiteren Ausbildungsgang der Kinder entscheiden[65]. Diese Wahl konnte »auch gegen die begabungsmäßige Voraussetzung (des Schülers), wie sie von seiten der Schule aufgefaßt wurde«[66], getroffen werden.
Die Einführung des Prinzips der freien Zuwahl wurde weiterhin als wichtiges Glied des Demokratisierungsprozesses der Schule gesehen, weil es eine Einübung in demokratische Verhaltensweisen beinhalte[67]. Festzuhalten ist, daß die freie Zuwahl dem Schüler nicht beliebige Entscheidungen ermöglichte, sondern daß er sich für eine der angebotenen Wahlfachkombinationen entscheiden sowie die gewünschten Niveaukurse belegen mußte. Das Prinzip der freien, sich im Verlaufe der Oberstufe jedes Schuljahr wiederholenden (sukzessiven) Zuwahl wurde als eines der Fundamente der examensfreien Gesamtschule angesehen[68].
Der freien Zuwahl waren innerhalb der grundskola des 1962er Lehrplanes insbesondere zwei Funktionen zugedacht worden:

1. Einerseits sollte die freie und interessengesteuerte Zuwahl von Ausbildungsvarianten die Aktivierung der Schüler im Unterrichtsprozeß fördern.
2. Andererseits sollte die freie Zuwahl zu einer Selbstauslese der Schüler führen, da die angebotenen Ausbildungsvarianten des 1962er Lehrplans unterschiedliche Weiterbildungsmöglichkeiten beinhalteten.

Wie im folgenden zu zeigen sein wird, führte diese Doppelfunktion zu einer Beeinträchtigung beider Aufgaben, was entscheidend zur Notwendigkeit einer Revision des 1962er Lehrplanes beitrug.
Wie im Abschnitt über die »Individualisierung des Unterrichts« ausführlicher darzulegen sein wird, kommt der Interessensteuerung der freien Zuwahl eine wesentliche Bedeutung für das Gelingen der inneren, d. h. pädagogischen Reformen zu, die u. a. die Leistungsfähigkeit der Gesamt-

---

65 S. SOU 1948:27, S. 10.
66 Lehrplan für die grundskola (1962), S. 35.
67 S. SOU 1961:30, S. 255.
68 Vergl. Lehrplan für die grundskola (1962), S. 36.

schule garantieren sollen. Die Zentralschulverwaltung (Skolöverstyrelsen) mußte jedoch noch Mitte der 60er Jahre feststellen, daß die Schüler sich »mit größter Sicherheit nicht durchgehend aufgrund ihrer Interessen für die angebotenen Wahlfachkombinationen entschieden« haben[69].
Dieser Schluß drängte sich angesichts der Tatsache auf, daß zwar immer mehr Schüler der Oberstufe der grundskola sich für studienbezogene Wahlfächer entschieden, ohne daß damit jedoch eine wesentliche Verminderung der sozialen Auslese einherging: Die Motive zur Wahl eines Ausbildungsweges waren also nach wie vor eher an soziale Faktoren als an die Interessen[70] der Schüler geknüpft.
1966 entschieden sich z. B. 43 % der Mädchen und 39 % der Jungen auf der grundskola-Oberstufe für eine direkt auf das Gymnasium führende (rein theoretische) Wahlfachkombination. Bezeichnet man auch jene Wahlmöglichkeiten als studienbezogen, die einen Übergang auf das Gymnasium nur unter der Bedingung gewisser Komplettierungsstudien zuließen, wählten 1966 87 % der Mädchen und 74 % der Jungen eine theoretische Ausbildung[71].
Hiermit war nun natürlich ein ständig sinkender Anteil praktisch (berufsbezogen) ausgerichteter Schüler auf der grundskola-Oberstufe verbunden: Hatten sich in den 50er Jahren noch gut die Hälfte der Schüler für einen praktischen Zug der 9. Klasse entschieden[72], so sank dieser Anteil bereits Mitte der 60er Jahre auf gut 22 % ab[73].
Dies kann mit den unterschiedlichen Zukunftmöglichkeiten erklärt werden, die die verschiedenen Wahlfachkombinationen eröffneten: Die größte Wahlfreiheit besaßen am Ende der grundskola-Zeit jene Schüler, die auf der Oberstufe einen direkt studienbezogenen Ausbildungsweg absolviert hatten; sie konnten sich nämlich zwischen dem Gymnasium, der Fachschule und der Berufsschule sowie dem direkten Übergang ins Arbeitsleben entscheiden. Jenen Schülern dagegen, die zu Beginn der Oberstufe eine praktisch ausgerichtete Variante belegten und diese Entscheidung später auch nicht mehr revidierten, stand am Ende der Oberstufe nur der Übergang in die Berufsschule sowie ins Arbeitsleben offen.

69 Skolöverstyrelsen (S 1967), Lehrplanüberprüfung. Die grundskola, Vorschlag der Königl. Majestät zur Überprüfung des Lehrplans der grundskola. Stockholm: SÖ-Förlaget, S. 26.
70 Eine nähere Analyse dieses Interessenbegriffes findet sich in Abschnitt I.4.2. dieser Arbeit.
71 Zu diesen Zahlen siehe die ausführliche Analyse im Abschnitt II.3.2.
72 Vergl. Skolöverstyrelsen (S 1959), Versuche mit der neunjährigen enhetsskola. Zusammenfassende Berichterstattung für die Schuljahre 1949/50—1958/59. Stockholm: Skolöverstyrelsens skriftserie 42, S. 87, Tab. 27.
73 S. Skolöverstyrelsen (S 1967), S. 18, Tab. 4.

Wer sich also im Verlaufe des grundskola-Besuches die größtmögliche Wahlfreiheit bewahren wollte, wählte zu Beginn der Oberstufe eine direkt studienbezogene Wahlfachkombination sowie die anspruchsvolleren Niveaukurse in Englisch und Mathematik[74], auch wenn seine Interessen dieser Wahl nicht entsprachen. Die Notwendigkeit, sich notfalls für die weniger interessanten, aber mit den größten Weiterbildungsmöglichkeiten ausgestatteten Ausbildungsweges zu entscheiden, stand den Kindern aus der Ober- und Mittelschicht ungleich deutlicher als den Unterschichtschülern vor Augen[75].

Damit zeigt sich, daß die »Philosophie der freien Zuwahl« *(Bengtsson)* kein Mittel zum Abbau der sozialen Auslese darstellt, sondern deren Verschwinden geradezu voraussetzt; denn erst wenn die unterschiedlichen Ausbildungsvarianten eine gleiche soziale Bewertung durch die Schüler erfahren, können die »Interessen« der Schüler zu dem entscheidenden Auswahlkriterium werden.

Die Revision des 1962er Lehrplanes im Jahre 1969 führte zu einer Abschaffung der Trennung in theoretische und praktische Ausbildungswege auf der Oberstufe der grundskola, weil die praktischen Varianten vielfach aus Schülern bestanden, »die eine im Verhältnis zu den sog. theoretischen Zuwahlsalternativen negative Wahl getroffen haben«[76], was sich u. a. in der Ausbildung »sozial negativer Schulmilieus« zeigte[77]. Unter dem Gesichtspunkt der sozialen Auslese stellte die Abschaffung der Trennung zwischen studien- und berufsbezogenen Wahlfachkombinationen einen Fortschritt dar. Alle Zuwahlsmöglichkeiten eröffneten nun die gleiche formelle Berechtigung, nach Abschluß der grundskola auf das Gymnasium überzugehen.

Ausgehend von der Tatsache, daß von den vielfältigen Wahlmöglichkeiten des 1962er Lehrplanes nur in begrenztem Umfang Gebrauch gemacht wurde — rd. 62 % der Schüler entschieden sich für Sprachen, 21 % für technische oder technisch-praktische Fächer und 17 % für sozial-merkantile Alternativen[78] — schlug man folgende Wahlfächer auf der Oberstufe der grundskola vor:

1. Zweite Fremdsprache,
2. Ökonomie,
3. Technik,
4. Kunst.

---

74 S. Figur 3.
75 Ausführlich hierzu im II. Teil der Arbeit.
76 Skolöverstyrelsen (S 1967), S. 31.
77 Ebda.
78 Vergl. Skolöverstyrelsen (S 1967), S. 28.

Was die Zuwahlsmöglichkeit Kunst betrifft, so war ihre Einführung vor allem für jene Schüler bestimmt, die eine mehr manuell-praktische Interessenausprägung aufweisen[79]. Englisch wurde als 1. Fremdsprache bereits in der 3. Klasse eingeführt und zählte nun zu den obligatorischen Fächern der grundskola. Diese Maßnahme ist im Zusammenhang mit den Vorschlägen des sog. Kompetenz-Komitees zu sehen, das eine möglichst weitgehende Öffnung der gymnasialen sowie höheren Ausbildung anstrebte[80]. Nunmehr ist es möglich, auch ohne Absolvierung einer zweiten Fremdsprache auf das Gymnasium[81] und die Universität überzugehen. Erst durch diese Reformmaßnahme wurde es auch möglich, allen angebotenen Zuwahlsfächern der grundskola-Oberstufe die gleiche formelle Berechtigung zu verleihen.

Die Abschaffung der Möglichkeit, den künftigen Bildungsweg bereits zu Beginn der Oberstufe der grundskola weitgehend festzulegen, bedeutet nun aber auch, daß die freie Zuwahl kaum noch als Fundament der grundskola bezeichnet werden kann[82]. Hiermit zeigt sich, wie eines der tragenden Elemente der Grundschulreformen, nämlich die Selbstselektion der Schüler, stillschweigend aufgegeben wurde, weil es sich nicht als geeignetes Instrument zur Verminderung der sozialen Auslese erwies. Die Aufhebung der Selbstauslesefunktion der freien Zuwahl sollte auch einer stärkeren Interessensteuerung der Ausbildungsentscheidungen als bisher Raum gewähren. Zudem sollte die Einführung von 2 Wochenstunden frei zu wählender Arbeit zu einem stärkeren Engagement der Jugendlichen an der schulischen Arbeit führen[83]. Die Tatsache, daß die zu Anfang der Oberstufe getroffenen Ausbildungsentscheidungen die Schüler nicht mehr an einen bestimmten Bildungsweg banden, sollte zu einer von Interessen bestimmten Zuwahl führen, von der man sich auch einen Beitrag zur Persönlichkeitsentwicklung der Schüler versprach[84].

Die starke Reduzierung der Zuwahlsmöglichkeiten zog auch eine Aufhebung der Züge in der 9. Klasse nach sich. Einerseits erschwerte die Vielfalt der angebotenen Wahlmöglichkeiten des 1962er Lehrplanes den Eltern und Schülern den Überblick, andererseits traf das Angebot von neun Zügen

---

79 Ebda.

80 S. das Gutachten dieses Komitees: SOU 1970:21, Wege zur Höheren Ausbildung, Stockholm: Utbildningsdepartementet.

81 Mittlerweile ist das Gymnasium durch die additive Gesamtschulform der »gymnasieskola« ersetzt worden. Ausführlich hierzu *Wieser, Klaus* (1974), insbesondere Teil 7.

82 Vergl. *Johansson, Lena* (S 1970), S. 11.

83 Vergl. Kungl. Maj:ts proposition 1968:129, Über die Lehrplanüberprüfung für die grundskola. Stockholm: Riksdagen, S. 66.

84 S. Skolöverstyrelsen (S 1967), S. 27.

in der 9. Klasse an vielen Orten auf eine zu geringe Nachfrage, um noch ökonomisch vertretbar zu sein[85]. Durch diese Reformmaßnahmen erhielt die Oberstufe der grundskola nach dem 1969er Lehrplan folgendes Aussehen[86].

Angesichts der stark psychologisch verankerten Begründung der Differenzierungsform des 1962er Lehrplanes fällt auf, daß sich die Revision dieses Lehrplanes vor allem auf beobachtete Wahlfrequenzen sowie ökonomische Überlegungen stützte[87]. Dies weist auf die außerordentlich starke Bedeutung hin, die der Durchsetzung von Chancengleichheit im Sinne des Abbaus der sozialen Auslese in der Gesamtschule beigemessen wurde. Die mit dieser Revision der organisatorischen Differenzierung verbundene Stärkung des sog. Prinzips der zusammengehaltenen Klasse zog jedoch eine Reihe von Problemen nach sich, die in den beiden folgenden Abschnitten zu diskutieren sein werden.

---

85 S. Skolöverstyrelsen (S 1967), S. 26.

86 S. Figur 4 (auf der folgenden Seite).

87 S. hierzu z. B. auch *Dahllöf, Urban* (S 1970c), Einige Probleme bei der Bewertung der grundskola-Reform von 1970. Synpunkter med anledning av en rundfråga från skolöverstyrelsen (Projekt Kompass nr. 31) Göteborg: Pedagogiska institutionen, Göteborgs universitet, hekt., S. 14 f.

Figur 4 Oberstufe der grundskola laut Lehrplan von 1969 (Lgr 69); nach *Dahllöf*, Urban (S 1971a), S. 48, Figur 5:1.

Klasse 9

2. Fremd-sprache	Kunst	Technik	Wirtschaft
	4 Wstd.		
2. Wstd. frei zu wählende Arbeit			
Niveaukurse (spezieller und allgemeiner Kurs): Englisch (3 Wstd.), Mathematik (4 Wstd.)			
22 Wstd. gemeinsame Fächer			

Klasse 8

2. Fremd-sprache	Kunst	Technik	Wirtschaft
	3 Wstd.		
2 Wstd. frei zu wählende Arbeit			
Niveaukurse (spezieller und allgemeiner Kurs): Englisch (3 Wstd.), Mathematik (4 Wstd.)			
23 Wstd. gemeinsame Fächer			

Klasse 7

2. Fremd-sprache	Kunst	Technik	Wirtschaft
	4 Wstd.		
2 Wstd. frei zu wählende Arbeit			
Niveaukurse (spezieller und allgemeiner Kurs): Englisch (3 Wstd.), Mathematik (4 Wstd.)			
22 Wstd. gemeinsame Fächer			

(Auch in der 2. Fremdsprache Deutsch/Französisch wird eine Differenzierung nach Niveaukursen durchgeführt)

2.3. Das sog. Prinzip der zusammengehaltenen Klasse

Übergreifendes Ziel der Grundschulreformen war und ist es, zur Persönlichkeitsentwicklung der Kinder beizutragen[88] oder, wie man es auch nannte, die individuelle und soziale Erziehung der Kinder zu fördern[89]. In dieser letzten Formulierung werden indirekt zwei der grundlegenden Strukturprinzipien der Gesamtschule angesprochen. Was die individuelle Erziehung betrifft, so knüpft sie an die unterschiedlichen Anlagen und Interessen der Schüler an, die eine *Differenzierung* notwendig machen[90]. Dabei wird aktivitätspädagogischen Vorstellungen eine wesentliche Bedeutung zugemessen, wobei die interessengesteuerte freie Zuwahl unterschiedlicher Kurse eine wichtige Motivationsquelle der schulischen Arbeit sein soll.

Die Forderung nach sozialer Erziehung wird in Schweden dagegen eng mit dem sog. Prinzip der zusammengehaltenen Klasse verknüpft, das als eines der Fundamente der Gesamtschule bezeichnet wurde[91]. Die Forderung nach zusammengehaltenen Klassen zielte nun anfangs nicht so sehr auf einen für die ganze Klasse gemeinsamen Unterricht ab, sondern bezweckte vor allem, unselegierte Klassen solange wie möglich beizubehalten. Faßte man nämlich das sog. Prinzip der zusammengehaltenen Klasse als möglichst umfassenden gemeinsamen Unterricht auf, so wäre dem im traditionellen Schulwesen besser entsprochen worden als in der Gesamtschule. Während dort nämlich die selegierten (leistungshomogenen) Klassen einen gemeinsamen Unterricht erfuhren, war die für alle Schüler der unselegierten (leistungsheterogenen) Gesamtschulklassen gemeinsame Unterrichtszeit durch Wahlfächer und Niveaukurse stark verringert worden.

Allerdings wurde die Stellung der obligatorischen, d. h. gemeinsamen Fächer durch die letzte Revision des Lehrplanes im Jahre 1969 gestärkt[92]. Das Prinzip der zusammengehaltenen Klasse wurde so gesehen immer weiter in Richtung auf den Unterricht aller Schüler im Rahmen der gleichen Klasse entwickelt. Damit stellt sich aber auch das Problem, den unterschiedlichen begabungs- und interessenmäßigen Voraussetzungen der Schüler, die im Prinzip nicht mehr sitzenbleiben sollen und den gleichen Unterricht bekommen, in irgendeiner Weise gerecht zu werden. Auf die hierbei auftretenden pädagogischen Probleme wird im Abschnitt über die Individualisierung des Unterrichts näher eingegangen werden.

---

88 S. Lehrplan für die grundskola 1969, S. 12.
89 Vergl. Lehrplan für die grundskola 1962, S. 13.
90 S. Abschnitt I.2.1.
91 Vergl. z. B. Kungl. Maj:ts proposition 1968:129, S. 63.
92 Vergl. Skolöverstyrelsen (S 1967), S. 24 ff, sowie die Lehrpläne aus den Jahren 1962 und 1969.

In der Anfangsphase des Reformprozesses lag die Betonung jedoch mehr auf den durch zusammengehaltene Klassen bedingten Aufschub einer definitiven organisatorischen Differenzierung der Schüler. Wir wollen im folgenden auf einige der wesentlichen Argumente eingehen, weil es sich hier um ein Organisationsprinzip zur Realisierung einer Reihe von Teilzielen handelte.

Der Grundgedanke dieses Organisationsprinzipes wird im entscheidenden Gutachten der 1946er Schulkommission wie folgt ausgedrückt: »Eine Schulklasse, eine Schule ist ein Kollektiv und besitzt daher die Voraussetzungen, durch ihr Gemeinschaftsleben für das Leben im größeren Kollektiv, das heißt in der Gesellschaft zu erziehen«[93]. Eine Voraussetzung hierfür ist aber nun ohne Zweifel, daß in der Klasse die gleichen sozialen Gruppierungen vertreten sind, die auch die Gesellschaft kennzeichnen. Aus diesem Grunde wurde in der Gesamtschule eine Auslese — nach was für einem Kriterium auch immer — abgelehnt, da die Selektion innerhalb des traditionellen Schulsystems zu einer sozialen Entmischung und damit negativen Schulmilieus auf den berufsbezogenen Ausbildungswegen führte. In der grundskola von 1962 wurden alle Schüler bis zum Beginn der Oberstufe gemeinsam unterrichtet, ab dem 7. Schuljahr kam es zu einer Teildifferenzierung nach Wahlfächern und Niveaukursen im Rahmen der zusammengehaltenen Klasse und erst in der neunten Klasse wurden die Schüler auf organisatorisch voneinander getrennte Züge verteilt. Damit war ein Aufschub der definitiven Differenzierung bis zum 9. Schuljahr erreicht.

Trotz der Ersetzung der Auslese durch die freie Zuwahl von Fächern im Rahmen der zusammengehaltenen Klasse kam es teilweise zu einer »sozialen Segregation«. Dieser von *Swedner* geprägte Begriff bezog sich anfangs auf Untersuchungsergebnisse aus Malmö, in denen festgestellt wurde, daß sich die soziale Zusammensetzung der Schülerschaft nicht nur zwischen den Schulen, sondern sogar zwischen den Klassen der gleichen Schule teilweise erheblich unterschied[94]. Dies war zum großen Teil auf die Rekrutierung der Schüler aus den umliegenden Wohngebieten zurückzuführen, die oft eine relativ einseitige soziale Zusammensetzung aufwiesen[95]. Der Tatbestand

93 SOU 1948:27, S. 34.

94 S. z. B. *Swedner, Harald; Edstrand, G.* (S 1969), Schulsegregation in Malmö, Lund: Sociologiska institutionen, Lunds Universitet; ähnliche Ergebnisse zeigten sich bei einer Untersuchung in Göteborg: *Andersson, Bengt-Erik, Ekholm, Mats, Hallborg, Monica* (S 1970), UG 65 und 65/67. Schulsegregation. Vorkommen sowie einige der damit verbundenen Wirkungen (Projekt UG), Göteborg: Pedagogiska institutionen, Göteborgs universitet, hekt.

95 Für Malmö finden sich hierzu einige Aussagen in der Fernsehserie »Från socialism till ökad jämlikhet« (»Vom Sozialismus zu vermehrter Gleichheit«, unveröffentl. Manuskript, 8. Teil, S. 10 f.).

der »sozialen Segregation« steht jedoch in direktem Widerspruch zu einem der Grundprinzipien der Gesamtschule. Die Regel, daß die Schüler den Übergang auf die Oberstufe der grundskola möglichst im alten Klassenverband vollziehen sollen, wurde deshalb vom Ausbildungsminister[96] insofern durchbrochen, als den Rektoren Umgruppierungen erlaubt werden, wenn dies aufgrund der sozialen Zusammensetzung der Klasse angebracht erscheint[97].

Die Bedeutung, die einem vielseitigen sozialen Milieu zugeschrieben wird, basiert auf der Vorstellung, daß in unselegierten Klassen ein Normenmilieu gegeben ist, das die Herausbildung von »Rücksicht, Gemeinschaft und Zusammenarbeit«[98] begünstigt, das den langfristig angestrebten sozialen Ausgleich in der Gesellschaft bereits im Klassenzimmer vorbereiten soll. Dies wird als Beitrag zur Demokratisierung von Schule und Gesellschaft gesehen. In die gleiche Richtung zielt die Überlegung, die sozialen Unterschiede zwischen den Menschen seien zu einem wesentlichen Teil auf Unterschiede in der Allgemeinbildung, den Sprachkenntnissen, den Kenntnissen über die Gesellschaft u. ä. zurückzuführen. Dies zog die Forderung nach sich, den für alle Schüler gemeinsamen »bildungsmäßigen Referenzrahmen« so weit wie möglich zu ziehen[99], was auch bei der Verstärkung des gemeinsamen Unterrichts in der Revision des 1962er Lehrplanes ausdrücklich betont wurde[100]. Der Vorschlag, im Fach Schwedisch Niveaukurse einzuführen, wurde vom 1957er Schulausschuß mit der Begründung abgelehnt, es handele sich hier um eines der wichtigsten Fächer zur Schaffung eines gemeinsamen Referenzrahmens[101].

Nicht nur unter dem Aspekt der Verringerung der sozialen Schichtung der Gesellschaft, sondern auch hinsichtlich der Erfüllung funktionaler Bedürfnisse der bestehenden Gesellschaftsstruktur besitzt die Schaffung eines möglichst weitreichenden gemeinsamen Referenzrahmens eine wesentliche Bedeutung[102]. In einer arbeitsteiligen, auf Zusammenarbeit angewiesenen Gesellschaft muß es Ziel der sozialen Erziehung sein, die Kommunikationsfähigkeit zwischen den Menschen zu erhöhen, »unabhängig davon, ob sie sich auf eine reiche und nuancierte oder eine dürftige und unnuancierte

---

96 Genau genommen müßte hier vom Departementchef des Ausbildungsministeriums (utbildningsdepartementet) gesprochen werden; zum schwedischen Verwaltungsaufbau s. *Wieser, Klaus* (1974), Kapitel 5.1.

97 S. Lehrplan für die grundskola 1969 (Lgr 69), S. 17.

98 Vergl. SOU 1961:30, S. 260.

99 S. hierzu z. B. SOU 1961:30, S. 258; SäU 1962:1, S. 42.

100 Vergl. Skolöverstyrelsen (S 1967), S. 19 f.

101 Vergl. SOU 1961:30, S. 318.

102 Ausführlich hierzu Teil I.3.2. dieser Arbeit.

Art ausdrücken«[103]. Diese Kommunikationsfähigkeit setzt jedoch eine Reife und ein Reflexionsvermögen aller Schüler voraus, die in sozial entmischten Milieus kaum entstehen können. Dies spricht seinerseits für eine soziale Mischung solange wie möglich[104].

Die Durchsetzung des Prinzips der zusammengehaltenen Klasse beinhaltete auch, daß eine Spezialisierung der Schüler hinausgezögert wurde, was einerseits mit der erst im Alter von 14—16 Jahren eintretenden Interessenausprägung der Schüler, andererseits mit den Notwendigkeiten zukünftiger Arbeitsmarktentwicklungen begründet wurde, die eine breite Grundausbildung zu erfordern scheinen.

Als weiteres Argument wurde angeführt, daß eine auf dem Prinzip der zusammengehaltenen Klasse basierende Gesamtschulreform auch in den schwach besiedelten Gebieten Schwedens eingeführt werden könne, da sie nur eine vergleichsweise geringe Schülerzahl voraussetze[105]. Dies sollte zur regionalen Chancengleichheit beitragen. Die gleiche Begründung wurde später bei der Abschaffung der Züge in der neunten Klasse nach dem 1969er Lehrplan verwendet[106].

Die arbeitsteilige Industrie- und Dienstleistungsgesellschaft erfordert nun jedoch nicht nur soziale Integration auf der Grundlage eines möglichst umfassenden, gemeinsamen bildungsmäßigen Referenzrahmens, sondern ebenso ein hohes Maß individueller Leistungsfähigkeit der Gesellschaftsmitglieder.

Dies berührt nun wieder die sog. Differenzierungsdebatte, in der die Reformgegner bezweifelten, ob beiden Erfordernissen in der vorgeschlagenen Gesamtschulform entsprochen werden könne. Man befürchtete, daß es in der Gesamtschule — verglichen mit dem selektiven traditionellen Schulsystem — zu einem Leistungsabfall kommen könne. Beispielsweise meinte Gunnar *Helén*, daß die Schulkommission die Gleichheit und damit die soziale Integration stark auf Kosten der Effizienz betone[107].

Die Anhänger der Gesamtschule argumentierten in der Weise, daß sie zwar die Leistungsfähigkeit des traditionellen Schulsystems gar nicht so sehr bestritten, sondern vielmehr auf den »Preis« einer gut ausgebildeten Elite in Form einer Majorität von Menschen mit unzureichender Ausbildung

---

103 SOU 1961:30, S. 261.

104 Vergl. ebda.

105 Ebda, S. 264 f.

106 Vergl. Skolöverstyrelsen (S 1967), S. 18 f.

107 Vergl. *Helén Gunnar*, (S 1957), Die neunjährige Schule, Stockholm: Folk och samhälle, S. 21; einer der profiliertesten Kritiker der neuen Schule war *Sjöstrand*, vergl. z. B. sein Buch *Sjöstrand, Wilhelm* (S 1960), Für und gegen die neue Schule, Stockholm: Natur och Kultur, insbesondere S. 146 ff.

hinwiesen[108]. Ferner stützte man sich auf die Ergebnisse einer empirischen Studie, in der gezeigt wurde, daß den sozialen Vorteilen in den undifferenzierten, d. h. zusammengehaltenen Klassen keine leistungsmäßigen Nachteile gegenüberstehen müssen, daß für die Einführung der Gesamtschule also kein Preis in Form einer verminderten Leistungsfähigkeit der Schüler zu bezahlen sei. Die Ergebnisse der von *Nils-Eric Svensson* durchgeführten empirischen Untersuchung lassen sich wie folgt zusammenfassen:[109]

Als Schichtzugehörigkeit und Begabung der Kinder kontrolliert wurden, zeigten sich bis zum 7. Schuljahr leistungsmäßige Vorteile im selektiven Schulsystem. Danach näherten sich die Leistungen von Schülern der unselegierten Klassen denen von Schülern des selektiven Schulsystems an. Eine eindeutige Beziehung zwischen Schulleistung und Schultyp war demnach nicht festzustellen.

Wenn auch der Einfluß dieser Studie auf den Reichstagsbeschluß zur Einführung der obligatorischen Gesamtschule im Jahre 1962 nur schwer abzuschätzen ist, schlug sie doch den Kritikern, die mit der Durchführung der Gesamtschule eine Leistungssenkung befürchteten, die »Waffen aus den Händen«[110].

Eine von *Dahllöf* durchgeführte Replikation dieser Studie zeigte jedoch, daß auf der Leistungsseite durchaus ein Preis für die Gesamtschule zu bezahlen war. Bei näherer Analyse[111] erwies sich nämlich, daß *Svenssons* Schulleistungstests nur sehr elementare Fähigkeiten erfaßten. Bei Anwendung von Instrumenten, die eine differenziertere Erfassung des Leistungsniveaus der Klassen erlaubten, zeigte es sich, daß diese elementaren Fähigkeiten in den positiv selegierten Klassen in ungleich kürzerer Zeit zu vermitteln waren als in den unselegierten und leistungsheterogenen Klassen. Dies bedeutete, daß das Leistungsniveau in den selegierten Klassen höher als den zusammengehaltenen Klassen war. »Thus, there *is* a price, but it is paid in terms of time and amount of work behind the apparently equal test results and not in terms of direct level of performance in basic func-

108 S. z. B. *Husén, Torsten* (1960), Loss of talent in selective school systems: The case of Sweden; in: Comparative Educational Review 4 (1960), nr. 2, S. 73.

109 S. *Svensson, Nils-Eric* (1962), Ability grouping and scholastic achievement. Report on a five-year follow-up in Stockholm (Stockholm Studies in Educational Psychology 5), Stockholm: Almqvist & Wiksell.

110 *Dahllöf, Urban* (S 1971a), S. 42.

111 Vergl. *Dahllöf, Urban* (S 1967), Schuldifferenzierung und Unterrichtsverlauf. Komparativa mål- och processanalyser av skolsystem I (Göteborg Studies in Educational Sciences 2), Stockholm: Almqvist & Wiksell; eine englische Übersetzung in gekürzter Form findet sich unter dem Titel *Dahllöf, Urban* (1971b), Ability grouping, content validity and curriculum process analysis, N. Y.: Teachers College Press, Columbia University.

tions«[112]. Hierzu ist nun allerdings zu bemerken, daß sich der Unterricht Anfang der 60er Jahre sowohl in den positiv ausgelesenen als auch den zusammengehaltenen Klassen fast ausschließlich als sog. Klassen- oder Frontalunterricht vollzog. Die Forderung nach einer Individualisierung des Unterrichts im Rahmen der zusammengehaltenen Klasse fand also in der Schulpraxis kaum eine Entsprechung. Aus den beiden referierten Untersuchungen kann deshalb die Schlußfolgerung gezogen werden, daß für die Gesamtschule entweder der volle Preis in Form einer Senkung des Kenntnisniveaus zu bezahlen ist oder aber die Zielsetzung eines individualisierten, d. h. den Voraussetzungen jedes einzelnen Schülers entsprechenden Unterrichts in Wirklichkeit umgesetzt werden muß, soll die Effektivität der Gesamtschulform gewährleistet werden[113].
In einer Zielanalyse der Gesamtschule kommt *Wellendorf* zu folgendem Schluß: »Es zeigt sich, daß die Gesamtschule ein Versuch ist, Zielsetzungen, die sich in gewisser Weise widersprechen, zur Grundlage organisatorischer Planung zu machen: Einerseits sollen zum Zwecke der sozialen Integration leistungs-heterogene Gruppen (. . .), andererseits auf der Basis der individuellen Förderung jedes Schülers leistungshomogene Gruppen (. . .) gebildet werden. Die soziologische Analyse der Gesamtschule wird zeigen müssen, ob beide Ziele verwirklicht werden können oder ob das Erreichen des einen Zieles das Erreichen des anderen zu einem gewissen Grade ausschließt«[114].
Wie die vorigen Abschnitte zeigten, kam es im Verlaufe des Reformprozesses zu einer stärkeren Betonung der sozialen Integration, indem der organisatorischen Differenzierung durch Wahlfächer und Niveaukurse ein immer geringerer Raum gewährt wurde; daß diese ständige Verminderung der äußeren Differenzierung jedoch nicht bewußt um den Preis verringerter Effizienz betrieben wurde, zeigen die sich intensivierenden Bemühungen um eine Individualisierung des Unterrichts im Rahmen der zusammengehaltenen Klasse. Hiermit wird nun deutlich, daß organisatorische Reformen, d. h. die Abschaffung der selektiven durch die Gesamtschulform zwar durch die politischen Instanzen bewirkt werden können, daß aber das Gelingen der Reform, nämlich die gleichzeitige Realisierung von Chancengleichheit und Effizienz letztlich ein pädagogisches Problem bleibt. Im nächsten Abschnitt soll deshalb näher auf die pädagogische Konzeption des individualisierten Unterrichts eingegangen werden.

---

112 Ebda, S. 92.
113 Vergl. *Dahllöf, Urban* (S 1971a), S. 45.
114 *Wellendorf, Franz* (1969), Soziologische Probleme der Gesamtschule; in: *Lohmann, Joachim* (Hg.), Gesamtschule — Diskussion und Planung, Weinheim: Beltz, S. 105.

2.4. Die Individualisierung des Unterrichts

In der Diskussion um die schwedischen Gesamtschulreformen nahm und nimmt die Forderung nach einer Individualisierung des Unterrichts einen zentralen Platz ein[115]. Diese Debatte zog bis heute jedoch nur teilweise die erstrebten praktischen Folgen nach sich. So meinte *Stukát* noch 1970, daß es verfrüht sei, »to regard educational technology and individualized instruction as pedagogical contributions of established value«[116], eine Klage, die während des gesamten Reformverlaufes erhoben wurde[117].
Die mit der Durchsetzung eines individualisierten Unterrichts verbundenen Schwierigkeiten stellen nun keine schwedische Besonderheit dar, sondern resultieren aus der Spannung zwischen theoretischem Anspruch und gegenwärtig möglicher Unterrichtspraxis. So bemerkt z. B. *Bishop* bei der Behandlung individualisierter Unterrichtsformen in den USA, daß »this book may raise more questions and issues than it objectively answers ...«[118]
Angesichts dieser Lage kann es nicht unsere Aufgabe sein, ein einigermaßen vollständiges Bild der Ziele, Probleme und gegenwärtigen Lösungsvorschläge dieser pädagogischen Konzeption zu geben, weil dies den Rahmen der Arbeit bei weitem sprengen würde. Wir werden uns vielmehr darauf beschränken, den Stellenwert der Forderung nach einem individualisierten Unterricht im Rahmen der Reformkonzeption deutlich zu machen, einige der in Schweden durchgeführten Versuche zu charakterisieren sowie eines der wesentlichen Probleme dieser pädagogischen Konzeption, nämlich die notwendige Veränderung der Lehrerrolle, zu diskutieren. Bereits hier sei bemerkt, daß die sog. aktivitätspädagogische oder »progressive« pädagogische Konzeption, die in Schweden der Forderung nach Individualisierung des Unterrichts zugrunde liegt, eng an amerikanische Traditionen in der Nachfolge *Deweys* anknüpft, wobei auffällt, daß »die den schwedischen Reformen zugrunde liegende Bildungstheorie viele Elemente enthält, die

---

115 Vergl. die unterschiedliche Betonung dieser pädagogischen Konzeption im traditionellen Schulwesen sowie den Gesamtschulformen der enhetsskola und der grundskola in *Fältheim, Åke* (S 1963), Pädagogik der Grundschule, Stockholm: Natur och Kultur, S. 41 ff.

116 *Stukát, Karl-Gustav* (1970), Teacher role in change (Research bulletin no. 4, oct. 1970), Gothenburg: School of Education, S. 2.

117 S. z. B. Skolöverstyrelsen (S 1959), Versuche mit der neunjährigen enhetsskola. Zusammenfassende Berichterstattung für die Schuljahre 1949/50—1958/59, Stockholm: Kungl. skolöverstyrelsen skriftserie 42, S. 171 ff. sowie Aktuellt från skolöverstyrelsen (S 1967), specialnummer augusti 1967, Stockholm: SÖ-Förlaget, S. 12 ff.

118 *Bishop, Lloyd K.* (1971), Individualizing educational systems, N. Y./Evanston/London: Harper & Row, S. 6.

in den USA zusammen mit der ›Progressive Education‹ untergegangen sind«[119].

Die die Gesamtschulreformen intiierende 1946er Schulkommission ging von der Forderung nach einer »Demokratisierung des Schulwesens«[120] aus, die dem Schüler eine Schlüsselrolle in der schulischen Arbeit zuschrieb: »Die Schule soll die Individualität und die persönlichen Voraussetzungen des einzelnen Schülers nicht nur zur Kenntnis nehmen und respektieren, sondern sie zum Ausgangspunkt der Gestaltung von Erziehung und Unterricht machen«[121]. In einer derart »schülerzentrierten« (elevcentrerad) Schule, »which aims at the personal development of its students, work will necessarily be individualized«[122].

Individualisierung bezeichnet nun im weitesten Sinne alle schulorganisatorischen und pädagogischen Maßnahmen, die an die Anlagen und Interessen des einzelnen Schülers anknüpfen. Individualisierung bedeutet demnach zugleich auch Differenzierung. Dabei soll nicht eine wie auch immer gebildete Gruppe oder Klasse von Schülern, sondern der einzelne Schüler selbst im Vordergrund des pädagogischen Interesses stehen. In diesem Sinne können die Einführung der freien Zuwahl sowie die Schaffung einer flexiblen organisatorischen Differenzierung mit Wahlfächern und Niveaukursen als Maßnahmen zur Schaffung einer individualisierten Schule angesehen werden[123].

Die in Schweden erhobene Forderung nach einer Individualisierung des Unterrichts findet ihre Begründung vor allem in aktivitätspädagogischen Vorstellungen, d. h. in der an den sog. amerikanischen Progressivismus anknüpfenden pädagogischen Konzeption, die von folgenden Aspekten her charakterisiert werden kann:[124]

1. Lernpsychologisch soll die sog. intrinsische Motivation der Schüler im Vordergrund stehen, indem an die Interessen und die Spontaneität der

---

119 *Huhse, Klaus* (1968), Theorie und Praxis der Curriculum-Entwicklung. Ein Bericht über die Wege der Curriculum-Reform in den USA mit Ausblicken auf Schweden und England (Studien und Berichte Bd. 13) Berlin: Institut für Bildungsforschung in der Max-Planck-Gesellschaft, S. 23.

120 Vergl. SOU 1948:27, S. 1 ff. sowie *Arvidsson, Stellan* (1968), Die schwedische Schulreform; in: *Mund* der Gewerkschaft Erziehung und Wissenschaft nr. 127, S. 7 ff.

121 SOU 1948:27, S. 3.

122 *Stenholm, Britta* (1970), Education in Sweden, Stockholm: The Swedish Institute, S. 39.

123 Vergl. Skolöverstyrelsen (S 1967), Lehrplanüberprüfung. Die grundskola. S. 13 f.

124 Zum folgenden s. *Husén, Torsten* (S 1965), Die psychologischen Voraussetzungen der Aktivitätspädagogik; in: *Ness, Einar* (Hg.), Arbeids- og aktivitetsskolen i Norge, Europa og USA, Oslo: Gyldendal, S. 112 ff.

Schüler angeknüpft wird. Die Aktivität des Schülers soll durch »learning by doing«, durch Unterrichtsinhalte, die eng an den Erfahrungen des Schülers orientiert sind sowie durch demokratische Unterrichtsformen stimuliert werden. Diese schülerzentrierte Auffassung findet ihren entwicklungspsychologischen Ausdruck in der Forderung, den Unterricht an den jeweiligen intellektuellen, emotionalen und sozialen Entwicklungsstand des Kindes anzupassen. Dies beinhaltet nun nicht nur, den Unterricht an dem altersmäßigen Reifegrad des Schülers auszurichten, sondern auch eine Individualisierung des Unterrichts im Rahmen der Klasse vorzunehmen, da die Kinder unterschiedliche Voraussetzungen für die schulische Arbeit aufweisen.

2. Sozialpsychologisch schließlich wird die Forderung nach neuen Interaktionsformen zwischen Lehrenden und Lernenden erhoben, was sich einmal aus dem Bestreben nach einer allgemeinen Demokratisierung der Schule, zum anderen aus der Forderung nach einem individualisierten Unterricht ergibt, dessen Realisierung insbesondere eine veränderte Lehrerrolle voraussetzt.

Im folgenden sollen nun einige der wesentlichsten Probleme, die mit der Forderung nach einer Individualisierung des Unterrichts verknüpft sind, diskutiert werden.

Das »Kernproblem«[125] eines individualisierten Unterrichts liegt darin, durch eine enge Anknüpfung an Spontaneität und Interessen den Schüler in allen Unterrichtssituationen zu aktivieren. So betrachtet stellt sich die Individualisierung des Unterrichts u. a. als ein Problem der Curriculumgestaltung dar, wenn hierunter die Operationalisierung der Ziele der Schule durch Angabe von Lehrinhalten und -methoden verstanden wird. Diese Inhalte und Methoden sollen einen natürlichen Bezug auf die Erfahrungen und Interessen der Schüler haben und damit die Motivationsgrundlage für eine weitgehend selbstgesteuerte Aktivität bilden. In dieser starken Betonung der intrinsischen Motivation anstelle der extrinsischen der traditionellen Schule wird zugleich die Problematik dieser theoretischen Konzeption deutlich. »Schon *Dewey* ... hatte daran erinnert, daß es die Schule ist, die durch ihr Curriculum nicht nur die Bedingungen schafft, unter denen die Schüler ihre Interessen und Bedürfnisse befriedigen können, sondern daß der Erzieher auf dem Wege über die Auswahl der geistigen Umwelt bzw. der Bildungsinhalte auch jene Interessen indirekt bestimmt«[126].

Betrachtet man nun die in Schweden Anfang der 60er Jahre durchgeführten Lehrplanforschungen, so fällt die Diskrepanz zwischen schülerzentriertem pädagogischen Anspruch und den vorwiegend an den Bedürfnissen der

---

125 Vergl. *Husén, Torsten* (S 1965), S. 117.
126 *Huhse, Klaus* (1968), S. 136.

Abnehmer (Wirtschaft und weiterführende Schulformen) ausgerichteten Untersuchungen auf[127]. Hierzu ist nun aber zu bemerken, daß mit Hilfe dieser Forschungen ein aus dem traditionellen Schulsystem übernommener Modernitätsrückstand der Lehrinhalte überwunden werden sollte. Selbst wenn man dies berücksichtigt, so bleibt die Tatsache bestehen, daß zwar die Forderung nach einer Individualisierung des Unterrichts während des gesamten Reformverlaufs an die Lehrerschaft gerichtet wurde, ohne daß in den zentral festgelegten Lehrplänen jedoch die entsprechenden Instrumente bereit gestellt worden wären. Die mit der Forderung nach einem individualisierten Unterricht verbundenen inhaltsmäßigen und methodischen Probleme traten erst in dem Augenblick deutlich zutage, als man von 1963 an Versuche mit einem individualisierten Mathematikunterricht (IMU, schwed.: *i*ndividualiserad *m*atematik*u*ndervisning) durchführte[128].
Die bei der Erstellung geeigneten Lehrmaterials auftretenden Probleme erwiesen sich als so beträchtlich, daß der Ausbildungsminister 1968 eine Ersetzung der Niveaukurse in Mathematik durch IMU-Material mit Hinweis auf dessen unzureichende Erprobung ablehnte[129].
Man wird allgemein sagen können, daß eine starke Individualisierung des Unterrichts einen hohen Grad von Selbständigkeit seitens der Schüler voraussetzt, der wohl am ehesten durch eine starke Interessensteuerung der Schüleraktivitäten erreicht werden kann. In der letzten Revision des Lehrplanes für die grundskola 1969 wurde deshalb die Stellung der ästhetisch-praktischen Fächer gestärkt sowie zwei Wochenstunden frei zu wählende Arbeit eingeführt, die eine klare Anknüpfung an die Interessen der Schüler erhalten und keinen direkten Bezug zu den künftigen Ausbildungs- und Berufsplänen aufweisen soll[130]. Ob diese Maßnahmen jedoch genügen, die Schularbeit für alle Schüler sinnvoll zu machen, erscheint

---

127 Aus diesem Grunde wird im Rahmen der gesellschaftsbezogenen Zielsetzungen im Abschnitt I.3.3. näher auf diese Untersuchungen eingegangen.

128 Vergl. z. B. folgende zusammenfassenden Berichte zu IMU: *Karow, Willi* (1969), Individualisierter Mathematikunterricht in Schweden; in: betrifft: erziehung (1969), nr. 2, S. 11 ff. sowie *Håstad, Mats; Svensson, Leif; Öreberg, Curt* (1968), Some facts about IMU. A systems of teaching mathematics in classes 7—9 developed by the Swedish Board of Education. Malmö: Hermods; *Teschner, Wolfgang P.* (1972), Pädagogische Innovation in Schweden. Eine Fallstudie über die Region Malmö, Stuttgart: Klett, S. 103 ff.

129 Vergl. Kungl. Maj:ts proposition nr. 1968:129, Über die Lehrplanüberprüfung für die grundskola. Stockholm: Riksdagen, S. 72; eine empirische Untersuchung »explorativen« Charakters der Wirkungen des IMU-Systems findet sich in *Jivén, Lars M.* (red.) (S 1968), Das IMU-Projekt: Bericht über die Erprobung des IMU-Systems auf der Oberstufe der grundskola (I), (Pedagogisk-psykologiska problem nr. 63) Malmö: Lärarhögskolan.

130 Vergl. Kungl. Maj:ts proposition 1968: 129, S. 66.

fraglich. Muß also die Durchsetzung eines individualisierten Unterrichts trotz der bisher erzielten Erfolge nach wie vor als problematisch angesehen werden, so würde eine Verwirklichung dieser pädagogischen Konzeption neue Schwierigkeiten aufwerfen.

Eine vollständig individualisierte Unterrichtssituation wäre u. a. dadurch gekennzeichnet, daß jeder Schüler sein Lerntempo selbst bestimmen kann. Dies würde dann eher zu einer Verschärfung als zu einer Verminderung der anfänglichen Leistungsunterschiede zwischen den Schülern führen. Eine solch weit getriebene Individualisierung wird in Schweden u. a. deshalb nicht angestrebt, weil im Lehrplan ein verbindlicher Rahmen vorgegeben ist, innerhalb dessen sich auch ein individualisierter Unterricht zu bewegen hat. Zudem würde eine zu weit gehende Individualisierung zu einem Konflikt mit dem Ziel der sozialen Erziehung führen, dem im Verlaufe der Reformen ein strategischer Stellenwert zukam. Aus diesem Grunde betonte z. B. der 1957er Schulausschuß den besonderen Wert der Gruppenarbeit, die den Schüleraktivitäten eine soziale Ausrichtung verleiht[131]. Bei der Erprobung des IMU-Materials machte man die Beobachtung, daß »the students' motivation could be still further stimulated if individual tasks could be replaced from time to time by group activity«[132]. U. a. aus diesem Grunde wurden Versuche mit variierenden Gruppengrößen durchgeführt, wobei man an die in den USA von J. Lloyd *Trump* durchgeführten Schulexperimente anknüpfte[133]. Hierbei wurden die Schüler in Großklassen (60—90 Schüler), kleinere Gruppen (12—15 Schüler) oder auch einzeln (1—5 Schüler) aufgeteilt, je nachdem, ob es sich um Instruktion im Sinne einer allgemeinen Strukturierung des Lernstoffes, um Gruppenarbeit bzw. -diskussion oder individuelles Einlernen handelte. Diese Versuche sollten auch zu einer verstärkten Professionalisierung des Lehrerberufes in dem Sinne führen, als die Lehrer durch Hilfspersonal entlastet werden sollten.

Die Hoffnungen, den Unterricht durch Einführung einer flexiblen Schülergruppierung sowie des Team-teaching entscheidend verbessern zu können, haben sich bisher nicht ganz erfüllt. »In der Regel hat man nur einen kleinen Teil einer Schule für die Versuche engagieren können, und als

---

131 Vergl. SOU 1961:30, S. 210.

132 *Håstad, Mats* u. a. (1968), S. 6 f.

133 S. hierzu z. B. die Ausführungen bei *Trump, J. Lloyd & Baynham, Dorsey* (1961), Focus on Change. Guide to Better Schools, Chicago: Rand McNally, S. 23 ff. Zu den mit den Versuchen in Schweden verbundenen Zielsetzungen siehe Skolöverstyrelsen (S 1964), Variierende Klassengröße und Team-teaching (Utredningar i skolfrågor 12), Karlshamn: Skolöverstyrelsen, eng. Zusammenf. sowie *Rudvall, Göte* (S 1970), Variierende Gruppengröße und Team-teaching (VGT): Begriffsdiskussion und Problemanalyse (Pedagogisk-psykologiska problem nr. 123), Malmö: Lärarhögskolan, S. 4 ff.

diese in ihrer systematischen Form mit dem Zwang zur Berichterstattung beendet waren, scheint es oft zu einer Rückkehr in traditionelle Bahnen gekommen zu sein«[134]. Die hier zutage tretenden Probleme der inneren Schulreform zeigen die Notwendigkeit einer »Lehrerreform« unmißverständlich an, wobei es nicht nur darauf ankommt, die Forderung nach individualisierten Unterrichtsformen explizit zu machen. »The history of our schools indicates that individualization ist not achieved by telling the teachers to ›pay attention to individual differences‹. This has been preached to teachers for decades; little individualization has resulted«[135]. Diese für die USA getroffene Feststellung gilt in gleichem Maße für Schweden. Auch liegt das Problem offensichtlich nicht so sehr darin, die Lehrer von der Notwendigkeit eines individualisierten Unterrichts zu überzeugen; denn zumindest verbal haben die Lehrer diese Zielsetzung in Schweden akzeptiert, was sich z. B. in einer Untersuchung 1969 ergab[136]. Die eigentliche Schwierigkeit, die sich der Realisierung eines individualisierten Unterrichts entgegenstellt, scheint vielmehr in der notwendigen Veränderung der Lehrerrolle zu liegen. Diese These wird im folgenden kurz zu beleuchten sein.

Die Zielsetzung einer Individualisierung des Unterrichts im Rahmen der Klasse bezieht sich primär auf die kognitiven Aspekte des Unterrichts und stellt sich dem Lehrer deshalb vor allem als Problem der Wissensvermittlung mit Hilfe geeigneter pädagogischer Mittel dar. Innerhalb des traditionellen Schulwesens stand der Lehrer selegierten und damit relativ leistungshomogenen Klassen gegenüber, so daß er sich — ausgehend von einer wie auch immer definierten mittleren Norm — an alle Schüler zugleich wenden konnte. Hierbei standen dann vor allem die Aufgaben der Wissensvermittlung und Kontrolle im Vordergrund.

Die Forderung nach Individualisierung des Unterrichts im Rahmen der zusammengehaltenen und damit leistungsheterogenen Klasse stellt die Lehrer nun vor die Aufgabe, auf jeden einzelnen Schüler einzugehen. Deshalb kann schon aus Zeitgründen die Wissensvermittlung nicht mehr im Vordergrund der Lehrertätigkeit stehen. Von dieser Aufgabe soll der Lehrer durch die oben angesprochene variierende Klassengröße in Verbindung mit Team-teaching, durch vorprogrammiertes Lernmaterial sowie den Einsatz sog. Lehrerassistenten entlastet werden. Dies setzt voraus, daß die Schüler

---

134 *Rudvall, Göte* (S 1970), S. 21.

135 *Lindvall, C. M. & Bolvin, J. O.* (1970), The role of the teacher in individually prescribed instruction; in: Educational Technology (1970), nr. 2 S. 38.

136 S. die Untersuchung des Schwedischen Institutes für Meinungsforschung SIFO (S 1969), Die Eltern, die Lehrer und die grundskola. En SIFO-undersökning av attityder och information bland föräldrar och lärare hösten 1969, Stockholm: Skolöverstyrelsen.

selbständig im Sinne aktivitäts-pädagogischer Vorstellungen zu arbeiten vermögen. Das scheint nicht nur vom jeweiligen Lernmaterial sowie den pädagogischen Anleitungen des Lehrers, sondern auch vom Erziehungsprozeß der Schüler selbst abzuhängen, in dessen Verlauf sie die Selbständigkeit des Arbeitseinsatzes akzeptiert haben müssen.
In einer individualisierten Unterrichtssituation verschieben sich die Aufgaben des Lehrers von den kognitiven Aspekten der Wissensvermittlung zu den sozialen Aspekten der Lernsituation hin[137]. *Lindvall & Bolvin* unterscheiden in diesem Zusammenhang drei Aspekte der Lehrerrolle, wobei sie von der Bedeutung programmierten Lernmaterials in unterschiedlichen Unterrichtssituationen ausgehen:[138]

1. Anwendung des Lehrmaterials (operating the system), d. h. Anpassung der Lernschritte an die individuellen Voraussetzungen der Schüler u. a. durch Setzung realistischer Lernziele sowie durch eine fortlaufende Diagnose der Lernfortschritte.
2. Ergänzung des Lehrmaterials, wo dies aufgrund der individuellen Voraussetzungen des Schülers notwendig erscheint. Hier liegt es also am pädagogischen Sachverstand des Lehrers, Unzulänglichkeiten des Materials zu erkennen und für Abhilfen zu sorgen.

Bereits diese vom Material her definierten Aufgaben zeigen eine Verschiebung von der Wissensvermittlung zu den primär lernpsychologischen Aspekten der Lehrerrolle an. Dazu kommen

3. Aufgaben, die unabhängig vom jeweils verwendeten Material nur durch das Vorhandensein eines Lehrers erfüllt werden können, wie z. B. Beratung des Schülers bei der Interessenauswahl der Lernstoffe, die Schaffung einer günstigen Lernatmosphäre durch Vermittlung positiver Verstärkungen u. ä.

Hiermit wird also deutlich, daß die Aufgaben des Lehrers vor allem darin liegen werden, das vorhandene Lernmaterial mit Hilfe pädagogisch-psychologischen Wissens an die Voraussetzungen des einzelnen Schülers anzupassen. Die Erfüllung der Forderung nach einer Individualisierung des Unterrichts erfordert deshalb eine Professionalisierung des Lehrerberufes in dem Sinne, daß »... the teacher should tend to become more of a manager and facilitator of the instructional process, more of a diagnostician and prescriber and less of a lecturer and disciplinarian ...«[139].

---

137 Vergl. hierzu z. B. die Analyse *Stukáts*, der die an eine individualisierte Unterrichtssituation geknüpften Erwartungen an den bisher vorliegenden, nicht gerade zahlreichen empirischen Studien mißt, s. *Stukát, Karl-Gustav* (1970), bes. S. 14 ff.

138 S. *Lindvall, C. M. & Bolvin, J. O.* (1970), S. 38 ff.

139 *Lipson, Joseph I.* (1970), Job description for a teacher in a new school; in: Educational Technology 10 (1970) no. 2, S. 9, sowie von schwedischer Seite:

Die aus der Zielsetzung einer »schülerzentrierten« Schule folgende Forderung nach einem individualisierten Unterricht erfordert nun nicht nur eine Veränderung der Lehrerrolle, sondern auch neue Interaktionsformen zwischen Lehrern und Schülern. Konnte nämlich der sog. Frontal-Unterricht noch in Form einer hierarchisch strukturierten Lehrer-Schüler-Beziehung ablaufen, so erfordert die Durchsetzung aktivitätspädagogischer Vorstellungen eine stärkere Betonung der funktionalen Autorität des Lehrers, der nun nicht mehr als Übergeordneter, sondern vielmehr als pädagogischer Koordinator auftreten muß. Hieraus sowie aus dem Streben nach einer allgemeinen Demokratisierung von Gesellschaft und Schule kann die Forderung nach demokratisch strukturierten Interaktionsformen zwischen Lehrern und Schülern abgeleitet werden. Dieses komplementäre Verhältnis von aktivitätspädagogischen Methoden und demokratischen Interaktionsformen deutet mögliche Probleme der inneren Arbeit der Gesamtschule an. *Israel* stellte die Hypothese auf[140], daß die Lehrer aktivitätspädagogische Methoden zwar bejahen, die damit zusammenhängenden demokratischen Interaktionsformen jedoch bisher weitgehend nicht akzeptieren[141]. Die Schüler hingegen leiten aus der allgemeinen Demokratisierungsdebatte zwar die Forderung auf Mitsprache in der Schule und im Unterricht ab, ohne jedoch die aktivitätspädagogische Konzeption im Sinne eines stärkeren individuellen Einsatzes zu befürworten. Diese Hypothese deutet also einen doppelten Konflikt zwischen angestrebten pädagogischen Methoden und faktischen Interaktionsformen an, der die innere Arbeit der Gesamtschule mit großer Wahrscheinlichkeit haben dürfte.

Bei der Forderung nach einer Individualisierung des Unterrichts im Rahmen der zusammengehaltenen Klasse handelt es sich also um eine sehr ehrgeizige Konzeption, was insbesondere deutlich wird, wenn man die mit ihrer Realisierung verbundenen Probleme betrachtet: Zum einen geht es

---

Aktuellt från skolöverstyrelsen (S 1971), specialnummer augusti 1971, Stockholm: SÖ-Förlaget, S. 17, wo ein »neuer und mehr zeitgemäßer Lehrerprofessionalismus« gefordert wird.

140 Zur folgenden Hypothese s. *Israel, Joachim* (S 1969), Erziehung und Ausbildung; in: *Dahlström, Edmund* (Hg.), Svensk samhällsstruktur i sociologisk belysning, 4. Aufl., Stockholm: Läromedelsförlagen, S. 527 ff.

141 Diese Annahme erscheint realistisch, wenn man sich vor Augen hält, daß »es nicht angemessen (erscheint), von Lehrern und Erziehern grundsätzlich andere Interaktionsformen zu verlangen, als sie im allgemeinen in weiten Bevölkerungskreisen Deutschlands und von anderen Berufsgruppen verwirklicht werden« *(Tausch, Reinhard* [1971], Wesentliche Verhaltensdimensionen und Zusammenhänge der sozialen Interaktion in Erziehung und Unterricht; in: Neuer Stil in Schule und Unterricht. Didaktische Studien, hg. von *Ernst Meyer*, Stuttgart: Klett, S. 75) – eine Feststellung, die trotz der Demokratisierungsdebatte auch für das Schweden der 60er Jahre gegolten haben dürfte.

um die Bereitstellung geeigneten Lernmaterials, was beträchtliche Probleme mit sich bringt, wie sich im Rahmen des IMU-Projektes zeigte. Zum anderen beruht das Gelingen dieser Konzeption auf einer Veränderung der Interaktionsformen, d. h. auf veränderten Verhaltensweisen von sowohl Schülern als auch Lehrern, wobei letzteren beträchtliche Umstellungen abverlangt werden. Hieraus leiteten Beobachter der Reformen die Frage ab, ob diese Konzeption nicht auch zugleich eine permanente Überforderung der Lehrer beinhalte[142], ein Verdacht, der nur durch Lösung der hier angedeuteten Probleme entkräftet werden kann. Was die bisherige Entwicklung betrifft, so kann wohl ohne Übertreibung gesagt werden, »daß die Arbeitsweise in der großen Mehrzahl der Klassen in der vergangenen Reformperiode nur geringe Veränderungen erfuhr, trotz des großen Einsatzes in Bezug auf die Hilfsmittel und die Fortbildung. Der Klassenunterricht dominiert noch immer«[143].

2.5. Zusammenfassung

Wenn davon ausgegangen wird, daß organisatorische Reformen pädagogische Maßnahmen nach sich ziehen müssen, soll eine Reformkonzeption erfolgreich durchgesetzt werden[144], so änderte sich mit den Reformen der organisatorischen Differenzierung zugleich die Grundlage der pädagogischen Arbeit. Im Gegensatz zu Schulsystemen mit starker organisatorischer Trennung unterschiedlicher Schulformen ist es in einem weitgehend undifferenzierten Grundschulwesen nicht realistisch, von allen Schülern einer Klasse die gleichen Leistungen zu verlangen. Aus diesem Grunde ist der Leistungsstandard für jeden einzelnen Schüler festzustellen, um so einen Unterricht gemäß den individuellen Voraussetzungen durchführen zu können. Die Individualisierung des Unterrichts gewinnt in dem Maße Bedeutung für die Entwicklung der Anlagen der Schüler, wie die äußere Differenzierung zugunsten zusammengehaltener, d. h. leistungsheterogener Klassen abgebaut wird — und dieser Abbau der organisatorischen Differenzierung scheint solange unumgänglich zu sein, wie den Zielen der Verminderung der sozialen Auslese sowie der sozialen Erziehung ein hoher Stellenwert innerhalb einer Reformkonzeption zukommt. Die Forderung nach einer Individualisierung des Unterrichts im Rahmen der zusammengehaltenen Klasse

---

142 Vergl. *Glowka, Detlef* (1972), Bildungswesen und Schulreform in Schweden; in: neue Sammlung 12 (1972), heft 5, S. 438.

143 *Husén, Torsten* (S 1971), Ausbildung Jahr 2000. Gegenwärtige und zukünftige Entwicklungstendenzen, Stockholm: Utbildningsförlaget Liber, S. 168.

144 Dies wurde während des gesamten Reformverlaufes hervorgehoben, s. z. B. *Skolöverstyrelsen* (S 1959), S. 151.

erhielt deshalb im Verlaufe der Reformen einen derart starken Bedeutungszuwachs, daß »man sagen könnte, das Mittel werde zum Ziel erhoben«[145].
Das Erziehungsziel der integrierten Gesamtschule, durch individuelle und soziale Erziehung zur Persönlichkeitsentwicklung der Kinder beizutragen, wurde durch eine Vielzahl von Reformmaßnahmen zu realisieren gesucht, wobei sich bereits eine Reihe möglicher Zielkonflikte andeutete, wie z. B. zwischen dem Abbau der sozialen Auslese durch zusammengehaltene Klassen und der Forderung nach hoher individueller Leistungsfähigkeit der Schüler oder zwischen einem voll individualisierten Unterricht und einer sozialen Integration der Schüler.
Wenn in den offiziellen Reformdokumenten die primär an den Individuen orientierten Zielsetzungen angesprochen werden, fällt auf, daß mögliche Konflikte mit den primär gesellschaftsbezogenen Reformzielen kaum erörtert werden. Man kann vermuten, daß den Zielen der Persönlichkeitsentwicklung und sozialen Erziehung zwar auf der verbalen Ebene starkes Gewicht zugemessen wurde, daß die faktische Wirkung der Reformmaßnahmen aber eher auf eine Anpassung der Schule an gesellschaftliche Erfordernisse hinauslief. Befürchtungen ähnlicher Art wurden nicht zuletzt vom schwedischen Ausbildungsminister selbst noch Anfang der 70er Jahre geäußert: »Has education developed the personalities of millions of young people in our countries? One might fear that it has rather adapted men and women to a traditional system than developed the capabilities of each individual. And the more advanced forms of general education are still restricted to those who already had a good chance of personal development«[146].
Auf diesem Hintergrund sind die folgenden Ausführungen zu den primär gesellschaftsbezogenen Reformzielen zu sehen.

3. *Zum sozio-ökonomischen Aspekt der schwedischen Bildungsideologie: Primär an funktionalen Bedürfnissen der bestehenden Gesellschaft orientierte Ziele*

Die Aussage, Gestaltung und Ausbau der schwedischen Gesamtschule hätten sich vorwiegend an den Bedürfnissen der Schüler ausgerichtet[147], verdeckt den ambivalenten Charakter der Reformmaßnahmen, der bei einer mehr gesellschaftlichen Perspektive zutage tritt. Trägt z. B. die Verbesserung der

---

145 *Dahllöf, Urban* (S 1971a), S. 140.
146 *Carlsson, Ingvar* (1971), Keynote address (Goals and targets of educational policy); in: OECD (1971), Educational Policies for the 1970's, Paris: OECD, S. 70.
147 Vergl. z. B. *Dahllöf, Urban* (S 1971a), S. 137.

Ausbildungsmöglichkeiten für die bisher benachteiligten Schichten den Keim sozio-strukturellen Wandels in sich oder beschränken sich die Wirkungen der Reformmaßnahmen auf eine adäquatere Versorgung des Marktes mit qualifizierten Arbeitskräften und somit auf eine Stabilisierung der bestehenden Sozialstruktur? Die beiden folgenden Abschnitte sollen zur Relativierung der unter individueller Perspektive betrachteten Zielsetzungen beitragen.

Die die Gesamtschulreformen initiierende 1946er Schulkommission stellte die Forderung nach einer Demokratisierung des Schulwesens und damit die Gesellschaftsveränderung in den Vordergrund. Zehn Jahre später sprach der 1957er Schulausschuß, der einen Vorschlag zur Gestaltung der obligatorisch einzuführenden Gesamtschule unterbreiten sollte, nicht mehr programmatisch »Das Schulwesen und die demokratische Gesellschaft«[148] an, sondern bezog sich auf das »Ziel der Schule in einer sich wandelnden Gesellschaft«[149]. Hiermit deutete sich zugleich eine gewisse Akzentverschiebung an: Problem war nicht mehr so sehr die aktive Veränderung der Gesellschaft auf ein Mehr an Demokratie hin, sondern vielmehr die Anpassung der Schule an eine strukturell auf Wachstum angelegte Gesellschaft. Hiermit soll nun allerdings nicht behauptet werden, daß zwischen beiden Kommissionen stark divergierende Auffassungen über die Aufgaben der Schule vorgelegen hätten, sondern nur, daß es im Verlaufe des Reformprozesses zu einer spürbaren Akzentverschiebung auf eher funktionale Zielsetzungen hin kam. Dies erscheint insofern verständlich, als es nach der politisch überaus kontroversen Versuchsphase mit der enhetsskola nicht mehr auf die Propagierung einer neuen, sondern eben auf die endgültige Etablierung einer bereits bestehenden Schulform ankam. Aus diesem Grunde werden wir uns im folgenden vor allem auf das Gutachten des 1957er Schulausschusses stützen.

Der 1957er Schulausschuß ging in seinen Überlegungen von zwei Tatbeständen aus: Zum einen erfaßt die Gesamtschule Schüler, die sich während der Schulpflichtzeit in einem intensiven Entwicklungsprozeß befinden, zum anderen sieht sich die Gesamtschule einer ständig wandelnden Gesellschaft gegenüber, auf die die Schüler vorbereitet werden müssen. Hieraus folgerte der Ausschuß, daß die Ziele der Schule nicht endgültig fixiert werden könnten, sondern von Zeit zu Zeit einer Revision zu unterziehen seien. »Die Rolle der Schule im Leben des einzelnen und im Leben der Gesellschaft macht es notwendig, die Arbeit auf die Zukunft auszurichten«[150]. Welche Vorstellungen besaß man nun von dieser Zukunft?

---

148 SOU 1948:27, S. 1 ff.
149 SOU 1961:30, S. 143 ff.
150 SOU 1961:30, S. 144.

In der Diskussion über die zukünftige Entwicklung der Gesellschaft spielte der Beitrag *Huséns* eine wesentliche Rolle, dessen Grundgedanken im folgenden kurz referiert werden sollen[151]. *Husén* ging davon aus, daß die bisher zu beobachtende starke Einwirkung des ökonomischen Bereichs auf die gesamtgesellschaftliche Entwicklung in Zukunft eine weitere Akzentuierung erfahren und sich sowohl auf die technischen Produktionsbedingungen als auch die sozialen Beziehungen auswirken wird. Insbesondere die zunehmende Automatisierung des Produktionsablaufes durch Entwicklung elektronischer Rückkoppelungsmechanismen in Verbindung mit starken Nachfrageumschichtungen aufgrund wachsenden Wohlstandes wird die Gesellschaft in eine Richtung verändern, die sich eher durch den Begriff der Dienstleistungs- als der Industriegesellschaft beschreiben läßt[152]. Diesen Überlegungen sind einige Bemerkungen hinzuzufügen, die zwar in den offiziellen Reformdokumenten kaum angesprochen wurden, die jedoch eine wesentliche Begrenzung schwedischer Wirtschafts- und Gesellschaftspolitik deutlich machen.
Man scheint allgemein darin übereinzustimmen, daß eine — international betrachtet — hoch produktive Wirtschaft die Grundvoraussetzung für die Erhaltung eines hohen Lebensstandards der Gesamtbevölkerung ist. Diese Überlegung geht davon aus, daß die Struktur des schwedischen Binnenmarktes den Absatz der heimischen Produktion im Inland verbietet, was die internationale Konkurrenzfähigkeit der schwedischen Wirtschaft zu einer notwendigen Randbedingung jeglicher Gesellschafts- und damit auch Schulpolitik macht[153]. Aus dem sich hieraus ergebenden Zwang zum Wachstum sowie dem bis zum Ende der 60er Jahre chronischen Arbeitskräftemangel läßt sich die ökonomische Begründung der egalitären Bildungskonzeption ableiten.

---

151 Ausführlich hierzu *Husén, Torsten* (S 1963), Die Schule in einer sich wandelnden Gesellschaft, Stockholm: Almqvist & Wiksell, S. 22 ff.; oder *Boalt, Gunnar, Husén, Torsten* (1968), Bildungsforschung und Schulreform in Schweden, Stuttgart: Klett, S. 27 ff. sowie SOU 1961:30, S. 143 ff.

152 Tendenzen in diese Richtung lassen sich Anfang der 70er Jahre bereits deutlich erkennen, s. hierzu z. B. die Analyse bei *Wieser, Klaus* (1974), Teil 2, besonders Kapitel 2.2. und 2.3.

153 Vergl. *Wieser, Klaus* (1974), Kapitel 2.1.

3.1. Die Ausschöpfung vorhandener Ausbildungs- und Arbeitskraftreserven

kann als eine der wichtigsten funktionalen Zielsetzungen angesehen werden. Wenn man dieses Ziel als größtmögliche Ausnutzung vorhandener Begabungen interpretiert, so ergeben sich keine Konflikte mit dem Ziel der Persönlichkeitsentwicklung. Die Grenzen individueller Entfaltung werden jedoch bereits in der Formulierung deutlich, daß sich die freie Zuwahl in der Gesamtschule in dem Rahmen zu vollziehen habe, den Schule und Gesellschaft zur Verfügung stellen[154] — und dieser Rahmen wird bis zu einem gewissen Grade von den Erfordernissen des Arbeitsmarktes bestimmt.

Die Anhebung des Bildungsniveaus der Gesamtbevölkerung

Die Zielsetzung der Ausnutzung vorhandener Arbeitskraftressourcen fand Ausdruck in dem Bemühen, durch die Gesamtschulreformen zu einer Anhebung des Bildungsniveaus der Bevölkerung zu kommen. So hoffte z. B. die 1946er Schulkommission, allen Schülern der Gesamtschule eine Ausbildung vermitteln zu können, die dem Realschulexamen des traditionellen Schulwesens entsprach[155]. Dieses Ziel ist auf dem Hintergrund der Ausbildungsstruktur der erwachsenen schwedischen Bevölkerung zu sehen, von der folgende Tabelle einen groben Eindruck vermittelt.

Tabelle 1[156] Anteile von Männern und Frauen im Alter von 44 bis 63 Jahren (Erhebungszeitpunkt 1967), die a) nur die Volksschule (ohne Berufsausbildung) besucht haben, b) mindestens das Abitur abgelegt haben.

	Männer	Frauen
nur Volksschule	73,0	77,8
mindestens Abitur	5,5	2,3

Diese Zahlen sind auch unter dem Aspekt zu betrachten, daß die 1937 beschlossene Einführung einer 7jährigen Schulpflicht erst 1948 im ganzen Lande durchgeführt worden war.

154 Vergl. SOU 1961:30, S. 255.
155 S. SOU 1948:27, S. 47.
156 *Johansson, Lena* (S 1971), Ausbildung — Empirischer Teil, Stockholm: Allmänna Förlaget, S. 27, Tab. 7.8.

Nicht so sehr die Forderung nach Chancengleichheit, die als Entfaltung der Anlagen unabhängig von geographischen, ökonomischen und sozialen Hindernissen auch von den Anhängern des selektiven traditionellen Schulwesens gefordert wurde, charakterisierte die egalitäre Haltung der Schulkommission, sondern vielmehr das Bemühen, allen Schülern eine verlängerte und verbesserte Ausbildung zu gewähren sowie den bisher am stärksten benachteiligten Schichten den Zugang zu den studienbezogenen Bildungsformen zu erleichtern. Insbesondere diese letzte Forderung wurde von den Anhängern der Ausleseschule als unrealistisch angesehen, da man nur einem geringen Teil der Bevölkerung die intellektuellen Fähigkeiten zusprach, sich eine höhere Ausbildung zunutze machen zu können. Gegen diese elitäre Auffassung konnten die Anhänger der egalitären Bildungskonzeption auf Untersuchungen verweisen, die ab Mitte der 50er Jahre zur Feststellung der sog. Begabungsreserve durchgeführt worden waren.

Die Ausschöpfung der sog. Ausbildungsreserven

Die in diesem Zusammenhang wichtigste Untersuchung wurde in Schweden von *Härnqvist* durchgeführt[157]. Er berechnete jenen Anteil von Schülern, der aufgrund der intellektuellen Voraussetzungen zwar in der Lage gewesen wäre, einen bestimmten Ausbildungsweg erfolgreich zu absolvieren, dies jedoch — aus was für Gründen auch immer — nicht getan hatte. Aus diesem Grunde sprach *Härnqvist* von Ausbildungs- statt von Begabungsreserven.

Bei der Berechnung der Ausbildungsreserven auf den unterschiedlichen Stufen des Bildungssystems ging *Härnqvist* davon aus, daß *alle* Oberschichtkinder[158] eine ihren begabungsmäßigen Voraussetzungen entsprechende Schullaufbahn eingeschlagen hatten, um auf diese Weise einen Maßstab zur Berechnung von Ausbildungsreserven zu erhalten.

Hatten z. B. bei einem gewissen Notendurchschnitt 70 % der Oberschichtkinder eine bestimmte Ausbildung erfolgreich abgeschlossen, so nahm er an, daß auch 70 % der Kinder aus den übrigen Schichten zu solch einem Abschluß befähigt seien, vorausgesetzt, vorhandene Hindernisse geogra-

157 Vergl. *Härnqvist, Kjell* (S 1958), Die Reserven der höheren Ausbildung. Berechnungen und Methodendiskussion. SOU 1958:11, Stockholm: Ecklesiastikdepartementet; ein Referat dieser Untersuchung findet sich bei *Boalt, Gunnar; Husén, Torsten* (1968), S. 124 ff.; zur Methodendiskussion s. *Wolff, de P. & Härnqvist, Kjell* (1961), Reserves of ability. Size and distribution; in: *Halsey, A. H.* (ed.), Ability and educational opportunity, Paris: OECD, S. 154 ff.

158 Ausführlich zum Schichtenmodell s. Abschnitt II.1.1. dieser Arbeit.

phischer, ökonomischer und sozialer Art würden beseitigt. Der Umfang der auf diese Weise berechneten Ausbildungsreserven war beträchtlich, was der Vorstellung von einer geistigen Elite offensichtlich widersprach. Diesen Berechnungen lag jedoch implizit die Struktur des traditionellen Schulwesens zugrunde, weil sich die Erhebungen auf die Volks- und Realschule bezogen. Obwohl der *Härnqvistschen* Untersuchung der Vorwurf gemacht wurde, daß sie aufgrund ihres methodischen Ansatzes die Ausbildungsreserven überschätze, so führte doch die Einführung der Gesamtschule sowie der Ausbau der höheren Stufen des Bildungswesens zu einer von niemandem erwarteten Ausbildungsexplosion. Dies mag zu einem wesentlichen Teil darauf beruhen, daß der Übergang von der Auslese- zur Zuwahlschule auch die Oberschicht — die ihre Ausbildungsmöglichkeiten in der Untersuchung ex definitione voll ausgenutzt hatte — in die Lage versetzte, beträchtliche Ausbildungsreserven zu mobilisieren[159]. Damit zeigte diese Untersuchung zugleich, daß die Einführung der integrierten Gesamtschule Berechnungen, die an Hand des selektiven Schulwesens zustande gekommen waren, auf eine neue Grundlage stellte.
Die mit der Einführung der Gesamtschule verbundene Öffnung der studienbezogenen Ausbildung führte zu erhöhten Ausbildungsmöglichkeiten in allen Schichten. Dies berührt den Aspekt der Chancengleichheit, auf den bei der Behandlung der gesellschaftsverändernden Zielsetzungen ausführlich eingegangen werden wird.

3.2. Schaffung eines gemeinsamen Referenzrahmens — Der sozial-integrative Aspekt

Hier ist nun auf die sekundäre Sozialisationsfunktion der Gesamtschule einzugehen. Wenn man sich vor Augen hält, daß »aufgrund mangelnder Operationalisierung« bisher sehr wenig über Wirkungen und Interdependenzen von Ausbildungszielen bekannt ist[160], so müßte eine ausführliche Analyse der Lehrinhalte durchgeführt werden, um ein Bild von den Wirkungen des Unterrichtsprozesses zu erhalten. Dies verbietet sich schon aus Gründen des Platzmangels; wir werden uns deshalb auf einige grundsätzliche Bemerkungen beschränken.
Das Ziel der Schaffung eines für alle Schüler gemeinsamen Referenzrahmens besitzt im wesentlichen zwei Ausgangspunkte. Zum einen führt die zunehmende Differenzierung der sozialen Umwelt zu einer tendenziellen Erschwerung zwischenmenschlicher Kommunikation. Dieser Ent-

---

159 Ausführlich hierzu vergl. Teil II.2. dieser Arbeit.
160 Vergl. *Husén, Torsten* (red.) (S 1971), S. 90.

wicklung steht der Zwang zur Zusammenarbeit unterschiedlicher Rollenträger insbesondere im Arbeitsleben entgegen. Aus diesem Grunde wurde an das obligatorische Schulwesen die Forderung gestellt, einen möglichst weiten, für alle Schüler gemeinsamen Referenzrahmen zu vermitteln, der menschlichen Kontakt, den Austausch von Ansichten sowie die Zusammenarbeit in wechselnden und sich tendenziell komplizierenden sozialen Zusammenhängen erleichtern soll[161]. Mit dieser Zielsetzung wurden auch gesellschaftsverändernde Vorstellungen verbunden, wie unten zu zeigen sein wird. Zur Erschwerung der Kommunikation kommt andererseits die tendenzielle Veränderlichkeit des Arbeitsmarktes hinzu, die eine frühe Spezialisierung der Schüler unangebracht erscheinen läßt; angebracht ist so gesehen vielmehr eine möglichst breite Grundausbildung, d. h. ein weiter gemeinsamer Referenzrahmen, der eine

3.3. Verbesserte Anpassung an einen sich wandelnden Arbeitsmarkt

ermöglicht. Hierbei handelt es sich nicht um einen manpower-approach im engeren Sinne, also eine Ausrichtung an relativ spezifische Rollenanforderungen, sondern vielmehr um einen möglichst langen Aufschub der Rollenaktion der Schüler.

Die Problematik einer möglichst umfassenden, gemeinsamen Bildung besteht wesentlich darin, daß die Jugendlichen für eine Gesellschaft erzogen werden müssen, deren spezifische Anforderungen man nicht kennt[162]. Aufgrund dessen sollte eine »pragmatisch orientierte« Allgemeinbildung[163]

a) zur Schaffung von Motivation für lebenslanges Lernen führen,
b) der Vermittlung von Lerninhalten dienen, die den Erfordernissen einer sich wandelnden Gesellschaft entsprechen,
c) zu erhöhtem Realismus in den Ausbildungs- und Berufsentscheidungen beitragen.

Zu a) Was die Motivation für lebenslanges Lernen betrifft, so stellen sich hier all jene Probleme, die bereits im Abschnitt über die Individualisierung des Unterrichts erörtert wurden, da man davon ausgehen kann, daß Erfolgserlebnisse in der schulischen Arbeit die Grundlage für späteres, selbständiges Lernen legen. Hier deuten sich Konfliktmöglichkeiten mit dem Bemühen

161 S. SOU 1961:30, S. 183.

162 Vergl. *Boalt, Gunnar; Husén, Torsten* (S 1965), Soziologie der Schule, 2. Aufl., Stockholm: Almqvist & Wiksell, S. 17.

163 *Hörner, Horst* (1970) spricht in diesem Zusammenhang von einem »pragmatisch orientierten Allgemeinbildungsbegriff«, s. S. 281.

an, soziale Erziehung in zusammengehaltenen Klassen zu vermitteln — dann nämlich, wenn Schüler mit ungünstigen schulischen Voraussetzungen in den unselegierten und damit leistungsheterogenen Klassen dauernden Mißerfolgserlebnissen ausgesetzt werden. Um dies zu verhindern, soll eine weitgehende Individualisierung des Unterrichts alle Schüler zu erfolgreichem Lernen führen. Die mit dem Bemühen um eine Individualisierung des Unterrichts verbundenen Erfolge werden mithin auch darüber entscheiden, inwieweit allen Schülern eine Motivation für lebenslanges Lernen vermittelt werden kann.

Zu b) Die tendenzielle Veränderlichkeit des zukünftigen Arbeitsmarktes stellt die Gesamtschule vor die Aufgabe, alle Schüler mit einem bestimmten Grundwissen und bestimmten Grundfertigkeiten auszurüsten, die einen Wechsel des Arbeitsplatzes erleichtern[164]. Zu diesen Grundfertigkeiten sind insbesondere auch angesichts der ständig zunehmenden Menge an Informationen Arbeitstechniken zu rechnen, die dem Schüler eine selbständige Aneignung jeweils benötigten Wissens erleichtern. Aus diesem Grunde werden in der Gesamtschule Diagonallesen, die Fähigkeit, kurze Referate und Protokolle zu schreiben, sowie die sinnvolle Anwendung der Schülerbibliothek geübt. Zum festen Kern der pragmatischen Allgemeinbildung gehören insbesondere Grundkenntnisse im Lesen, Schreiben, Rechnen und mindestens einer Fremdsprache[165]. Die pragmatische Orientierung machte sich deshalb in einer Reform der Lerninhalte geltend, die als Schwerpunktverlagerung von den sog. Orientierungs-[166] zu den sog. Fertigkeitsfächern[167] charakterisiert werden kann. Diese Verschiebung kann zu einem wesentlichen Teil auf Ausführungen *Huséns* zurückgeführt werden, aufgrund derer der 1957er Schulausschuß »ein ziemlich dunkles Bild der Orientierungsfächer als statisch im Ziel und faktenausgerichtet in der Methodik (zeichnete)«[168].
In diesem Zusammenhang sind die empirischen Untersuchungen zur Curriculumreform zu nennen, die mit dem Schlagwort »Aufholen eines Modernitätsrückstandes« gekennzeichnet werden können. Auf diese Ausrichtung weist nicht zuletzt die Tatsache hin, daß diese Erhebungen in Zusammenarbeit mit dem Industrierat für soziale und wirtschaftliche Studien[169] ent-

---

164 Vergl. hierzu SOU 1961:30, S. 183.
165 Mit dem Lehrplan von 1969 (Lgr 69 wurde Englisch als obligatorische Fremdsprache vom 3. bis zum 9. Schuljahr eingeführt.
166 Hierunter versteht man in Schweden Religion, Heimatkunde, Gesellschaftskunde, Geschichte, Geographie, Naturkunde, Biologie, Chemie, Physik.
167 Dies sind Schwedisch, Mathematik, Englisch, Deutsch, Französisch.
168 *Dahllöf, Urban* (S 1971a), S. 46.
169 Schwedisch: Studieförbundet Näringsliv och Samhälle.

standen, der zudem den Hauptteil der Kosten trug. Es ist bemerkenswert, daß die u. a. auf sozialen Wandel abzielende Gesamtschulreform seitens der Wirtschaft auf keinen nennenswerten Widerstand stieß. *Husén* weist in diesem Zusammenhang auf das Interesse der Wirtschaft an »strategic school problems« hin, da sich die Meinung durchzusetzen begann, das selektive Schulwesen könne den Ansprüchen der Wirtschaft nicht mehr genügen[170].

Die hier angesprochenen Projekte der Curriculumforschung[171] beziehen sich — vereinfacht dargestellt — auf eine Gegenüberstellung der Ansprüche der »Abnehmer« (Wirtschaft, weiterführende Schulformen) der Gesamtschule mit den tatsächlich vermittelten Inhalten, wobei auch Erhebungen über die angewandten Lehrmethoden sowie deren Effizienz durchgeführt wurden.

Obwohl mit diesen Untersuchungen eine empirische Grundlage zur Beantwortung der Frage geliefert wurde, inwieweit die Lerninhalte als zeitgemäß zu bezeichnen waren, so merkten die Autoren dieser Studien doch selbst an, daß die Bedürfnisse der Gegenwartsgesellschaft nicht das einzige Kriterium von Curriculumreformen sein können, da damit dem wahrscheinlichen Wandel der Gesellschaft nicht Rechnung getragen werde[172]. Wenn man auch sagen kann, daß der pragmatische Wert dieser Untersuchungen darin liegt, die Unterrichtsgegenstände der Schule verstärkt auf die Erfordernisse der Arbeitswelt abgestimmt zu haben[173], so ist doch andererseits festzuhalten, daß es sich dabei um relativ leicht meßbare Aspekte rein kognitiven Charakters handelte[174]. Was die Zielsetzungsdiskussion betrifft, so fällt auf, daß die Curriculumforschungen Anfang der 60er Jahre trotz der starken Betonung persönlichkeitsentwickelnder

---

170 S. *Husén, Torsten* (1969b), Responsiveness and Resistance in the Educational System to Changing Needs of Society: Some Swedish Experiences; in: International Review of Education 15 (1969), S. 484.

171 Ausführlich hierzu s. folgende Aufsätze und Studien: *Husén, Torsten* (1968), Lehrplanforschung in Schweden. Über die allgemeinen Möglichkeiten einer erfahrungswissenschaftlich begründeten Curriculumsentwicklung; in: betrifft: Erziehung (1968), Nr. 3, S. 13—20, sowie die Zusammenfassung in *Boalt/Husén* (1968), S. 46 ff.; ferner *Husén, Torsten; Dahllöf, Urban; Bromsjö, Birger* (1965), Curriculum Research in Sweden; in: Educational Research vol. 7 (1965), S. 165—185 sowie in schwedischer Sprache *Husén, Torsten; Dahllöf, Urban* (S 1960), Mathematik und die Muttersprache in Schule und Berufsleben (Studieförbundet Näringsliv och Samhälle) Stockholm: Almqvist & Wiksell.

172 Vergl. z. B. *Husén, Torsten* (1968), S. 14.

173 S. *Huhse, Klaus* (1968), S. 104.

174 Ausführlicher hierzu *Robinsohn, Saul B.* (1967), Bildungsreform als Revision des Curriculum, Neuwied: Luchterhand, S. 38 ff.

und gesellschaftsverändernder Ziele in den offiziellen Reformdokumenten sich derart stark an den funktionalen Bedürfnissen der bestehenden Gesellschaft ausrichteten.

Zu c) Die Verlängerung der Schulpflicht auf 9 Jahre verlieh den Ausbildungsentscheidungen in den letzten Gesamtschuljahren den Charakter einer mehr oder weniger vorbereitenden Berufswahl. Aus diesem Grunde stellte sich der Gesamtschule die Aufgabe, sowohl über zukünftige Ausbildungsmöglichkeiten als auch die allgemeine Arbeitsmarktlage zu informieren sowie dem Schüler Kenntnisse über die eigenen Anlagen und Möglichkeiten im Verhältnis zu den Anforderungen des Arbeitsmarktes zu vermitteln[175]. Hierzu sollte einmal der Unterricht insbesondere im Fach Gesellschaftskunde sowie die individuelle Beratung durch den Berufswahllehrer, zum anderen die sog. praktische Berufsorientierung beitragen, in deren Rahmen alle Schüler der grundskola mehrere Wochen des 8. (mit Einführung des Lehrplanes 1969 des 9.) Schuljahres an einem oder mehreren Arbeitsplätzen ihrer Wahl verbringen.
Wenn man sich vor Augen hält, daß die Wahl der Ausbildungsvarianten laut Lehrplan völlig frei geschehen soll[176], so wird dies durch die Ausbildungs- und Berufsberatung relativiert, die dem Schüler helfen soll, »die individuellen inneren und äußeren Ressourcen in Relation zu den Möglichkeiten und Anforderungen von Ausbildung und Arbeitsleben zu stellen«[177]. Dies bedeutet nun, daß man nicht bereit war, die Ausbildungs- und Berufswahl nur unter dem Aspekt der individuellen Selbstverwirklichung der Schüler zu sehen[178].
In diesem Zusammenhang ist nun aber darauf hinzuweisen, daß der Ausbildungs- und Berufsberatung sowie der praktischen Berufsorientierung nicht nur funktionale Aufgaben zugeschrieben werden, sondern daß sie auch einen Beitrag zur Veränderung der Sozialstruktur zu leisten haben. So sollen z. B. Ausbildungs- und Berufsentscheidungen, die offensichtlich von den traditionellen Geschlechterrollen beeinflußt worden sind, im Rahmen der Beratung einer kritischen Diskussion unterzogen werden; desgleichen soll

---

175 Eine ausführliche Analyse der Ausbildungs- und Berufsberatung der schwedischen Gesamtschule findet sich in *Lindblad, Sverker* (S 1971), Das Ausbildungs- und berufsorientierende Programm der grundskola. Zielanalyse in Verbindung mit Kompetenzfragen (Projekt SK nr. 12) Göteborg: Pedagogiska institutionen, Göteborgs universitet, hekt.

176 Vergl. z. B. Lgr 62, S. 35, Lgr 69, S. 34, sowie ausführlich Abschnitt I.2.2. dieser Arbeit.

177 Lgr 62, S. 78.

178 So z. B. U 68 Debatt (S 1969), Ziele der höheren Ausbildung, Stockholm: Norstedt & söner, S. 18 f.

im Rahmen der praktischen Berufsorientierung versucht werden, die Mädchen (Jungen) mit typischen Männer-(Frauen-)Berufen bekannt zu machen. Wenn man sich aber Untersuchungen über die Berufspräferenzen 13—16jähriger Jugendlicher vor Augen hält, wie sie Ende der 60er Jahre gegeben waren[179], so zeigt sich, daß es bisher kaum gelungen ist, dieses Ziel in die Realität umzusetzen. Man kann wohl sagen, daß sich die Beratungs- und Orientierungsinstitutionen grundsätzlich zur Änderung traditioneller Rollenverteilungen und damit zur Realisierung sozialen Wandels verwenden lassen; in ihren gegenwärtigen Wirkungen kommt wohl aber eher ein funktionales Moment zum Ausdruck, das zugleich eine Beschränkung der individuellen Wahlfreiheit zugunsten wirtschaftlicher Anforderungen deutlich macht.

3.4. Zusammenfassung

Bereits die Formulierung, daß sich die freie Zuwahl der Schüler in dem Rahmen zu vollziehen habe, den Schule und Gesellschaft bereitstellen[180], deutet einen möglichen Konflikt zwischen den primär individuumorientierten und den primär gesellschaftsbezogenen Zielsetzungen an. Während diese Konfliktmöglichkeit noch vom 1940er Schulkomitee angesprochen und zugunsten der Gesellschaft gelöst wurde[181], gehen die nachfolgenden Komitees auf das Problem, daß die zur Persönlichkeitsentwicklung getroffenen Ausbildungsentscheidungen nicht unbedingt auch den Arbeitsmarktverhältnissen entsprechen müssen, kaum noch explizit ein. Vielmehr scheint man von einem optimistischen, von der Aufklärung und der französischen Revolution geprägten Menschenbild ausgegangen zu sein[182] und eine grundsätzliche Übereinstimmung zwischen einer »harmonischen Persönlichkeitsentwicklung« und gesellschaftlichen Erfordernissen angenommen zu haben.

Was die Grundschulstufe betrifft, also die ersten neun Jahre formaler Ausbildung, so scheint tatsächlich kaum ein Gegensatz zwischen persönlichkeitsentwickelnden und funktionalen Zielsetzungen gegeben zu sein.

179 S. Abschnitt II.4.4. dieser Arbeit.

180 Vergl. z. B. SOU 1961:30, S. 255.

181 S. hierzu SOU 1944:20, Gutachten und Untersuchungen des 1940er Schulkomitees. I. Die Schule im Dienst der Gesellschaft. Fragestellungen und Problematik. Stockholm: Ecklesiastikdepartementet, S. 133 ff.

182 Vergl. *Menningen, Walter* (Hg.) (1971), Ungleichheit im Wohlfahrtsstaat. Der Alva-MYRDAL-Report der schwedischen Sozialdemokraten. Reinbek: Rowohlt, S. 38.

Wie die Entwicklung der individuellen Anlagen durch soziale Erziehung im Rahmen zusammengehaltener Klassen durch ein möglichst breites gemeinsames Curriculum gefördert werden soll, so entspricht dieser breite gemeinsame Referenzrahmen den Anforderungen der zukünftigen Arbeitsmarktentwicklung. Die Individualisierung des Unterrichts, von der der Erfolg der Gesamtschulreformen zum wesentlichen Teile abhängt, soll einerseits dem Individuum durch Anpassung der Lerninhalte an die individuellen Voraussetzungen, andererseits gesellschaftlichen Bedürfnissen durch eine gesteigerte Leistungsfähigkeit der Schüler dienen. Die hier zu konstatierende Harmonie zwischen Individuum und Gesellschaft wird aber bereits auf den nächsten Stufen des Bildungswesens prekär. So merkte z. B. der Ausschuß für das Berufsbildungswesen an, daß eine vollständig freie Ausbildungswahl nicht zuletzt den Jugendlichen selbst schadet[183].
Diese Harmonie zwischen individuellen und gesellschaftlichen Bedürfnissen erscheint jedoch selbst im Fall der Gesamtschule als zweifelhaft, wenn man sich die hinter den Zielen stehenden Intentionen vor Augen hält: Bei dem Bemühen um Persönlichkeitsentwicklung bzw. individuelle und soziale Erziehung geht es letztlich um die Entwicklung zu einem »freien, selbständigen und harmonischen Menschen«[184], bei den funktionalen Zielsetzungen um eine möglichst reibungslose Anpassung an die bestehende und zukünftige Gesellschaft. Das Problem, durch schulische Erziehung eine Balance zwischen Autonomie und Anpassung zu erreichen, ist wohl bis heute in Schweden nicht in befriedigendem Maße gelöst worden; vielmehr muß befürchtet werden, daß die schulische Erziehung »has rather adapthed men and women to a traditional system than developed the capabilities of each individual«, wie der Ausbildungsminister noch Anfang der 70er Jahre bemerkte[185].
Auf diesem Hintergrund ist die sich seit Mitte der 60er Jahre intensivierende Diskussion um die gesellschaftsverändernden Wirkungen der Schule zu sehen, in deren Verlauf man zu dem Schluß kam, daß die Schule ihre persönlichkeitsentwickelnden Aufgaben nur unter der Voraussetzung gesellschaftlichen Wandels wird erfüllen können.

183 Vergl. SOU 1966:3, Die Berufsausbildung. Der Ausschuß für Berufsbildung. I. Stockholm: Ecklesiastikdepartementet, S. 142.

184 Lgr 69, S. 10.

185 *Carlsson, Ingvar* (1971), S. 70.

4. *Zum sozio-ökonomischen Aspekt der schwedischen Bildungsideologie: Primär auf sozialen Wandel gerichtete Ziele*

Orientierten sich die funktionalen Zielsetzungen an der bestehenden Gesellschaft sowie an deren prognostizierbarer Entwicklung, so besitzen die auf sozialen Wandel gerichteten Ziele insofern einen mehr normativen Charakter, als sie an programmatische Erklärungen zur Strukturveränderung der Gesellschaft anknüpfen. In diesem Abschnitt soll untersucht werden, welche gesellschaftsverändernden Absichten mit den Gesamtschulreformen verbunden waren, wobei es vor allem um eine Klarlegung politischer Absichtserklärungen gehen wird. Im Teil II dieser Arbeit wird dann eine ausführliche Sekundäranalyse eines der wichtigsten Reformvorhaben mit gesellschaftsverändernder Wirkung, nämlich das Bemühen um einen Abbau der sozialen Auslese, durchgeführt werden.

Die Meinungen über die gesellschaftsverändernden Möglichkeiten der Gesamtschule gehen auseinander. So meint z. B. *Wellendorf*, daß die Gesamtschule nicht beansprucht, »eine pädagogische und soziale Revolution herbeizuführen, wie es überhaupt zweifelhaft ist, ob das Erziehungswesen ein geeignetes Mittel zur sozialen Umwälzung ist«[186]. Eine solche Skepsis wurde von führenden schwedischen Reformern jedoch kaum geteilt. So war es eines der wesentlichsten Ziele der 1946er Schulkommission eine »Demokratisierung der Schule« herbeizuführen[187], eine Zielsetzung, der offensichtlich gesellschaftsverändernde Funktionen zugeschrieben wurden. *Orring* bezeichnete die Gesamtschulreformen als »eine Sozialreform ... Sie ist ein Mittel, um die Gesellschaft in eine bestimmte Richtung zu verändern ...«[188]. *Palme* schrieb Ausbildungsreformen zentrale Bedeutung zu, wenn es darum geht, »der Klassengesellschaft einen Stoß« zu versetzen[189], und im programmatischen Gleichheitsbericht der schwedischen Sozialdemokraten leitete man den Abschnitt über Ausbildungsprobleme mit der Feststellung ein: »Ausbildung ist eines der wichtigsten Mittel, die Gesellschaft zu verändern«[190].

---

186 *Wellendorf, Franz* (1969), S. 117.

187 SOU 1948: 27, S. 1 ff.

188 *Orring, Jonas (1968a)*, Aspekte der schwedischen Schulreform; in: Beiträge zur schwedischen Schulreform. Mit Beiträgen von *W. Bögli* u. a., Weinheim/Berlin: Beltz, S. 41, sowie auch SäU 1962:1, Särskilda utskottets utlåtandc nr. 1 vid 1962 års riksdag. Stockholm: Riksdagens protokoll, S. 152.

189 *Palme, Olof* (S 1967), Prioritätsprobleme; in: *Murray, Andreas* (red.), Det svenska klassamhället, Stockholm: Prisma, S. 116.

190 Jämlikhet (S 1969). Erster Bericht der SAP-LO Arbeitsgruppe für Gleichheitsfragen. Vom Parteitag 1969: *Alva Myrdals* Vortrag und der Parteitagsbeschluß. Borås: Prisma, S. 59. Eine leicht gekürzte deutsche Übersetzung

Auf sozialen Wandel gerichtete Zielsetzungen, so wurde oben gesagt, zeichnen sich durch einen politisch programmatischen Inhalt aus. Unter dieser Perspektive soll im folgenden die sog. Gleichheits-(jämlikhets-)Zielsetzung im Vordergrund der Untersuchung stehen. Dieses Ziel besitzt insofern eine wesentliche Bedeutung, als die Reformen der letzten 25 Jahre eine »klar soziale Zielsetzung« besaßen[191], ja man kann die Forderung nach Gleichheit oder Chancengleichheit sogar als eines der wichtigsten Ziele aller bisher durchgeführten Reformen bezeichnen[192].

Wenn nun auch die Forderung nach »vermehrter Gleichheit« (ökad jämlikhet) insbesondere von den schwedischen Sozialdemokraten erhoben wird, so kann man doch sagen, daß es sich hier — zumindest soweit die Bildungspolitik angesprochen ist — um eine allgemein akzeptierte Zielsetzung handelt[193].

Hierauf weist auch die außerordentliche Bedeutung der parlamentarischen Komitees für den Reformverlauf hin, in denen ein gewisser Konsensus über die Ziele der neuen Schule geradezu die Arbeitsgrundlage darstellte. Welcher Art dieser Konsensus nun aber auch immer im einzelnen gewesen sein mag, schon allein die Tatsache, daß die Reformen entscheidend von der schwedischen Arbeiterpartei vorangetrieben wurden, rechtfertigt eine ausführliche Analyse der Forderung nach »vermehrter Gleichheit«, die als übergreifende gesellschaftsverändernde Zielsetzung des Reformverlaufes bezeichnet werden kann. Aus dieser politisch-programmatischen Forderung läßt sich nun jedoch nur die allgemeine Richtung der Reformmaßnahmen ableiten: »Was dieses Gleichheitsziel konkret beinhaltet, darüber besteht heute wahrhaftig keine Einigkeit«[194].

Diese Unklarheit ergibt sich einerseits aus dem historisch bedingten Wandel

---

des Gleichheitsberichtes findet sich bei *Menningen, Walter* (Hg.) (1971), S. 46 ff.

191 *Dahllöf, Urban* (S 1971a), S. 126.

192 Vergl. z. B. *Bengtsson, Jarl* (S 1972), Ausbildungswahl, Ausbildungsforschung und Ausbildungsplanung. Lund: Studentlitteratur, S. 139 (engl. Zusammenfassung).

193 Vergl. z. B. das Parteiprogramm der Center-Parti, der zweitstärksten Partei Schwedens, wo die Forderung nach Chancengleichheit und Demokratisierung des Schulwesens erhoben wird: *Centern* (1970), Equality and Security in a Decentralized Society, Stockholm: Centern, S. 14 f; *Wieser, Klaus* (1974), Abschnitt 3.3.3., stellte bei einer Befragung der führenden Schulreformer fest, daß sie der Gleichheitsforderung die größte Bedeutung zumaßen.

194 *Bengtsson, Jarl* (S 1972), S. 140; vergl. auch *Sjöstrand, Wilhelm* (S 1970), Freiheit und Gleichheit. Zwei Grundbegriffe schwedischer Pädagogik in den 60er Jahren, Uppsala: Gebers, der ausführlich auf die Problematik der Forderung nach Gleichheit eingeht.

des Gleichheitskonzeptes, zum anderen daraus, daß die Forderung nach vermehrter Gleichheit oder Chancengleichheit sich auf durchaus unterschiedliche Bereiche des gesellschaftlichen Lebens beziehen kann. Deshalb soll im folgenden einleitend ein kurzer Abriß des historischen Wandels der Forderung nach Gleichheit gegeben werden, um auf diesem Hintergrund den Inhalt der gegenwärtig vorgebrachten Gleichheitsforderungen deutlicher machen zu können. Zum anderen wird der Stellenwert der Forderung nach ausbildungsmäßiger Chancengleichheit im Rahmen des übergreifenden Zieles nach sozialer Gleichheit oder anders ausgedrückt: nach gleichen Lebenschancen zu untersuchen sein.

4.1. Die Forderung nach gleichen Lebenschancen — Zum Problem der sozialen Chancengleichheit

Die Gleichheitsforderung in historischer Perspektive

Die Forderung nach Gleichheit gewann in der amerikanischen Freiheitserklärung sowie der französischen Revolution politische Bedeutung[195]. Ausgehend von dem Grundsatz, daß alle Menschen gleich geboren seien, verlangte man die Gleichheit aller Bürger vor dem Gesetz. Diese erste Fassung des Gleichheitskonzeptes stellte zwar gegenüber den sich auflösenden ständischen Gesellschaftsordnungen ein revolutionäres Prinzip dar, erwies sich im Verlaufe des Industrialisierungsprozesses jedoch als rein formales Recht in einer durch zunehmende ökonomische Ungleichheit gekennzeichneten Welt.

Die ökonomische Entwicklung zeigte, daß von den *formalen* Rechten nur mit Hilfe von gewissen, insbesondere ökonomischen Ressourcen Gebrauch gemacht werden konnte. Hieraus leiteten liberale Denker die Forderung nach einer Umverteilung dieser Ressourcen ab, womit die Schaffung gleicher Ausgangsbedingungen beabsichtigt war, auf deren Grundlage jeder die Möglichkeit besitzen sollte, Ungleiches zu erreichen. Abgesehen vom politischen Aspekt der Durchsetzbarkeit dieser zweiten, *liberalen* Fassung des Gleichheitskonzeptes stellte sich das theoretische Problem, in welcher Hinsicht und zu welchem Zeitpunkt die Individuen mit gleichen Ressourcen auszurüsten seien. Obwohl diese Konzeption gewisse sozialpolitische Maßnahmen nach sich zog, war es nicht zuletzt das Problem der politischen

195 Die folgende Darstellung schließt eng an die Analyse bei *Samuelsson, Kurt* (S 1970), Das verdammte Kapital. Eine Kritik der neomarxistischen Mythologie, Stockholm: Bonniers, S. 63 ff. an.

Durchsetzbarkeit, das eine Realisierung der liberalen Gleichheitsforderung verhinderte.
Die dritte Fassung des Gleichheitskonzepts beinhaltet nun eine Abkehr von der Überzeugung, daß das Gleichheitsproblem nur als ein Problem der Ressourcenverteilung, die mit Hilfe dieser Ressourcen erzielten Resultate dagegen als Ausdruck der freien Entfaltung der Menschen anzusehen seien. Hiermit war zugleich auch eine veränderte anthropologische Grundauffassung verbunden: Ging man bei der formalen wie liberalen Fassung der Gleichheitsforderung noch davon aus, daß alle Menschen grundsätzlich die gleichen Chancen der Entfaltung besitzen, wenn nur äußere Hindernisse beseitigt werden, d. h. wenn es zu einer Umverteilung der Ressourcen kommt, so beinhaltet die dritte Fassung, daß diese Entfaltungsmöglichkeiten selbst wieder als von den Milieubedingungen beeinflußt angesehen werden. In diesem Sinne kann von einer dritten, *soziologischen* Fassung des Gleichheitskonzeptes gesprochen werden[196]. Chancengleichheit bedeutet nun also nicht mehr, gleiche Ausgangsbedingungen zu schaffen, auf deren Grundlage Ungleiches geleistet werden kann, sondern eine ungleiche Verteilung der Ressourcen in dem Sinne, daß alle aus was für Gründen auch immer Benachteiligten die Chance erhalten, Gleiches zu leisten. Dabei stellt sich natürlich die Frage, bis zu welchem Grade eine *Gleichheit in den Resultaten* sinnvoll anzustreben ist, ein Problem, auf das im folgenden näher einzugehen ist. Mit Hilfe dieser idealtypischen Unterscheidung der formalen, liberalen und soziologischen Fassung des Gleichheitskonzeptes soll im folgenden versucht werden, den Inhalt der Forderung nach sozialer Gleichheit zu verdeutlichen.

Zum Inhalt der Gleichheitsforderung in der gegenwärtigen politischen Diskussion Schwedens

Die Forderung nach »vermehrter Gleichheit« zielt im weitesten Sinne auf eine Veränderung »menschlicher Relationen«[197] und damit auf soziale Gleichheit ab. Das Bemühen um »vermehrte Gleichheit« muß so gesehen auf eine Verminderung sozialer Ungleichheiten gerichtet sein, die die gegebene Klassengesellschaft kennzeichnen[198]. Sozialer Ungleichheit wird auf

196 Vergl. hierzu *Husén, Torsten* (1971), Social background and educational career. Research perspectives on equality of educational opportunity, Paris: CERI/OECD, S. 38.

197 S. z. B. *Elmgren, Bo* (S 1969), Politik und Gleichheit, Stockholm: Prisma, S. 9.

198 Mit dem Begriff der Klassengesellschaft wird in Schweden eher eine Schichten- als eine Klassengesellschaft marxistischer Interpretation angesprochen, s. hierzu ausführlicher Abschnitt II.1.1. dieser Arbeit.

der personalen Ebene dysfunktionaler Charakter zugeschrieben; denn »es ist die Ungleichheit, es sind die Klassenunterschiede, die Menschen in Fächer stopfen und sie daran hindern, ihr Leben frei zu formen«[199]. Durch die Verminderung sozialer Unterschiede sollen die Menschen größere Chancen als bisher erhalten, sich aufgrund ihrer eigenen Interessen und Anlagen und weniger aufgrund der Werte und Normen ihres sozialen Milieus zu entscheiden. Der hier angesprochene *Wahlfreiheitsaspekt* der Gleichheitsforderung setzt somit einen Abbau der Klassengesellschaft voraus.

Die bislang unterstellten Klassenunterschiede werden in Schweden meist mit Hilfe eines dreigliedrigen Sozialgruppenmodells empirisch erfaßt, das auf einer Berufsklassifizierung nach den Kriterien Einkommen und Vermögen, Ausbildung sowie dem Status der unterschiedlichen Berufe zueinander fußt[200]. Von einer Klassengesellschaft ist nach schwedischem Sprachgebrauch dann zu sprechen, wenn empirisch eine relativ starke Statuskristallisierung festzustellen ist, die die Wahlmöglichkeiten und damit die Lebenschancen der unteren Schichten begrenzt.

Eine Strategie zur Verminderung sozialer Ungleichheit könnte nun darin bestehen, systematisch Statuskristallisationen zu verhindern, d. h. einer hohen Bewertung in einer sozial relevanten Dimension ausgleichend eine niedrige Bewertung in einer anderen Dimension gegenüberzustellen[201]. Ein solches Vorgehen nimmt sich gegenüber einer durch Statuskristallisationen geradezu gekennzeichneten Welt (gute Ausbildung, hoch bewerteter Beruf, hohes Einkommen) jedoch unrealistisch aus. Die bisher betriebene Politik lief vielmehr darauf hinaus, Ungleichheiten in den einzelnen Dimensionen systematisch zu verringern. Zur Verminderung der Statusunterschiede zwischen den Berufen wurde z. B. im öffentlichen Bereich der Arbeiter durch den Angestellten ersetzt; Einkommens- und Vermögensunterschiede sollten durch stark progressive Personalsteuern begrenzt werden[202]. Hier spielen auch die Bildungsreformen der letzten 25 Jahre eine bedeutende Rolle, da durch eine Anhebung des Bildungsniveaus sowie einen Abbau der sozialen Selektion im Bildungswesen zu einer Verringerung der beträcht-

---

199 Jämlikhet (S 1969), S. 11.

200 Ausführlich hierzu s. Abschnitt II.1.1.

201 S. z. B. die Ausführungen bei *Israel, Joachim* (S 1967), Der Klassenbegriff aus marxistischer und soziologischer Perspektive; in: *Murray, Andreas* (red.), Det svenska klassamhället Stockholm: Prisma, S. 24 f.

202 Was die Einkommensverteilung betrifft, so konnten gewisse Erfolge verzeichnet werden, s. SOU 1970:71, Schwedische Wirtschaft 1971—1975 mit einem Ausblick auf 1990. 1970 års långtidsutredning, Stockholm: Finansdepartementet, S. 173 ff., insbesondere Tab. 3.11:1.

lichen Ausbildungsunterschiede in der schwedischen Bevölkerung[203] beigetragen werden sollte.
Die Forderung nach Wahlfreiheit knüpft insofern an liberale Traditionen an, als es um die Schaffung gleicher Ausgangsbedingungen in Wahlsituationen geht. Der Wahlfreiheitsaspekt weist jedoch über die liberale Fassung des Gleichheitskonzeptes hinaus, als Gleichheit im Sinne gleicher Ausgangsbedingungen nicht nur zu einem Zeitpunkt, sondern während des ganzen Lebens des Individuums angestrebt wird.
Die soziologische Fassung des Gleichheitskonzeptes, nämlich die Forderung nach Gewährleistung eines bestimmten Leistungsniveaus für alle Bürger, kommt hingegen zur Geltung, wenn der *Partizipationsaspekt* der Forderung nach sozialer Gleichheit betrachtet wird.
Dieser Aspekt der Gleichheitsforderung meint »active participation in society, leading to equal opportunities to influence societal change and with that the construction of the reward system that distributes chances in society«[204]. Obwohl gegenwärtig nur unklare Vorstellungen über die Realisierung einer solchen Partizipationsgleichheit bestehen, handelt es sich hier doch um eine politisch grundsätzlich akzeptierte Forderung[205], was seinen Ausdruck z. B. in der sich intensivierenden Diskussion über eine wirtschaftliche Mitbestimmung der Arbeitnehmer findet[206].
Was nun den Ausbildungsbereich betrifft, ergeben sich relativ eindeutige Konsequenzen aus der Forderung nach gleichen Chancen politischer Partizipation: Eine der Hauptaufgaben des Grundschulwesens muß dann nämlich darin liegen, alle Schüler mit gewissen Fertigkeiten, Wissen und Motivationen auszurüsten, die sie in die Lage versetzen, aktiv an der Gestaltung der gesellschaftlichen Zukunft mitzuarbeiten.
Der Wahlfreiheits- und Partizipationsaspekt sozialer Chancengleichheit stehen in wechselseitigem Verhältnis zueinander: Einerseits soll eine er-

203 S. hierzu die Tabelle 3 in Abschnitt II.1.2. dieser Arbeit.

204 *Härnqvist, Kjell & Bengtsson, Jarl* (1972), Educational Reforms and Educational Equality. Contribution to a Reader on Social Stratification ed. by *R. Scase*, Göteborg: The Institute of Education, University of Göteborg, Report no. 20, mimeo., S. 3.

205 Vergl. hierzu z. B. die Stellungnahmen der beiden größten Parteien Schwedens: Sveriges Socialdemokratiska Arbetarpartis 25: e kongress 30 september—7 oktober 1972, dagsprotokoll, måndagen den 2. oktober, S. 138 ff. und *Centern* (1970), S. 3 ff.

206 S. hierzu die Diskussionsbeiträge der Arbeiter- und der Angestelltengewerkschaft: LO (S 1971), Demokratie im Unternehmen. Särtryck ur protokollet från Landscrganisationes 18: e ordnarie kongress Stockholm: LO; TCO (S 1971), Demokratisierung des Arbeitslebens (TCO: s kommité för samarbetsfrågor på arbetsplatsen), Stockholm: TCO.

höhte Partizipation weiter Bevölkerungskreise über eine gleichmäßigere Verteilung politischen Einflusses zu einer Verringerung sozialer Ungleichheit führen, andererseits scheint eine Verminderung sozialer Ungleichheit eines der wichtigsten Mittel zur Lösung des Apathie-Problems moderner Demokratien und damit erhöhter Partizipation zu sein[207]. Hier werden nun die gesellschaftsverändernden Möglichkeiten von Ausbildungsreformen sichtbar: Einerseits soll der Abbau der sozialen Selektion durch die Einführung der Gesamtschulkonzeption für eine Verminderung der Statuskristallisation und damit für »vermehrte soziale Gleichheit« sorgen, andererseits soll die Ausrüstung aller Schüler mit bestimmten Grundfertigkeiten und -wissen Partizipationschancen weiter Bevölkerungskreise erhöhen. Die mit diesen Aufgaben der Schule verbundenen Probleme sollen im folgenden diskutiert werden.

4.2. Das Problem gleicher Ausbildungschancen

Im folgenden soll die These belegt werden, daß es im Verlaufe des Reformprozesses zu einer inhaltlichen Verschiebung von der liberalen zur soziologischen Fassung der Forderung nach Chancengleichheit kam[208].

Der Wahlfreiheitsaspekt: Zum Problem der sozialen Selektion

Das traditionelle Schulwesen, in dem vorwiegend Kinder aus den oberen Schichten auf den studienbezogenen Ausbildungsvarianten repräsentiert waren, wurde von den Reformkräften als Einrichtung angesehen, die die Klassengesellschaft reproduzieren half. Ein Abbau der sozialen Auslese durch Einführung der Gesamtschulform sollte deshalb nicht nur mehr Gerechtigkeit innerhalb des Schulwesens bewirken, sondern langfristig auch die Unterschiede der Klassengesellschaft vermindern helfen[209].
Chancengleichheit wurde zu Beginn des Reformprozesses in dem Sinne definiert, daß die Schüler »unabhängig vom Wohnort und der sozialen

207 Vergl. hierzu ausführlich die Studie von *Lewin, Leif* (S 1970), Das Volk und die Eliten. Eine Studie in moderner demokratischer Theorie, Stockholm: Almqvist & Wiksell, insbesondere S. 245 f.

208 Zur inhaltlichen Veränderung der Forderung nach »Equal Educational Opportunity« in den USA s. *Gordon, Edmund W.* (1972), Toward Defining Equality of Educational Opportunity; in: *Mosteller, F. & Moynihan, D. P.* (eds.), On Equality of Educational Opportunity, N. Y.: Vintage Books, S. 423 ff.

209 Ausführlich hierzu *Paulston, Rolland G.* (1968), S. 76 ff.

und ökonomischen Stellung der Eltern«[210] eine ihren Voraussetzungen gemäße Ausbildung erhalten sollten. In empirischen Untersuchungen wurde zudem eine deutliche Unterrepräsentation der Mädchen insbesondere auf dem gymnasialen und Universitätsniveau festgestellt[211], was auf die Geschlechtsrolle der Mädchen zurückgeführt wurde und somit als ein Aspekt der sozialen Auslese anzusehen war.

Mit der Forderung, daß Ausbildungsentscheidungen unabhängig vom Einfluß regionaler, ökonomischer und sozialer (inklusive geschlechtsspezifischer) Faktoren getroffen werden sollen, knüpfte man eng an die liberale Fassung des Gleichheitskonzeptes an: Durch die Reformen sollten gleiche Ausgangsbedingungen geschaffen werden, aufgrund derer die Schüler Ausbildungsentscheidungen gemäß ihren »Anlagen und Interessen« treffen sollten[212].

Was die regional und ökonomisch bedingten Nachteile betrifft, brachte die Einführung der integrierten Gesamtschule sowie der starke Ausbau des gesamten Bildungswesens in Verbindung mit nachhaltigen Verbesserungen des Lebensstandards eine explosionsartig steigende Nachfrage nach formaler Ausbildung mit sich. Dies deutet auf eine beträchtliche Verminderung des Einflusses regionaler und ökonomischer Faktoren hin. Die Ausbildungsexplosion kann beispielhaft am Ansteigen des Anteils Jugendlicher deutlich gemacht werden, der die erste Klasse des Gymnasiums besuchte[213]. Gingen am Ende des II. Weltkrieges noch knapp 8 % der 17jährigen Jugendlichen auf das Gymnasium über, so stieg dieser Anteil bis zu Beginn der 60er Jahre auf 24 %, um Anfang der 70er Jahre bereits 30 % zu betragen[214].

Wenn auch die Wirkung regionaler und ökonomische Faktoren auf die Ausbildungsentscheidungen im Verlaufe der Reformen zurückging, so wiesen die sozialen Faktoren nach wie vor einen starken Einfluß auf die Ausbildungswahl der Schüler auf[215].

---

210 SOU 1945:60, Gutachten und Untersuchungen des 1940er Schulkomitees. IV. Schulformen der Pflichtschulzeit. I. Allgemeiner Teil, Stockholm: Ecklesiastikdepartementet, S. 34; siehe auch SOU 1948:27, S. 69.

211 S. hierzu z. B. SOU 1944:21, Gutachten und Untersuchungen des 1940er Schulkomitees. II. Der Zusammenhang zwischen Volksschule und höherer Schule, Stockholm: Ecklesiastikdepartementet.

212 So z. B. SOU 1948:27, S. 9.

213 Das Gymnasium des traditionellen Bildungswesens ging 1971 in der additiven Gesamtschule der sekundären Stufe, der »gymnasieskola« auf.

214 S. *Dahllöf, Urban* (S 1971a), S. 13.

215 Untersuchungen zur sozialen Auslese im traditionellen Schulwesen wurden von *Boalt, Gunnar* (S 1947), Schulausbildung und Schulresultat von Kindern aus unterschiedlichen Gesellschaftsgruppen in Stockholm, Stockholm: Norstedt och söner und *Härnqvist, Kjell* (S 1958), Die Reserven der höheren Aus-

Als Indikator sozial bedingter Chancenungleichheit kann der Anteil von Kindern aus den unterschiedlichen Schichten auf den einzelnen Ausbildungsvarianten verwendet werden: wenn dieser Anteil nicht annähernd dem Prozentsatz der Schicht an der Gesamtbevölkerung entspricht, so kann man von einer sozialen Auslese und damit sozial bedingter Chancenungleichheit sprechen[216]. Gegen diese Definition der Chancenungleichheit könnte man nun einwenden, daß sich die Schüler aufgrund ihrer Anlagen oder Interessen und nicht nach dem Zufallsprinzip auf die unterschiedlichen Ausbildungswege verteilen sollten. Die nach wie vor zu konstatierende Unterrepräsentation der Kinder aus der Arbeiterklasse auf den studienbezogenen Varianten des Ausbildungswesens könnte z. B. darauf zurückzuführen sein, daß sie sowohl den Anlagen als auch den Interessen der Schüler durchaus entspricht. Diese Argumentation, die die empirisch belegte soziale Auslese entproblematisieren würde, soll im folgenden kurz überprüft werden.

Nach dem Lehrplan für die grundskola von 1962 sollte sich die Zuwahl von Wahlfächern zu Beginn der Oberstufe nach den Interessen und nicht nach irgendeinem Auslesekriterium richten; insofern kann man sagen, daß sich die Zuwahl frei vollzog. Demnach könnte man nun die faktisch getroffenen Ausbildungsentscheidungen als Indikator für die zugrunde liegenden Interessen verwenden und konstatieren, daß sich die Interessen der Unterschichtkinder eher auf die berufsbezogenen (praktischen), die der Schüler aus der Oberschicht dagegen eher auf die studienbezogenen (theoretischen) Fächer bezogen. Diese Art, Interessen empirisch zu bestimmen, ist jedoch äußerst fragwürdig; denn gewählt wurden nicht so sehr »interessante« Wahlfächer, sondern vielmehr zukünftige Ausbildungs- und Berufschancen. Dies ergibt sich daraus, daß die Wahlmöglichkeiten der grundskola von 1962 unterschiedliche Zukunftsmöglichkeiten eröffneten: Jene Schüler, die z. B. praktische Wahlfachkombinationen auf der grundskola-Oberstufe belegten, waren vom Besuch des Gymnasiums und der Fachschule nach Abschluß ihrer Pflichtschulzeit ausgeschlossen.

Wenn man sich die Ergebnisse sog. Interessentests vor Augen hält, in denen unabhängig von Ausbildungsentscheidungen die Interessen der Schüler festgestellt wurden, so zeigten sich keine oder doch kaum schichtspezifische Resultatmuster[217]. Hieraus kann nun der Schluß gezogen werden, daß der Zusammenhang zwischen Schichtzugehörigkeit und Ausbildungswahl

---

bildung. Berechnungen und Methodendiskussion; in: SOU 1958:11 durchgeführt. Zur sozialen Auslese in der Gesamtschule s. Teil II dieser Arbeit.

216 Im folgenden beziehen wir uns auf die Ergebnisse des II. Teils dieser Arbeit.

217 S. z. B. *Bengtsson, Jarl* (S 1971), Ausbildungs- und Berufswahl in der grundskola und den gymnasialen Schulformen; in: SOU 1971:61, S. 43, Figur 12c.

nicht aufgrund interessengesteuerter Zuwahlentscheidungen zustande gekommen sein kann.
Die Zuwahl sollte sich nicht nur nach den Interessen, sondern auch den Anlagen (gemessen z. B. durch Intelligenztests) der Kinder richten, was insbesondere die Wahl der Niveaukurse betraf. Im Gegensatz zu Interessenuntersuchungen zeigen Resultate aus Intelligenztests insofern schichtspezifische Muster auf, als Kinder aus der Unterschicht bedeutend schlechter als Schüler aus der Mittel- und Oberschicht abzuschneiden pflegen. Wenn man sich zudem die Mehrdimensionalität der Intelligenz vor Augen hält, so zeigt sich, daß Arbeiterkinder um so schlechter abschneiden, je stärker die Prüfungen mit dem späteren Schulerfolg korrelieren[218].
Will man die empirisch feststellbare soziale Auslese trotzdem als Beweis für das Vorliegen von Chancenungleichheit verwenden, so muß das sog. direkte soziale Handikap berechnet werden, das sich auf den Zusammenhang von Schichtzugehörigkeit und Ausbildungswahl bezieht, wenn die Intelligenz statistisch kontrolliert wird[219]. Empirische Untersuchungen des direkten sozialen Handikaps zeigten, daß auch die Berücksichtigung der teilweise großen Intelligenzunterschiede zwischen den Schichten den Zusammenhang zwischen sozialem Milieu und Ausbildungsentscheidung nicht verschwinden läßt. Demnach liegt auch in dieser Hinsicht eine durch soziale Faktoren bedingte Chancenungleichheit vor.
Eine freie Zuwahl nach Interessen und Begabung unbeeinflußt von regionalen, ökonomischen und sozialen Faktoren scheint solange nicht möglich zu sein, wie die verschiedenen Ausbildungsvarianten unterschiedliche Zukunftsmöglichkeiten beinhalten, also letztlich Wege zu unterschiedlich bewerteten Berufen darstellen. Aus dieser im Verlaufe der Reformen gemachten Einsicht wurde die Schlußfolgerung gezogen, daß die »Freiheit, die Ausbildung gemäß den eigenen Anlagen zu wählen, nie wirklich wird, bevor man diese unterschiedlichen Ausbildungswege nicht auch auf dem Arbeitsmarkt gleich bewertet«[220]. Die in diesem Zusammenhang erhobene Forderung nach einer gleichen Bewertung »theoretischer« und »praktischer« Berufe[221] würde nun komplementäre Reformen zur Veränderung der Bewertungsmuster auf dem Arbeitsmarkt erforderlich machen, soll die soziale Selektion in der Schule abgebaut werden. Ein solches Vorgehen würde

---

218 Bei einem Durchgang empirischer Untersuchungen zeigte sich, daß die verbale Dimension den engsten Zusammenhang mit dem Schulerfolg der Kinder aufwies, s. SOU 1968:25, Studienprognose und Studienfortschritt. Kompetenzutredningen III. Stockholm: Utbildningsdepartementet, S. 35 u. S. 156 ff.

219 S. hierzu Abschnitt II.2.4. und II.3.4. dieser Arbeit.

220 Socialdemokraterna (S 1971), Schule für Gleichheit, Borås: SAP, S. 4.

221 Diese Zielsetzung bestand während des gesamten Reformverlaufes, s. z. B. SOU 1961:30, S. 365.

jedoch lange Zeiträume bis zur Beseitigung der sozialen Auslese erfordern. Aus diesem Grunde wählte man den Weg, die Differenzierung auf der Oberstufe der Gesamtschule zugunsten des Prinzips der zusammengehaltenen Klasse zu vermindern, d. h. den Schülern werden seit der Einführung des 1969er Lehrplans keine Möglichkeiten mehr gegeben, sich bereits zu Anfang der Oberstufe gegen zukünftige Ausbildungswege und damit Berufschancen zu entscheiden: Egal, ob als Wahlfach eine zweite Fremdsprache, Technik, Kunst oder Ökonomie gewählt wurde, die in diesen Fächern erzielten Noten werden beim Übergang auf die Gymnasialschule gleich bewertet. Damit war das Problem der sozialen Selektion in der Gesamtschule sozusagen ex definitione gelöst worden, d. h. aber auch: auf die höheren Stufen des Bildungswesens verschoben worden.
Chancengleichheit im Sinne wirklicher Wahlfreiheit wird also erst dann als realisiert angesehen, wenn es in gewisser Weise »›basic‹ abilities and interests« sind, die die Ausbildungsentscheidungen steuern[222]. Die in Schweden vielfach verwendete Formulierung, »unabhängig von regionalen, ökonomischen und sozialen Faktoren« läßt jedoch den Eindruck entstehen, diese ›basic‹ abilities and interests würden von einem sozialen Vakuum her definiert[223]. Bei näherer Betrachtung setzt die Forderung nach Abbau der sozialen Selektion jedoch nur voraus, daß die oben genannten Faktoren keinen Schüler begünstigen oder benachteiligen sollen, was eine realistischere Interpretation von Chancengleichheit sein dürfte.
Obwohl in Schweden gewisse Erfolge beim Abbau der sozialen Auslese zu verzeichnen waren[224], so sprechen doch die Reformen zu einer zunehmend zusammengehaltenen grundskola-Oberstufe hin dafür, daß diese Erfolge nicht als befriedigend angesehen wurden. Diese organisatorischen Reformen zum Prinzip der zusammengehaltenen Klasse hin verschoben auch das Problem der Chancengleichheit vom liberalen Wahlfreiheitsaspekt zum soziologischen Partizipationsaspekt, auf den im folgenden eingegangen werden soll.

Der Partizipationsaspekt: Die Forderung nach leistungsmäßiger Gleichheit der Schüler

Unter dem Partizipationsaspekt sozialer Chancengleichheit war die Möglichkeit verstanden worden, eine aktive Rolle bei der Gestaltung des gesellschaftlichen Lebens einnehmen zu können. Hieraus läßt sich für die Schule die Aufgabe ableiten, »to create in the individual competencies

222 Vergl. *Härnqvist, Kjell & Bengtsson, Jarl* (1972), S. 3.
223 S. *Johansson, Lena* (S 1970), S. 27.
224 S. den II. Teil dieser Arbeit, insbesondere II.3.4.

and attitudes important for active participation in the decision processes of society«[225] — und dies hat unter dem Aspekt sozialer Chancengleichheit für alle Schüler zu gelten: »Es ist die Schuldigkeit der Gesellschaft, dafür zu sorgen, daß jedes Individuum maximale Möglichkeiten erhält, an den gesellschaftlichen Aktivitäten teilzunehmen«[226].
Mit dem weitgehenden Abbau der organisatorischen Differenzierung wird allen Schülern der schwedischen Gesamtschule eine gleich lange und auch inhaltsmäßige nahezu gleiche Ausbildung vermittelt. Wenn man nun davon ausgeht, daß eine der wesentlichen Ursachen für das Vorliegen von Klassenunterschieden in den Ausbildungsverhältnissen der verschiedenen Schichten zu sehen ist[227], so stellt sich die Forderung nach einer Grundausbildung für alle Schüler, die nicht nur formal, sondern auch faktisch als gleichwertig anzusehen ist. Damit verschob sich die Problematik ausbildungsmäßiger Chancengleichheit: Es ging und geht in der Gesamtschule nun weniger darum, allen Schülern gleiche Möglichkeiten beim »access to education« zu bieten, sondern vielmehr »equality of achievement« zu gewährleisten[228]. Ähnliche Akzentverschiebungen fanden in allen hochindustrialisierten Ländern während der letzten 10 Jahre statt.
Die hier angesprochene Leistungsgleichheit stellt nun jedoch eine inhaltlich äußerst unpräzise Forderung dar. Da es sich hier darum handelt, die Schüler auf politische Partizipation vorzubereiten, sind vom Bildungswesen einmal kognitive Voraussetzungen, zum anderen in gewissem Sinne soziale Orientierungsmuster für Partizipation zu vermitteln. Im folgenden soll die Forderung nach Chancengleichheit der politischen Partizipation unter diesen beiden Aspekten behandelt werden.

Kognitive Aspekte

Im zweiten Teil dieser Arbeit näher zu behandelnde Untersuchungen zeigten das Vorliegen eines sozial bedingten Leistungshandikaps auf:[229] Kinder gleicher Intelligenz, jedoch mit unterschiedlichem häuslichen Hintergrund erzielten in der Schule unterschiedliche Resultate in standardisierten Kenntnisprüfungen sowie in den Schulnoten. Dieses Leistungshandikap, das die

---

225 *Härnqvist/Bengtsson* (1972), S. 3.
226 *Husén, Torsten* (red.) (S 1971), S. 147.
227 Dies wurde während des gesamten Reformverlaufes betont, s. SOU 1948:27, S. 7; SOU 1961:30, S. 258; U 68 Debatt (S 1969), S. 35.
228 Vergl. hierzu OECD (1971), Educational Policies for the 1970's. Conference on Policies for Educational Growth, Paris 3rd—5th June 1970, Paris: OECD, S. 15.
229 Ausführlich hierzu II.2.5. und II.3.5. dieser Arbeit.

Schüler aus den unteren Schichten benachteiligte, wirkte sich auf den höheren Stufen des Bildungswesens auf die Ausbildungsentscheidungen aus, da der Zugang zu den attraktivsten Varianten nur über einen guten Notendurchschnitt zu erreichen war.
Eine erste Konkretisierung der Forderung nach leistungsmäßiger Chancengleichheit könnte deshalb darin bestehen, allen Schülern unabhängig von ihrem sozialen Hintergrund eine ihrer Intelligenz entsprechende Schulleistungsfähigkeit zu vermitteln. Wenn man sich nämlich vor Augen hält, daß Intelligenztests in gewisser Weise die Lernfähigkeit, standardisierte Kenntnisprüfungen und Schulnoten dagegen das faktisch Gelernte messen, so beinhaltet das Vorliegen eines sozial bedingten Leistungshandikaps einen Verstoß gegen die Maxime der allseitigen Entwicklung jedes Schülers, wie sie als übergreifende individuumorientierte Zielsetzung formuliert wurde.
Diese relativ enge Interpretation leistungsmäßiger Chancengleichheit zielt nun nicht auf einen Ausgleich der zu Beginn der Schulpflicht[230] vorhandenen Leistungsunterschiede ab, sondern bezweckt lediglich, eine Zunahme dieser Leistungsunterschiede während der Schulpflichtzeit zu verhindern. Aus einer Reihe von Gründen gelang dies bis zu Anfang der 70er Jahre[231] noch nicht. Hieraus ist dann die Forderung nach einer *kompensatorischen Individualisierung* des Unterrichts in dem Sinne abzuleiten, daß jenen Kindern verstärkte Hilfen zuteil werden müssen, deren relative Leistungsfähigkeit sich bei Gleichbehandlung verschlechtern würde. Damit ergeben sich im Rahmen dieser Konzeption einmal all jene Schwierigkeiten, die bereits bei der Behandlung des individualisierten Unterrichts erörtert wurden (s. I.2.4.). Zum anderen bringt eine Individualisierung des Unterrichts in kompensatorischer Absicht zusätzliche Probleme mit sich, was unmittelbar deutlich wird, wenn man sich eine vollständig individualisierte Unterrichtssituation vorstellt: »He (d. Schüler, d. Verf.) progresses at his own rate — a rate governed by his background, interest and ability«[232]. Dies würde aber dem Bemühen um Kompensation sozial bedingter Leistungsunterschiede direkt zuwider laufen, was im Gleichheitsbericht z. B. zu der Feststellung führte, Individualisierung könne nicht bedeuten, daß jeder Schüler die Kurse so schnell absolviere, wie ihm das möglich sei, da das die anfänglichen Unterschiede weiter verschärfen würde. Der individualisierte Unterricht müsse vielmehr dazu beitragen, die Wirkungen des unterschiedlichen sozialen Hintergrundes der Kinder zu neutralisieren[233]. Gedanken in dieser Richtung werden auch in den offiziellen Lehrplänen aus-

230 Die Schulpflicht beginnt in Schweden üblicherweise im Alter von 7 Jahren.
231 Nur bis zu diesem Zeitpunkt liegen empirische Studien vor.
232 *Bishop, Lloyd K.* (1971), Individualizing Educational Systems, N. Y./Evanston/London: Harper & Row, S. 33.
233 S. Jämlikhet (S 1969), S. 66 f.

gedrückt: »Individualisierung im Sinne *selbständiger Arbeit* ist eine Voraussetzung dafür, daß der Lehrer den einzelnen Schüler anleiten und mit ihm üben kann und jenen Schülern hilft, die es am meisten bedürfen«[234].
Bereits diese kurzen Ausführungen machen deutlich, daß ein wirkliches Gelingen der Gesamtschulreformen zu einem wesentlichen Teil ein Lehrerproblem darstellt. Die Lehrer müssen nicht nur mit den Schwierigkeiten eines individualisierten Unterrichts fertig werden, um der Forderung nach sozialer Integration *und* Effektivität entsprechen zu können, sie müssen dieser Individualisierung zudem noch eine kompensatorische Ausrichtung geben, um Chancenungleichheit abzubauen. Hält man sich nun die subtile Wirkungsweise einiger der von *Rosenthal* und *Jacobson*[235] aufgezeigten Tatbestände vor Augen, die zum Entstehen des sozialen Leistungshandikaps beitragen, so besteht wenig Anlaß auf eine rasche Durchsetzung eines kompensatorischen individualisierten Unterrichts zu hoffen.
Die bisher diskutierte Interpretation von Chancengleichheit als der Intelligenz entsprechende schulische Leistungsfähigkeit ist nun aber nicht viel weniger fragwürdig als die Forderung nach Chancengleichheit aller Kinder gleicher Rasse oder Religion. Wenn nämlich von der Forderung nach Chancengleichheit politischer Partizipation ausgegangen wird, so ist jeder Schüler allein aufgrund seiner Eigenschaft als Staatsbürger mit jenen (kognitiven) Fähigkeiten auszurüsten, die ihm so gut wie jedem anderen eine aktive Rolle bei der Gestaltung der gesellschaftlichen Zukunft ermöglichen.
Eine solche Forderung nach vollständiger Leistungsgleichheit besitzt jedoch gegenwärtig durchaus utopischen Charakter. An diesem Faktum ändern auch die erfolgreichen Versuche mit kleineren Gruppen nichts, in denen nahezu alle Schüler durch eine sehr weitgehende Individualisierung zu erfolgreichem Lernen geführt wurden. Die im folgenden Zitat angesprochenen Probleme, auf die diese Versuche hinweisen, lassen eine Durchsetzung vollständiger Leistungsgleichheit nur unter großen Schwierigkeiten im Rahmen eines nationalen Bildungswesens realisierbar erscheinen. »Fraglos führen die Schulen heute einige Schüler zu der Erfahrung erfolgreichen Lernens — vielleicht sogar ein Drittel der Schüler. Wenn die Schulen aber erfolgreiches und befriedigendes Lernen für mindestens 90 Prozent der Schüler ermöglichen sollen, müssen erhebliche Veränderungen eingeführt werden, und zwar hinsichtlich der Einstellungen der Schüler, der Lehrer und der Verwaltung. Veränderungen müssen auch im Hinblick auf die Lehrstrategien und auf die Rolle der Zensierung stattfinden«[236].

234 Lehrplan für die grundskola 1962, S. 58 (Sperr. im Orig.).
235 S. Abschnitt II.2.5. dieser Arbeit, wo die Studie referiert wird.
236 *Bloom, Benjamin* (S 1970), Alle Schüler schaffen es, in: betrifft: erziehung (1970), nr. 11., S. 16.

Bei der Einführung des Prinzips der zusammengehaltenen Klasse ging man in Schweden nun aber davon aus, daß es nicht realistisch sei, von der leistungsmäßig sehr heterogenen Schülerschaft die gleichen Schulleistungen zu verlangen[237]. Zusammen mit der Forderung nach Abbau sozial bedingter Leistungsnachteile führt dies zu einer Interpretation leistungsmäßiger Chancengleichheit, wie sie z. B. auch von *Coleman* formuliert wurde. Er stellte die Forderung auf »that even though two population groups begin school with different levels of skills on the average, the average of the group that begins lower moves up to coincide with that of the group that begins higher. Parenthetically, I should note that this does *not* imply that all students' achievement comes to be identical, but only that the *averages* for two population groups that begin at different levels come to be identical«[238].

Diese Interpretation dürfte auch mit den schwedischen Vorstellungen zur Leistungsgleichheit übereinstimmen. Dabei geht es dann nicht mehr nur darum, die Vergrößerung von Leistungsunterschieden in der Schule zu verhindern, sondern auch um einen Abbau von Leistungsdifferenzen, die bereits zu Beginn der Schulpflicht vorhanden sind, d. h. die Schichtzugehörigkeit soll leistungsmäßig betrachtet keine differenzierende Variable mehr sein.

Wenn man sich nun einerseits die Problematik einer »inneren« Reform der Schule, andererseits jene Untersuchungen vor Augen hält, in denen sich 50 % der Intelligenzunterschiede, die sich zwischen 17 bis 18jährigen Kindern feststellen lassen, bereits im Vorschulalter (bis zum 4. Lebensjahr) zeigten[239], wird man von einer Umgestaltung des Grundschulwesens allein keine Realisierung leistungsmäßiger Chancengleichheit erwarten können.

Hiermit ist nun das Problem einer kompensatorischen Vorschulerziehung angesprochen, zu der in diesem Zusammenhang nur einige kurze Bemerkungen gemacht werden können. Aufgrund der umfangreichen wie kostspieligen Reformen des Grundschulwesens, der gymnasialen sowie universitären Stufe kam es in Schweden zu einer relativen Vernachlässigung des Vorschulbereiches[240]. Nicht zuletzt aufgrund der Schwierigkeiten, die sich einem Abbau der sozialen Selektion im Grundschulwesen entgegen-

---

237 Vergl. z. B. SOU 1961:30, S. 143 und S. 217 und Lehrplan für die grundskola 1969, S. 13.

238 *Coleman, James S.* (1968), The Concept of Equality of Educational Opportunity; in: Harvard Educational Review 38 (1968), S. 21 (Hervorhebung im Orig.).

239 S. *Bloom, Benjamin S.* (1964), Stability and Change in Human Characteristics, N. Y.: John Wiley and sons., S. 88.

240 1968/69 standen rd. einem Achtel aller Kinder im Vorschulalter ein Platz in einer Spielschule oder einem Tagesheim zur Verfügung, s. TCO (S 1970),

stellten, wurde die Forderung nach kompensatorischen Maßnahmen im Vorschulalter erhoben[241]; so stellte z. B. der Ausbildungsminister Anfang der 70er Jahre fest, daß »... compulsory pre-primary education is one of the most important targets of education for the near future«[242].
1972 veröffentlichte das sog. Kindergarten-Komitee (schwedisch: barnstugeutredning) sein abschließendes Gutachten[243], in dem eine obligatorische Vorschule für alle Sechsjährigen ab 1975 sowie ein großzügiger Ausbau der vorhandenen Vorschuleinrichtungen (Spielschulen und Tagesheime) empfohlen wurde. Dabei soll der Zutritt für Kinder mit »besonderem Bedarf« erleichtert werden. Da die Vorschule für Kinder unter 6 Jahren auch nach 1975 nicht obligatorisch sein soll, stellt sich das Problem, auch wirklich jene Kinder zu erfassen, deren Sozialisationsmilieu relativ geringe Entwicklungsmöglichkeiten beinhaltet.
Die Forderung nach Partizipationsgleichheit beinhaltet nicht nur kognitive, sondern auch soziale Aspekte in dem Sinne, als Partizipation zu Veränderungen in eine bestimmte Richtung, nämlich zu »vermehrter sozialer Gleichheit« führen soll.

Soziale Aspekte

Das Vorhaben, den Schülern soziale Orientierungsmuster zur Veränderung der Gesellschaft zu vermitteln, muß als äußerst kontrovers bezeichnet werden, da die Vermittlung von Lerninhalten nach dem grundskola-Lehrplan dem Grundsatz der Objektivität folgen soll[244]. Da die schulische Arbeit nach den Bestimmungen des Lehrplans von 1969 an jene Werte anknüpfen soll, über die Einigkeit besteht[245], müssen auf sozialen Wandel gerichtete Lerninhalte auf einem breiten Konsensus gründen, was jedoch die Gefahr

---

Familie und Gesellschaft. Bericht der familienpolitischen Studiengruppe der Angestelltengewerkschaft, Stockholm: Prisma, S. 68.

241 S. z. B. TCO (S 1966), Tagesheime und Spielschulen in einer integrierten Vorschule, Stockholm: TCO: s utbildningspolitik 1, S. 19 f. und Jämlikhet (S 1969), S. 62 ff.

242 *Carlsson, Ingvar* (1971), S. 72.

243 Hierbei handelt es sich um SOU 1972:26, 27, Die Vorschule, Teil 1 und 2. Gutachten des Kindergarten-Komitees aus dem Jahre 1968. Stockholm: Socialdepartementet; zu den Vorschlägen siehe insbesondere Teil 2: SOU 1972:27.

244 Vergl. Lehrplan für die grundskola 1969, S. 41; Objektivität wird dabei im weitesten Sinne so aufgefaßt, daß Wertentscheidungen vom Schüler selbst getroffen werden sollen.

245 S. Lehrplan für die grundskola 1969, S. 42; über den Inhalt der obigen Formulierung besteht jedoch kaum Einigkeit, vergl. z. B. *Dahllöf, Urban* (S 1971a), S. 120.

beinhaltet, daß der kleinste gemeinsame Nenner keine großen Veränderungen mehr zuläßt. Das Problem der Veränderung sozialer Bewertungsmuster soll im folgenden an Hand der Ziele »Kritisches Denken« sowie »Demokratisierung der Schule« diskutiert werden.

Kritisches Denken

bezieht sich unter dem Aspekt der Gesellschaftsveränderung weniger auf die im Lehrplan geforderte kritische Prüfung des Wahrheitsgehaltes von »Fakten«, sondern vielmehr auf die kritische Bewertung sozialer Verhältnisse seitens der Schüler. Die hierin enthaltene politische Brisanz mag z. B. das Bildungskomitee U 68 dazu veranlaßt haben, seinen Überlegungen zu einem großen Teil die Frageform zu geben: »Will man mit anderen Worten ein solches Bedürfnis nach (Chancen-) Gleichheit schaffen, daß die Notwendigkeit erkannt wird, die Gesellschaft schneller zu verändern«?[246].
Wenn sich die Ausführungen von U 68 auch mehr auf die höheren Stufen des Bildungswesens bezogen, so machen sie doch eine gesellschaftskritischere Haltung deutlich, als sie z. B. während der fünfziger und beginnenden sechziger Jahre gegeben war. Dies kommt auch in einigen Teilen des Lehrplanes von 1969 zum Ausdruck. So soll nicht nur im Unterricht konsequent auf einen Abbau von Geschlechterrollen, d. h. auf die Gleichberechtigung der Geschlechter hingewirkt werden[247], auch durch die Beratungs- und Orientierungsinstitutionen[248] soll eine vorurteilsfreie Studien- und Berufswahl angestrebt werden[249]. Dieses Bestreben, die Geschlechterrollen von Jungen und Mädchen abzubauen, führte bis Ende der 60er Jahre jedoch nur teilweise zu Erfolgen[250].
Zu dem Bemühen, soziale Relationen zu verändern, gehört auch, ein größeres Verständnis für jene Gruppen hervorzurufen, die in der schwedischen Gesellschaft besondere Probleme haben. Die beträchtlichen Anstrengungen, die z. B. zur Anpassung physisch und psychisch Benachteiligter an die Gesellschaft unternommen wurden[251], »haben eine Attitüdenänderung des

---

246 U 68 Debatt (S 1969), S. 24.
247 S. Lehrplan für die grundskola 1969, S. 49 ff.
248 Ausführlicher zu diesen Institutionen s. I.3.3.: Ausbildungs- und Berufsberatung.
249 Aktuellt från Skolöverstyrelsen (S 1969), specialnummer augusti 1969, Stockholm: SÖ-Förlaget, S. 45.
250 S. hierzu ausführlich in dieser Arbeit: II.4.2. und II.4.4.
251 So wurde z. B. 1967/68 für einen blinden oder tauben Schüler rd. 4½mal soviel ausgegeben wie für einen gesunden Gesamtschüler, s. TCO (S 1970), S. 96.

schwedischen Volkes erreicht, was sicherlich dazu beigetragen hat, die Menschen glücklicher zu machen«[252].
Soziale Bewertungsmuster sollen ebenfalls durch eine verstärkte Internationalisierung des Unterrichts, insbesondere durch eine intensivere Behandlung der Probleme von Entwicklungsländern geändert werden. Den Schülern soll dabei vor Augen geführt werden, daß »Gleichheit und Solidarität wichtige Zielsetzungen auf der internationalen Ebene darstellen«[253].
Zielt die Forderung nach Kritikfähigkeit der Schüler gegenüber traditionellen Bewertungsmustern auf günstigere soziale Bedingungen für bisher Benachteiligte und damit auf sozialen Wandel ab, so gilt dies in gleichem Maße für das Bestreben um eine

Demokratisierung der Schule

Dieser Zielsetzung wurde und wird eine klar gesellschaftsverändernde Funktion zugeschrieben; denn »die Demokratisierung der Schule wirkt auch als Hebel im Demokratisierungsprozeß des gesamten Arbeitslebens. Jene, die während ihrer Ausbildung Mitbestimmung erlebt haben, werden sie auch im Arbeitsleben fordern«[254].
Die Demokratisierung der Schule wurde zu Beginn des Reformprozesses als Einführung demokratischer anstelle von autoritären Unterrichtsformen, als Ersetzung der Konkurrenz zwischen den Schülern durch Zusammenarbeit verstanden. Im Verlaufe der Grundschulreformen schlossen sich die Schülerselbstverwaltungen zu einem Dachverband zusammen und bildeten Ende der fünfziger Jahre, also auf dem Höhepunkt der Gesamtschulkontroverse, einen Schülerreichstag. Von diesem Zeitpunkt an erhielt diese Schülerorganisation staatliche Zuwendungen. Die spektakulärste Aktion der SECO (*S*veriges *e*levers *c*entral*o*rganisation, dt.: Zentralorganisation der Schüler Schwedens) bestand in der teilweisen Übernahme des Unterrichts durch die Schüler, als im Herbst 1966 die Lehrer streikten. Bei SECO handelt es sich jedoch um die in Schweden vorherrschende Form demokratischer Mitsprache, nämlich durch repräsentative Organe. Die im Lehrplan von 1969 ausgesprochene Forderung nach mehr Einfluß von Schülern und Erwachsenen auf das Arbeitsmilieu der Schule[255] scheint jedoch eher

252 *Östlund, Margareta* (S 1968), Zielanalyse der grundskola; in: *Dahlgren*, Hans u. a. (S 1968), Analyse und Interpretation der grundskola-Ziele (Projekt SK nr. 3), Göteborg: Pedagogiska institutionen, Göteborgs universitet, hekt., S. 80.

253 Lehrplan für die grundskola 1969, S. 49.

254 Jämlikhet (S 1969), S. 69.

255 S. z. B. Lehrplan für die grundskola 1969, S. 27.

Formen direkter Demokratie anzusprechen. Gegenwärtig (Frühjahr 1973) arbeitet das sog. SIA-Komitee (*S*kolans *i*nre *a*rbete, dt.: die innere Arbeit der Schule) an Vorschlägen zur konkreten Gestaltung von Mitbestimmungsformen.

Obwohl erst das Gutachten von SIA nähere Aufschlüsse bringen wird, so läßt sich doch die Vermutung äußern, daß die schulische Arbeit bislang nur unwesentlich durch Mitbestimmung und Mitsprache der Schüler geprägt wurde[256]. Hierzu läßt sich zum gegenwärtigen Zeitpunkt lediglich die empirische Studie von *Ekholm* anführen, der bei einer Intensivuntersuchung von 15 Schulen in und außerhalb von Göteborg zu dem Schluß kam, daß die Schüler im Gegensatz zu den Lehrern kaum Einfluß auf ihre Arbeitssituation nehmen konnten[257].

Wenn man sich die gegenwärtige politische Diskussion sowie die offiziellen Stellungnahmen zum Problem des direkten Lehrer- und Schülereinflusses vor Augen hält, so lassen sich über verbale Beteuerungen hinaus ernsthafte Bestrebungen zur Realisierung von mehr Basisdemokratie erkennen. In diesem Sinne meinte z. B. der Ausbildungsminister: »... we have a long way to go before we reach a truly democratic society. A major instrument in this development is a more democratic school«[258].

4.3. Zusammenfassung

Das Bemühen um einen Abbau regionaler, ökonomischer und insbesondere sozialer Benachteiligungen kann als eine der wichtigsten Zielsetzungen der Gesamtschulreformen angesehen werden. Die mit der Durchsetzung dieser liberalen Forderung nach Wahlfreiheit verbundenen Schwierigkeiten, die einen Abbau der organisatorischen Differenzierung auf der grundskola-Oberstufe nach sich zogen, verschoben das Problem der Chancengleichheit auf den Leistungs- und Partizipationsaspekt hin. Da es sich hierbei um Forderungen handelt, die sich gegenwärtig noch im Stadium der öffentlichen Diskussion befinden, unternahmen wir den Versuch einer Interpretation politischer Absichtserklärungen.

Die bei der Untersuchung der gesellschaftsverändernden Zielsetzungen zutage tretenden Schwierigkeiten der Realisierung einer Schule ohne Klassenschranken können zu einigem Pessimismus Anlaß geben. Sie zeigen jedoch

256 So z. B. *Johansson, Lena* (S 1970), S. 25.
257 Vergl. *Ekholm, Mats* (S 1971), Schulklima und Schulmilieu, Göteborg: Pedagogiska institutionen, Göteborgs universitet, hekt., S. 150 ff., Erhebungszeitpunkt war Sommer 1969.
258 *Carlsson, Ingvar* (1971), S. 70.

auch den »blauäugigen Optimismus« der Reformer der ersten Stunde, die glaubten, durch Schulreformen die schwedische Gesellschaft verändern zu können; die schwedischen Erfahrungen legen jedoch eher den Schluß nahe, daß »educational reform cannot be a substitute for social reform«[259], oder, wie v. *Hentig* es ausdrückt: »Eben darum gehört Skepsis zu den wahren Chancen der Chancengleichheit durch Schule; sie bewahrt davor, eine Ungleichheit der Chancen für endgültig zu halten, bloß weil unsere Schulen sie nicht beseitigt haben«[260].

Wir begannen die Zielsetzungsdiskussion mit der Frage, inwieweit die schwedische Gesamtschulkonzeption »das Moment der Spannung, die zwischen dem Recht des Individuums auf Selbstbestimmung und der Gefahr bloßer Anpassung an jeweils vorfindliche Gesellschaftssysteme herrscht«, bewußt aufnimmt und artikuliert[261]. Geht man zur Beantwortung dieser Frage von den im Exkurs[262] genannten Reformdokumenten aus, so entsteht leicht der Eindruck, diese Problematik existiere, wenn überhaupt, so doch nur in geringem Ausmaße für Schweden — ein Eindruck, der von *Lena Johansson* wie folgt charakterisiert wird: »Die Bedürfnisse des Individuums, der gegenwärtigen und der zukünftigen Gesellschaft werden, wenn schon nicht als gleich, so doch als relativ leicht miteinander vereinbar angesehen. Die Gesellschaft wird eher als von Harmonie denn Konflikt geprägt angesehen — zwischen individuumorientierten und gesellschaftserhaltenden Zielen liegen keine ernsten Widersprüche vor —, das Erreichen gesellschaftlichen Wandels wird eher schrittweisen Reformen als revolutionären Umwälzungen zugestanden — zwischen gesellschaftserhaltenden und -verändernden Zielsetzungen bestehen keine ernsthaften Widersprüche«[263].

Das besonders in den Gutachten parlamentarischer Komitees zutage tretende harmonistische Weltbild kann wohl z. T. der schwedischen Konsensus- und Solidaritätsideologie zugeschrieben werden. Sucht man hingegen die oben gestellte Frage nicht so sehr von den einzelnen Stellungnahmen und Gutachten, sondern vom tatsächlichen Reformverlauf her zu beantworten, so zeigen sich bedeutsame Akzentverschiebungen in den einzelnen Zielformulierungen. Kamen im Gutachten der 1946er Schulkommission noch Überlegungen zur Schaffung einer »demokratisierten« und »schülerzentrierten« Schule, also der Selbstverwirklichung des Individuums Priorität zu, so stand das Gutachten des 1957er Schulausschusses zur Einführung

---

259 *Husén, Torsten* (1972), S. 39.

260 *v. Hentig, Hartmut* (1968), Systemzwang und Selbstbestimmung, Stuttgart: Klett, S. 83.

261 *Nunner-Winkler, Gertrud* (1971), S. 71.

262 S. den Exkurs in I.1. dieser Arbeit.

263 *Johansson, Lena* (S 1970), S. 9.

der obligatorischen Gesamtschule eher im Zeichen der Anpassung der Schule an eine sich wandelnde Gesellschaft. Seit Mitte der 60er Jahre wurde und wird dagegen den gesellschaftsverändernden Zielen erhöhtes Gewicht zugestanden, da sich zunehmend die Einsicht durchsetzte, daß eine Realisierung individueller Selbstverwirklichung in der Schule eine Veränderung der Gesellschaft geradezu voraussetzt. So wurde z. B. die bisher letzte Revision des Lehrplanes der Gesamtschule offiziell als ein »wichtiges Glied im Streben nach Verwirklichung von Demokratie und Gleichheit in der Gesellschaft« interpretiert[264].

Wenn man auch sagen muß, daß die offiziellen Reformdokumente die Spannung zwischen individueller Autonomie und gesellschaftlichen Anforderungen bislang eher verdeckten als artikulierten, so machte doch der tatsächliche Reformverlauf die Diskrepanz zwischen einem auf Selbstbestimmung und Chancengleichheit zielenden Anspruch und einer nach wie vor die Schichtungsstruktur reproduzierenden schulischen Praxis nur allzu deutlich. Hieraus den Schluß vom Versagen der schwedischen Gesamtschulkonzeption zu ziehen[265], erscheint so betrachtet nur konsequent.

Andererseits läßt sich jedoch bei einer etwas nuancierteren Betrachtungsweise durchaus auch von einem Erfolg der schwedischen Gesamtschulreformen sprechen. Wenn auch die Ersetzung des selektiven traditionellen Grundschulwesens durch eine zunehmend integrierte Gesamtschule auf teilweise unrealistische Erwartungen zurückgeführt werden kann, so machten diese organisatorischen Reformen erst deutlich, daß die eigentlichen Probleme einer »Reform der Schule« im pädagogischen Bereich liegen und daß diese »inneren« Umgestaltungen organisatorischen Veränderungen nicht automatisch folgen. Zudem ließen erst die ergriffenen Maßnahmen die Notwendigkeit von schulischen *und* gesellschaftlichen Reformmaßnahmen deutlich zutage treten. Zusammenfassend kann man sagen, daß die Schaffung einer integrierten Grundschule in Schweden einerseits wesentliche Probleme schulischer Reformen sichtbar werden ließ, andererseits aber zugleich einen organisatorischen Rahmen bereitstellte, in dem diese Probleme, wenn auch erst langfristig, lösbar erscheinen.

---

264 Kungl. Maj:ts proposition 1968:129, Über die Lehrplanüberprüfung für die grundskola, Stockholm: Riksdagen, S. 62.

265 So z. B. *Jüttner, Egon* (1970b), Zur Sache Bildung. Schweden. Fakten, Analysen, Tendenzen des Bildungswesens, München: Ehrenwirth, S. 181.

Teil II

Untersuchungen zum Prozeß der sozialen Auslese im reformierten schwedischen Grundschulwesen der 60er Jahre

Die Realisierung von Chancengleichheit kann als eines der wichtigsten Ziele aller schwedischen Schulreformen angesehen werden. Im Teil II der Arbeit soll nun auf der Grundlage des in Schweden vorhandenen empirischen Materials untersucht werden, inwieweit sich seit Einführung der integrierten Gesamtschule Veränderungen in den sozialen Ausleseprozessen ergeben haben. Grundlage dieser Analyse werden mehrere Erhebungen sein, die im Rahmen des sog. Individualstatistik-Projektes entstanden sind. Hierbei handelt es sich um ein für ganz Schweden repräsentatives Material, das insgesamt einen Zeitraum von acht Jahren umfaßt.

Erhebungszeitpunkt, Grundgesamtheiten

1961	1966	1969
6. Schuljahr der enhetsskola sowie des traditionellen Schulwesens	6. Schuljahr der grundskola	9. Schuljahr der grundskola
	———————>	Panelstudie

1961 und 1966 wurde eine repräsentative Stichprobe von 10 % aller dreizehnjährigen schwedischen Schüler durchgeführt. 1961 bestanden auf der Grundstufe noch zwei konkurrierende Schulsysteme: zum einen das traditionelle selektive System, in dem die Realschule auf die Volksschule aufbaute (s. Figur 1 im I. Teil der Arbeit), zum anderen die versuchsweise eingeführte Gesamtschulform der enhetsskola.

Im 1. Abschnitt dieses Teils der Arbeit soll untersucht werden, ob Unterschiede in der sozialen Selektivität beider Schultypen gegeben waren. Gegenüber interkulturellen Schulsystemvergleichen ergibt sich hier der Vorteil, daß beide Schultypen zur gleichen Zeit im gleichen Lande vorhanden waren. Aus diesem Grunde können Unterschiede in der sozialen Selektivität mit größerer Wahrscheinlichkeit auf die unterschiedlichen organisatorischen Strukturen der Schulen zurückgeführt werden, als dies bei einem interkulturellen Vergleich möglich wäre.

Durch einen Reichstagsbeschluß wurde die Gesamtschule 1962 als obligatorische Schulform eingeführt und erhielt den Namen grundskola. Der

nächste Abschnitt der Arbeit baut auf einem Zeitvergleich zwischen der 1961er und der 1966er Stichprobe auf. Dabei soll untersucht werden, ob sich die soziale Selektion im Verlaufe von 5 Jahren und nach Einführung einer neuen Gesamtschulform wesentlich verändert hatte.
Ein Drittel der 1966 erfaßten dreizehnjährigen Schüler wurde im Rahmen einer Panelstudie des Ausbildungskomitees U 68 bis zum Ende ihrer Gesamtschulzeit beobachtet. An Hand dieses Materials soll im letzten Abschnitt analysiert werden, inwieweit die Reformen auf der Oberstufe der Gesamtschule den sozialen Ausleseprozeß zu beeinflussen vermochten.
Das empirische Material wurde in bislang 40 zumeist hektographierten Forschungsberichten vom Pädagogischen Fachbereich der Universität Göteborg veröffentlicht, die in der überwiegenden Zahl der Fälle auf Schwedisch, in einigen Fällen jedoch auch auf Englisch abgefaßt waren.
Die folgenden Untersuchungen können insofern als Sekundäranalyse bezeichnet werden, als es sich um eine Zusammenstellung des empirischen Materials unter dem Aspekt sozialer Ausleseprozesse handelt. Um eine möglichst große Absicherung der empirischen Resultate zu erreichen, wurde versucht, sukzessiv neue Variablen in die Analyse einzuführen. Dabei war es nur in einigen Fällen notwendig, eigene Umrechnungen an Hand der vorliegenden Häufigkeitsverteilungen vorzunehmen.
Ausgangspunkt der Untersuchungen wird eine weite Definition des Begriffes »soziale Auslese« sein: Ein Schulsystem wird immer dann als sozial selektiv bezeichnet werden, wenn sich die Schüler unterschiedlicher sozialer Herkunft nicht nach dem Zufallsprinzip auf die vorhandenen Ausbildungswege verteilen. Dies bedeutet, daß die Schüler ungefähr gemäß dem Anteil ihrer Schicht an der Gesamtbevölkerung auf den einzelnen Varianten des Bildungswesens vertreten sein müssen, soll eine soziale Auslese nicht mehr gegeben sein.
Wenn von sozialer Auslese gesprochen wird, will man damit meist ausdrücken, daß es zu einem hohen Grade soziale Gegebenheiten und nicht so sehr die Leistungen sind, die die Zuweisung zu den unterschiedlichen Varianten bestimmen. Die von uns verwendete Definition zielt dagegen lediglich auf einen *korrelativen Zusammenhang* zwischen Schichtzugehörigkeit und Ausbildungswahl ab. Die empirische Feststellung einer in diesem Sinne definierten sozialen Selektion sagt für sich jedoch noch nicht allzu viel aus, bevor diese Korrelation nicht einer theoretischen Interpretation unterworfen wird, und das heißt hier: bevor nicht nach den sozio-strukturellen Bedingungen für das Entstehen dieses Zusammenhanges gefragt wird. Aus diesem Grunde werden im folgenden sukzessiv neue Variablen in die Analyse eingeführt werden, um den Zusammenhang zwischen Schicht und Ausbildungsentscheidungen in seinen sozio-strukturellen Bedingungen verständlich werden zu lassen.

Der Begriff der sozialen Auslese steht und fällt mit dem zugrunde liegenden Schichtmodell. Da es sich im folgenden um eine Sekundäranalyse handelt, müssen wir an den in den schwedischen Untersuchungen verwendeten Schichtungsbegriff anknüpfen. Dabei ist jedoch zu klären, inwieweit dieses Schichtenmodell wirklich ein »fait social«, nämlich soziale Ungleichheit in der schwedischen Gesellschaft widerspiegelt.

Dagegen könnte nun eingewandt werden, daß hier die Gefahr eines Zirkelschlusses gegeben sei: Mit einem Schichtenmodell, das soziale Ungleichheit widerspiegelt, soll untersucht werden, ob soziale Ungleichheit im Bildungswesen gegeben ist.

Hierauf ist zu erwidern, daß das Schichtenmodell der schwedischen Wahlstatistik, das den folgenden Analysen zugrunde liegen wird, an Hand einer Repräsentativbefragung der erwachsenen schwedischen Bevölkerung auf seinen sozialen Inhalt hin untersucht werden wird. Sollte sich dabei ein Zusammenhang zwischen sozialem Hintergrund und Bildungsverhalten zeigen, so folgt daraus nicht unbedingt das gleiche für die Schüler des reformierten Grundschulwesens: Es war ja erklärtes Ziel der schwedischen Reformpolitik, den Zusammenhang von Schichtzugehörigkeit und Ausbildung durch Einführung der Gesamtschule zu beseitigen. Einleitend soll deshalb neben der operationalen Definition dieses Schichtmodells eine kurze Untersuchung der schwedischen Gesellschaftsstruktur unter bildungssoziologischen Gesichtspunkten durchgeführt werden, um eine Vorstellung vom sozialen Inhalt dieses Instrumentes zu vermitteln.

Von den im Teil I. der Arbeit behandelten Zielsetzungen sind vor allem drei Aspekte von Bedeutung, wenn es um die Analyse sozialer Selektionsprozesse geht. Während des gesamten Reformverlaufes sah man das Vorliegen sozialer Auslesemechanismen als einen der wesentlichen Gründe für Chancenungleichheit an und versuchte deshalb, allen Schülern unabhängig von ihrer sozialen Herkunft gleiche Chancen zum Besuch der unterschiedlichen Ausbildungsvarianten zu geben. Die sich dieser Reformkonzeption entgegenstellenden Schwierigkeiten führte man hauptsächlich auf die soziale Rangordnung der Berufe auf dem Arbeitsmarkt zurück, zu denen die unterschiedlichen Ausbildungswege hinführten. Der Forderung nach statusmäßiger Angleichung »theoretischer« und »praktischer« Berufe kam so betrachtet Mittelfunktion bei der Realisierung von Chancengleichheit in der Schule zu. Als sozial bedingt sah man auch einen Großteil der geschlechtsspezifischen Ausbildungsunterschiede an. Eines der Ziele der inneren Arbeit der Schule war und ist es deshalb, den Schülern konsequent die Gleichstellung von Mann und Frau vor Augen zu führen, um eine Durchbrechung traditioneller Geschlechterrollen zu bewirken. Folgende Fragen werden aus diesen Gründen im Vordergrund dieser Untersuchung stehen:

Inwieweit gelang es durch die Reformmaßnahmen, die Schichtgebundenheit von Ausbildungsentscheidungen zu überwinden? und das heißt auch:
Inwieweit konnte eine statusmäßige Angleichung praktischer und theoretischer Berufe erreicht werden?
Inwieweit gelang es, geschlechtsspezifische Ausbildungsentscheidungen abzubauen?

Mit Hilfe des für Schweden repräsentativen Materials des Individualstatistik-Projektes sowie mehrerer regional gebundener Forschungsprojekte soll eine Beantwortung der Frage versucht werden, ob Gesamtschulformen zu einer Verminderung der sozial bedingten Auslese und damit zu einem Mehr an Chancengleichheit beitragen können.
Um einen besseren Überblick zu gewähren, werden die wichtigsten Korrelationen unter der Überschrift »Empirische Resultate« zusammengefaßt sowie auch im Anhang 2 aufgeführt; Erklärungsversuche werden dagegen als »Hypothesen« bezeichnet und postulieren das Vorliegen bestimmter Wirkungszusammenhänge zwischen den Variablen.

1. *Zur Schichtungs- und Ausbildungsstruktur der schwedischen Bevölkerung*

Die in diesem Teil der Arbeit vorzunehmende Analyse der sozialen Selektion innerhalb des reformierten schwedischen Grundschulwesens stützt sich auf das Schichtenmodell der schwedischen Wahlstatistik. Diese Schichteneinteilung lag mit teilweise geringen Modifikationen fast allen schwedischen Untersuchungen der sozialen Auslese zugrunde.
In diesem Abschnitt der Arbeit wird eine Darstellung des Inhalts dieses Modells gegeben; daran werden sich dann einige Bemerkungen zur Anwendung dieses Schichtenmodells im Rahmen bildungssoziologischer Untersuchungen anschließen.

1.1. Das Sozialgruppenmodell der schwedischen Wahlstatistik

In der politischen Diskussion Schwedens wird teilweise davon ausgegangen, daß sich der einzelne in einer Klassengesellschaft nicht frei entwickeln kann, weil »Ungleichheit und Klassenunterschiede die Menschen daran hindern, ihr Leben selber frei zu formen«[266]. Welcher Begriffsinhalt wird nun in

266 *Menningen, Walter* (Hg.) (1971), S. 49.

Schweden mit Worten wie Klassengesellschaft und Klassenunterschieden verbunden?
Ganz generell will man in der politischen Diskussion mit diesen Begriffen auf einen Gesellschaftszustand hinweisen, der der Entwicklung auf »vermehrte Gleichheit« bzw. einem Mehr an Demokratie hin im Wege steht[267]. Dieser sehr allgemeinen Aussage können jedoch unterschiedliche theoretische Konzeptionen zugrunde liegen. Es wäre z. B. denkbar, vom Gebrauch des Begriffs Klasse auf dahinter stehende marxistische Vorstellungen zu schließen, und zwar in dem Sinne, daß man mit diesem Begriff eine grundsätzliche Zweiteilung der Gesellschaft oder aber doch eine Tendenz auf eine solche Zweiteilung hin meint. Eine solche Interpretation trifft für den Fall Schwedens jedoch nicht zu. Hier wird der Begriff der Klasse eher im Sinne des angelsächsischen »class« verstanden und z. T. synomym mit dem Schichtungsbegriff verwendet[268]. Dies hat dann aber zur Folge, daß der Klassenbegriff die Vieldeutigkeit der Schichtungskategorie annimmt, so daß eine nähere Analyse notwendig wird. Im allgemeinen ist mit dem Gebrauch des Klassenbegriffs die Absicht verbunden, auf eine relativ starre Schichtung und auf relativ stark voneinander getrennte gesellschaftliche Gruppierungen hinzuweisen[269]. Wir werden uns diesem Sprachgebrauch anschließen und im folgenden Klasse und Schichtung synonym verwenden.
Bei der empirischen Bestimmung der sozialen Auslese innerhalb des Schulwesens muß von einem Schichtungsmodell ausgegangen werden, nach dem die Schüler unterschiedlichen sozialen Gruppierungen zugeordnet werden. Vom theoretischen Standpunkt aus ist es wichtig zu wissen, welche Hintergrundvariablen für festgestellte systematische Unterschiede zwischen den Schichten verantwortlich sind; denn eine Korrelation zwischen Schichtzugehörigkeit und Ausbildungsentscheidungen auf den unterschiedlichen Stufen des Bildungssystems sagt für sich nicht viel aus, solange diese statistische Relation nicht einer theoretischen Interpretation unterworfen

267 Vergl. ebda S. 47 ff.

268 So spricht z. B. *Gösta Carlsson* von »... Klassen- oder Schichtungsschemata« (*Carlsson, Gösta* (S 1969), Soziale Schichtung und Mobilität; in: *Dahlström, Edmund* (red.) Svensk samhällsstruktur i sociologisk belysning, 4. uppl., Stockholm: Läromedelsförlaget, S. 380).

269 Vergl. z. B. *Dahlström, Edmund* (S 1971), Klassen und Gesellschaften. Theorien der sozialen Schichtung und sozialen Integration, Stockholm: Prisma, S. 9; dies stimmt z. B. auch mit der Analyse *Israels* überein, der von Klassen aufgrund ungleicher Machtverteilung und Schichtung im Sinne von stratification spricht. Bei starker Statuskristallisierung fallen dann Klassen- und Schichtzugehörigkeit zusammen, vergl. *Israel, Joachim* (S 1967), Der Klassenbegriff aus marxistischer und soziologischer Perspektive; in: *Murray, Andreas* (red.), Det svenska klassamhället, Stockholm: Prisma, S. 11 ff.

wird. In diesem Sinne meint z. B. *Anderson:* »When using such composite variables as ›social class‹ one should pay special attention to the different aspects of status: income, parental education, parental occupation«[270]. Den bildungssoziologischen Untersuchungen, die sich in irgendeiner Form mit der Schichtzugehörigkeit der Schüler befassen, liegt in Schweden in der überwiegenden Zahl der Fälle ein dreiteiliges Schichtmodell zugrunde, das hohe Korrelationen mit den oben angeführten Variablen beinhaltet. Obwohl in den einzelnen Arbeiten je nach dem Zweck der Untersuchung Modifikationen vorgenommen wurden, kann man doch sagen, daß grundsätzlich von dem Modell ausgegangen wird, das der schwedischen Wahlstatistik bis 1952 zugrunde lag[271]. Dieses Modell bestand aus drei Sozialgruppen, die man als

Oberschicht + obere Mittelschicht = Sozialgruppe 1,
untere Mittelschicht = Sozialgruppe 2,
Unterschicht (Arbeiterklasse) = Sozialgruppe 3

bezeichnen könnte, wenn man an die anglo-amerikanische Begriffsbildung anknüpft[272]. Diese Klassifizierung wurde erstmals im Zusammenhang mit den Wahlen zur zweiten Kammer im Jahre 1911 angewandt und basierte auf der Arbeit von »einsichtsvollen Statistikern«, die eine Zuordnung der Wähler zu den Bevölkerungsgruppen vornehmen sollten, denen diese unter sozialen Aspekten zuzurechnen waren[273].

Diese Sozialgruppeneinteilung baut auf einer *Berufs*klassifikation auf, was rein praktische Gründe hat, weil Angaben über Berufe leicht zugänglich sind. Jedoch ist zu bemerken, daß die »Hierarchie der Berufspositionen nicht unbedingt mit der Hierarchie der Gesellschaftsstruktur identisch (ist). Doch dürfte es allein aus technischen Gründen kaum möglich sein, das Ganze der Gesellschaftsstruktur auf andere Weise instrumentell einigermaßen präzise zu erfassen«[274].

Andererseits spricht für eine solche Vorgehensweise, daß »der Beruf im Leben des einzelnen von zentraler und prägender Bedeutung« ist[275].

---

270 *Anderson, C. Arnold* (1967), Sociological factors in the demand for education; in: OECD (1967), Social objectives in educational planning, Paris: OECD, S. 33.

271 Vergl. Pro Memoriam (P. M.) des Statistischen Zentralbüros über die in der 1952er Wahlstatistik verwendeten Berufsgruppierungen, Stockholm: *S*tatistiska Central*b*yrån, SCB, im folgenden zitiert als P. M. 1952.

272 So z. B. *Boalt, Gunnar; Husén, Torsten* (S 1965), Soziologie der Schule, 2. uppl., Stockholm: Almqvist & Wiksell, S. 253.

273 S. P. M. 1952, S. 3.

274 *Rolff, Hans G.* (1970), Sozialisation und Auslese durch die Schule, 3. Aufl., Heidelberg: Quelle und Meyer, S. 24.

275 Ebda. S. 24.

Die Einordnung der Berufe in unterschiedliche Sozialgruppen geschah nun weder nach einem einzigen noch nach einer gewichteten Mehrzahl von Kriterien, sondern war vielmehr intuitiv und kann als eine »informelle Abwägung mehrerer Faktoren« bezeichnet werden[276]. Ein solches Vorgehen war zu jener Zeit wohl nicht so problematisch, wie es heute sein würde, weil die Schichtgrenzen damals ungleich schärfer als heute gezogen waren[277].

Ohne ins Detail zu gehen, kann man die Sozialgruppen wie folgt beschreiben:[278]

In der Sozialgruppe 1 (SG 1 = Oberschicht und obere Mittelschicht) werden Selbständige und Angestellte innerhalb der Großindustrie und des Großhandels (mindestens 20 Angestellte), Beamte des höheren Dienstes, Gutsbesitzer und Pächter größerer Höfe sowie gewisse freie Berufe wie Ärzte und Rechtsanwälte zusammengefaßt.

Zur Sozialgruppe 2 (SG 2 = untere Mittelschicht) gehören Bauern und Pächter geringerer Gutsgröße als in SG 1, Handwerker und Geschäftsleute mit kleineren Unternehmen, Werkmeister und Vorarbeiter innerhalb der Industrie, mittlere Angestellte und Beamte sowie freie Berufe minderen Status' wie z. B. Journalisten. In P. M. 1952 werden auch die Volksschullehrer dieser Sozialgruppe zugerechnet, die jedoch in den meisten der im folgenden zu referierenden Untersuchungen zur SG 1 gerechnet werden.

Sozialgruppe 3 (SG 3 = Unterschicht oder Arbeiterklasse) schließlich umfaßt alle Arbeiter sowie Angestellte niederen Ranges wie Schaffner, Unteroffiziere, Kraftfahrer u. ä.

Der Einfachheit halber werden wir — abweichend vom anglo-amerikanischen Sprachgebrauch — Sozialgruppe 1 als Oberschicht, Sozialgruppe 2 als Mittelschicht und Sozialgruppe 3 als Unterschicht bezeichnen.

Dieser Berufsgliederung scheinen implizit folgende Kriterien zugrunde zu liegen:[279] Erstens, die formale Schulausbildung, was sich z. B. bei der Einstufung der unterschiedlichen Lehrerkategorien zeigt: die nicht akademischen Volksschullehrer werden der Mittelschicht, die Real- und Gymnasiallehrer dagegen der Oberschicht zugerechnet.

Zweitens spielen die Größe des materiellen Besitzes sowie das Einkommen

---

276 *Boalt, Gunnar* (S 1967a), Soziales Verhalten, Stockholm: Natur och Kultur, S. 145.

277 Zu den sozialen Veränderungen des letzten Jahrhunderts s. *Carlsson, Sten* (S 1966), Die soziale Umgruppierung in Schweden nach 1866; in: Samhälle och riksdag, I. 1966 Stockholm: Almqvist & Wiksell.

278 Vergl. P. M. 1952, wo eine ausführliche Darstellung der einzelnen Berufsgruppen gegeben wird.

279 Vergl. hierzu z. B. *Husén, Torsten* (S 1948), Begabung und Milieu, Stockholm: Almqvist & Wiksell, S. 35 ff.

bei der Einordnung der Unternehmer und Pächter sowie der Bauern eine Rolle.

Drittens ist die Stellung innerhalb einer Berufshierarchie von Bedeutung; Offiziere wurden der SG 1, Unteroffiziere der SG 3 zugeordnet.

Viertens schließlich, bildet das soziale Prestige, wie es sich vermutlich bei einer Attitüdenuntersuchung gezeigt hätte, das Kriterium bei der Einordnung der freien Berufe.

Eine Schwäche dieser Gruppierung, die sich in fast allen folgenden Untersuchungen zeigen wird, ist, daß nicht zwischen gelernten und ungelernten Arbeitern unterschieden wird. So weist *Gesser*[280] z. B. auf eine Untersuchung über die soziale Rekrutierung der Universitäten und Hochschulen hin, in der sich zeigte, daß der Anteil der Studenten, deren Väter gelernte Arbeiter waren, sich gar nicht so sehr vom Anteil der Sozialgruppe 2 unterschied, daß die Kluft vielmehr zwischen den Studenten mit Vätern, die ungelernte Arbeiter waren, und den übrigen verlief.

Wenn man sich die Vielfalt der verwendeten Kriterien vor Augen hält, so ist a priori wenig über eventuelle Korrelationen zwischen Schichtzugehörigkeit und Ausbildung zu sagen. Wenn ein Zusammenhang zwischen Schicht und schulischer Ausbildung festgestellt wird, kann nur ein geringer Teil dieser Korrelation damit erklärt werden, daß die Ausbildung als Definitionsmerkmal in das Schichtungsmodell einging[281]. Vielmehr wird man nach Hintergrundvariablen suchen müssen, die diese Relation verständlich werden lassen.

Gegen dieses Schichtungsmodell wurden von verschiedenen Seiten im Laufe der Zeit soviel Einwendungen vorgebracht, daß es seit Anfang der fünfziger Jahre aus der öffentlichen Statistik verschwunden ist. Ein mehr technisches Argument war, daß viele der neu entstandenen Berufe vom Klassifikationsschema nicht erfaßt werden; von politischer Seite wurde hervorgehoben, daß die Sozialgruppenklassifikation Wertvorstellungen verstärke, die nicht in eine moderne Gesellschaft passen; Wissenschaftler meinten, ein Forschungsinstrument müsse präziser konstruiert sein[282].

Wenn man sich vor Augen hält, welche sozialen Veränderungen sich in Schweden seit Anfang dieses Jahrhunderts abgespielt haben, so können berechtigte Zweifel entstehen, ob mit diesem Instrument heute nicht etwas anderes als am Anfang dieses Jahrhunderts gemessen wird. Dieses Argument berührt nun unmittelbar die Validität dieses Schichtungsmodells, auf das

---

280 S. den Hinweis bei *Gesser, Bengt* (S 1971), Rekrutierung von Universität und Hochschulen in Schweden; in: SOU 1971:61, S. 136.

281 Vergl. *Johansson, Sten* (S 1970), Zur Lebensstandarduntersuchung, Stockholm: Allmänna Förlaget, S. 90.

282 Ebda. S. 84 f.

wir uns im folgenden stützen müssen, weil es in mehr oder minder modifizierter Form fast allen Untersuchungen zur sozialen Selektion im schwedischen Schulwesen zugrunde liegt. Was könnte nun aber für die fortgesetzte Anwendung dieses Schichtungsmodells sprechen? *Carlsson* meint, daß man eine Akzentverschiebung vornehmen muß, um zu einer den heutigen Verhältnissen angemessenen Deutung des Modells zu kommen. Wenn man nämlich die relativ starren Schichtungsverhältnisse, wie sie noch Anfang der 30er und 40er Jahre gegeben waren, als Bezugspunkt verwendet, so muß man sagen, »daß es in unserer modernen Gesellschaft keine Klassen mehr gibt, vielleicht nicht einmal Schichtung. Allerdings berührt dies nicht die Tatsache, daß es nach wie vor soziale Ungleichheit gibt, also beobachtbare, nicht unwesentliche Unterschiede zwischen ziemlich grob und einfach definierten Berufsgruppen in Hinsicht auf die individuellen wirtschaftlichen Verhältnisse und der davon abhängigen Konsumtion, in bezug auf Politik und Ideologie sowie auf die Schul- und Berufsentscheidungen der Kinder. Es ist weder unangebracht noch unfruchtbar, diese Gegebenheiten in der Weise auszudrücken, daß Klassen immer noch bestehen oder daß eine soziale Schichtung gegeben ist und daß man die zugrunde liegende Berufsgruppierung als erste Approximation zur Festlegung des Klassen- oder Statussystems betrachtet«[283].
Johansson verteidigt das auch von ihm benutzte Schema auf folgende Art[284]. Er meint, daß zwar jedes der Gegenargumente für sich berechtigt sei, daß ihr Gewicht insgesamt gesehen jedoch geringer sei, als gemeinhin angenommen wird: Man kann mit Hilfe solcher Variablen wie Einkommen, Beruf, Ausbildung u. ä. eine Vielfalt sozio-ökonomischer Indizes oder Skalen konstruieren. Wie *Lazarsfeld* zeigte[285], differenzieren alle diese Skalen relativ gut in bezug auf andere Wohlstandsvariablen sowie auf Attitüden- und Verhaltensvariablen. Des weiteren zeigt sich hier, was man die Austauschbarkeit von Indizes genannt hat, daß es nämlich keinen wesentlichen Unterschied ausmacht, welches der Konstrukte man schließlich verwendet: die empirischen Befunde erfahren dadurch keine nennenswerten Veränderungen. *Johansson* zieht hieraus den Schluß, das »die Wirklichkeit, die mit diesen Meßinstrumenten eingefangen werden soll, m. a. W. so stabil ist, daß sie selbst von den gröbsten Indizes kaum verfehlt wird«[286].

283 *Carlsson, Gösta* (S 1969), S. 411 f.
284 S. *Johansson, Sten* (S 1970), S. 85.
285 Vergl. *Lazarsfeld, Paul F.*, Evidence and inference in social research, Publication no. A-276 of the Bureau of Applied Social Research, N. Y.: Columbia University.
286 *Johansson, Sten* (S 1970), S. 85.

Diese Argumente sprechen ganz generell für eine Anwendung des Sozialgruppenmodells. Für die folgenden Untersuchungen sozialer Ausleseprozesse ist es von Interesse festzustellen, welchen Einfluß der so gemessene soziale Hintergrund auf die Elterngeneration der im folgenden zu untersuchenden Schüler auszuüben vermochte. In einem kurzen Abschnitt soll deshalb festgestellt werden, in welchem Zusammenhang Schichtenzugehörigkeit und Ausbildung in der erwachsenen schwedischen Bevölkerung stehen; weiterhin wird untersucht werden, inwieweit es sich bei den Sozialgruppen um bildungsmäßig gesehen homogene Schichten handelt, um die folgende Analyse der sozialen Selektion auf ein festeres Fundament zu stellen.

1.2. Ausbildung und Schichtzugehörigkeit: Einige Bemerkungen zur Anwendung des Sozialgruppenmodells im Rahmen bildungssoziologischer Untersuchungen

Wir werden uns in diesem Abschnitt hauptsächlich auf Studien beziehen, die im Rahmen der sog. »Erhebung über die Lebensbedingungen der unteren Einkommensgruppen« entstanden[287]. Hierbei ging man von den Lebensverhältnissen der Gesamtbevölkerung aus, um einen Vergleichsmaßstab für die Bedingungen in den unteren Einkommensschichten zu erhalten.
Die Erhebung wurde 1967/68 an Hand einer repräsentativen Zufallsstichprobe durchgeführt, die ca. 6 500 Personen im Alter von 15 bis 75 Jahren umfaßte und auf persönlichen Interviews basierte[288]. Die hier verwendete Schichteneinteilung entsprach im großen und ganzen der des P. M. 1952. Dabei wurde jedoch eine etwas breitere Basis gewählt, da es sich hier um die Bevölkerung im Alter zwischen 15 und 75 Jahren, beim P. M. 1952 dagegen nur um den wahlberechtigten Teil der Bevölkerung handelte[289].
Um einen Eindruck von der Schichtung der schwedischen Bevölkerung zu vermitteln, seien folgende Zahlen angeführt:

287 Es handelt sich hierbei um die sog. låginkomstutredningen (dt.: Erhebung über die Lebensverhältnisse der unteren Einkommensgruppen, abgekürzt: LU).
288 Ausführlich zum Projekt sowie zur Methodendiskussion s. *Johansson, Sten* (S 1970).
289 Näheres zur Schichteneinteilung ebda. S. 84 ff.

Tab. 2[290] Verteilung der schwedischen Bevölkerung im Alter zwischen 15 und 75 Jahren auf Sozialgruppen

Sozialgruppe 1	7,8 %
Sozialgruppe 2	34,7 %
Sozialgruppe 3	57,5 %
	100,0 %

Diese Schichteneinteilung der Gesamtbevölkerung sagt im Rahmen bildungssoziologischer Untersuchungen jedoch nicht allzu viel aus, da die Angehörigen der unterschiedlichen Altersgruppen seit Anfang dieses Jahrhunderts verschiedene Bildungssysteme durchlaufen haben. Wir werden uns deshalb auf jene Alterskategorie konzentrieren, die man als Elterngeneration der im folgenden zu untersuchenden Schülerjahrgänge bezeichnen könnte.

Tabelle 3[291] Anteil der Angehörigen (Alter: 30 bis 54 Jahre) in den einzelnen Sozialgruppen, die entweder lediglich eine Volksschulausbildung besitzen oder mindestens das Abitur (studentexamen) abgelegt haben

	Lediglich Volksschulausbildung	Mindestens Abitur
Sozialgruppe 1	9,5	47,2
Sozialgruppe 2	49,6	3,6
Sozialgruppe 3	83,7	0,1

In der Elterngeneration der im folgenden zu untersuchenden Schülerjahrgänge zeigt sich also ein klarer Zusammenhang zwischen Schichtzugehörigkeit und Ausbildung. Dabei treten die markantesten Unterschiede zwischen der Oberschicht und den Angehörigen der übrigen Sozialgruppen auf, wobei sich jedoch auch zwischen Mittel- und Unterschicht bedeutende Ausbildungsunterschiede ergeben.
Diese Durchschnittswerte verdecken allerdings, daß die Mittelschicht ausbildungsmäßig gesehen die inhomogenste Sozialgruppe darstellt.

290 Ebda. S. 88, Tab. 2:6. In diesen Prozentzahlen ist auch der noch in der Ausbildung befindliche Teil der erwachsenen schwedischen Bevölkerung enthalten.

291 *Johansson, Lena* (S 1971), Ausbildung — Empirischer Teil, Stockholm: Allmänna Förlaget, S. 51, Tab. 7.14.

Tabelle 4[292] Anteil der Angehörigen (30 bis 54 Jahre) unterschiedlicher Berufsgruppen in der Mittelschicht (SG 2), die lediglich Volksschulausbildung besitzen oder das Abitur abgelegt haben

	Lediglich Volksschulausbildung	Mindestens Abitur
Bauern	74,4	0,9
Vorarbeiter in der Industrie	58,0	0,0
Techniker und Büropersonal	41,5	4,7
Angestellte des öffentl. Dienstes und Beamte auf dem mittleren Niveau	22,7	8,5

Innerhalb der Sozialgruppe 2 liegen also teilweise bedeutende Unterschiede in der Ausbildung der verschiedenen Berufskategorien vor. Aus diesem Grunde sind in einer Reihe von Forschungsprojekten Differenzierungen in der Sozialgruppe 2 vorgenommen worden. Wir werden hier kurz auf die Sozialgruppeneinteilung des sog. Individualstatistik-Projektes eingehen, das in der folgenden Analyse der sozialen Selektion im Mittelpunkt der Untersuchungen stehen wird.

Tabelle 5[293] Anteile von Schülern in den einzelnen Sozialgruppen, die 1961 nach der 6. Klasse einen Übergang auf studienbezogene Ausbildungswege planten

Sozialgruppe des Vaters			
SG 1	A	**91**	(Oberschicht)
	B	82	(Vater hat mindestens Realschulexamen abgelegt)
SG 2	C	63	(Vater besitzt kein Realschulexamen)
	D	38	(Vater ist Landwirt)
SG 3	E	41	(Unterschicht)

An Hand dieser Zahlen lassen sich deutliche Unterschiede im Ausbildungsverhalten der Kinder aus unterschiedlichen Berufsgruppen der Mittelschicht erkennen; insbesondere zeigt sich, daß die Landwirte, also die Sozialgruppe D, eher in die Nähe der Unterschicht als der Mittelschicht gehören, wenn

292 Ebda.
293 Zu diesen Zahlen s. Abschnitt II.2.3.

es um ausbildungssoziologische Untersuchungen geht. Dies scheint auch ganz generell eine Schwäche des Sozialgruppenmodells zu sein. Bei einer Analyse der Inter-Generationen-Mobilität ging *Gösta Carlsson* von einer Berufsklassifizierung aus und untersuchte, wann Söhne eine mindestens 10 %ige Chance besaßen, in eine andere Berufsgruppe als die des Vaters zu gelangen[294]. Das Resultat war, daß die Bauern sich mobilitätsmäßig eher an der Unterschicht orientierten, die ihrerseits eher den Angestelltengruppen der Mittelschicht zustrebte[295].
Diese Gegebenheiten werden durch das Sozialgruppenmodell jedoch eher verdeckt als deutlich gemacht; aus diesem Grunde ist in einer Reihe der im folgenden zu referierenden bildungssoziologischen Untersuchungen mit differenzierteren Sozialgruppenmodellen gearbeitet worden.
Aus den Zahlen der Tabelle 3 ergibt sich der Eindruck, daß die Ober- und Unterschicht in ausbildungsmäßiger Hinsicht relativ homogene Sozialgruppen bilden. Da es bei der Analyse der sozialen Selektion vor allem um die Benachteiligungen der Unterschichtkinder gehen wird, sollen hier kurz einige Angaben zur Inter-Generationen-Mobilität der Sozialgruppe 3 gemacht werden, um so einen ersten Eindruck von den Sozialisationsbedingungen in der Unterschicht zu vermitteln.
Untersucht man, aus welchen Schichten sich die Angehörigen der Sozialgruppe 3 rekrutieren, ergibt sich für die erwachsene schwedische Bevölkerung folgendes Bild:

Tabelle 6[296] Soziale Herkunft der Angehörigen der Unterschicht; zum Vergleich die Anteile für die Sozialgruppe 1. Zahlen auf der Basis der Bevölkerung zwischen 15 und 75 Jahren

Sozialgruppe des Vaters	Eigene Schichtzugehörigkeit SG 3	SG 1
SG 1	1	28
SG 2	29	46
SG 3	70	26
	100	100

294 Ausführlich hierzu: *Carlsson, Gösta* (1958), Social Mobility and Class Structure, Lund: Gleerup. Eine Zusammenfassung dieser Studie findet sich in: *Carlsson, Gösta* (S 1969), S. 397 ff. Erhebungszeitpunkt 1950.

295 Ähnliche Tendenzen zeigten sich auch noch Mitte der 60er Jahre, wie Berechnungen anhand der LU-Erhebung ergeben, siehe *Erikson, Robert* (S 1971), Sozialisationsmilieus und soziale Mobilität, Stockholm: Allmänna Förlaget, S. 170, Tab. 6.B.43.

296 *Erikson, Robert* (S 1971), S. 76, Tab. 6:30.

70 % der Angehörigen der Sozialgruppe 3 hatten also einen Vater, der ebenfalls der Unterschicht angehört hatte. In den übrigen Sozialgruppen wird dieser »Selbstrekrutierungsgrad« nicht auch nur annähernd erreicht[297]. Insofern erscheint die Vermutung angebracht zu sein, daß die Unterschicht die homogenste Sozialgruppe darstellt, was die Sozialisationsmilieus der Kinder angeht.
Ein ähnliches Bild ergibt sich, wenn man die »Lebenschancen« der Kinder untersucht, die in der Unterschicht aufgewachsen sind:

Tabelle 7[298] Verteilung des Anteils der schwedischen Bevölkerung (15—75 Jahre), der in der Unterschicht aufwuchs, auf die eigene Sozialgruppe

Sozialgruppe des Vaters	Eigene Sozialgruppe SG 1	SG 2	SG 3	Summe
3	4	32	64	100

Das Sozialisationsmilieu der Unterschicht scheint sich auf die Lebenschancen der Kinder in der Weise auszuwirken, daß rd. 2/3 der in der Sozialgruppe 3 aufgewachsenen Kinder im erwachsenen Alter in ihr verbleiben.
Mit Hilfe des Sozialgruppenmodells lassen sich also beträchtliche Ausbildungsunterschiede in der schwedischen Bevölkerung deutlich machen, ferner wird die Annahme unterschiedlicher Sozialisationsbedingungen in den Sozialgruppen bestärkt. Demnach läßt sich sagen, daß das im folgenden zu verwendende Schichtungsmodell ein »fait social« abbildet, d. h. in bildungssoziologischen Untersuchungen verwendbar erscheint.
Gegen die Anwendung der Schichtkategorie im Rahmen bildungssoziologischer Untersuchungen wurde allerdings geltend gemacht, daß es sich um »an extremely blurred measure« handele[299]. Hierzu ist einmal zu sagen, daß im folgenden untersucht werden wird, ob es durch Einführung der Gesamtschulform zu einem Abbau der sozialen Selektion gekommen ist — und dabei muß notwendig auf ein Schichtenmodell zurückgegriffen werden. Andererseits streiten wir nicht ab, daß die Schichtzugehörigkeit einen nur groben Index für bildungssoziologisch relevante Variablen darstellt. Aus diesem Grunde wird versucht werden, Korrelationen zwischen sozialem Milieu und Ausbildungsentscheidungen durch Variablen zu erklären, die einen engeren Bezug zum sozialen Handeln aufweisen als der Index der Sozialgruppenzugehörigkeit.

297 Vergl. ebda. S. 76.
298 *Erikson, Robert* (S 1971), S. 76, Tab. 6:31.
299 S. hierzu die Diskussion bei *Husén, Torsten* (1972), S. 18 ff.

Zusammenfassend läßt sich sagen:

Empirisches Resultat 1: Zwischen Schichtzugehörigkeit und Ausbildung der erwachsenen schwedischen Bevölkerung ist ein klarer Zusammenhang gegeben; während einer von zehn Angehörigen der Oberschicht lediglich die Volksschule besucht hat, erhöht sich dieser Anteil in der Unterschicht auf acht zu zehn.

Empirisches Resultat 2: Die Ober- und Unterschicht stellen in ausbildungsmäßiger Hinsicht relativ homogene Sozialgruppen dar, während sich in der Mittelschicht bedeutende Unterschiede in der Ausbildung der verschiedenen Berufsgruppen ergeben.

Empirisches Resultat 3: Die Inter-Generationen-Mobilität der schwedischen Bevölkerung zeigt, daß die Landbevölkerung tendenziell der Sozialgruppe 3 zustrebt, die ihrerseits stark auf die untere Mittelschicht ausgerichtet ist.

2. *Traditionelles Schulsystem und integrierte Gesamtschule: Ein Vergleich der sozialen Auslese beim Übergang auf die sekundäre Stufe*
(Querschnittuntersuchung, Erhebungszeitpunkt: 1961)

Im Verlaufe der 1949/50 begonnenen Versuche mit der integrierten Gesamtschule schloß sich ein immer größerer Teil der Gemeinden diesem Versuchsvorhaben an. 1962 beschloß der Reichstag die Einführung einer obligatorischen neunjährigen integrierten Gesamtschule, deren Namen man von enhetsskola in grundskola umwandelte. Die neue Grundschulreform sollte das traditionelle Schulwesen bis zum Jahre 1971/72 vollständig abgelöst haben.
Somit ergab sich, daß Schweden fast über zwei Jahrzehnte hinweg zwei Grundschulsysteme mit verschiedener organisatorischer Struktur sowie zum Teil unterschiedlichen Zielsetzungen besaß. Der teilweise recht heftige politische Kampf um die Durchsetzung des Reformvorhabens führte dazu, daß sich die enhetsskola erst Anfang der sechziger Jahre ihren Zielsetzungen gemäß zu konsodieren begann[300]. Wir werden uns deshalb im folgenden auf Untersuchungen stützen, die nach 1960 in Angriff genommen wurden.

---

300 Ausführlich zum Reformverlauf s. *Marklund, Sixten* (S 1960), 10 Jahre enhetsskola Kungl. Skolöverstyrelsens skriftserie 46, Stockholm: Kungl. Skolöverstyrelsen; *Marklund, Sixten & Söderberg, Pär* (S 1964), Die grundskola — Entstehung und Organisation, Stockholm: Bonnier (eine deutsche Übersetzung liegt vor); *Norinder, Yngve* (1957), The evolving comprehensive school in Sweden; in: International Review of Education 3 (1957), S. 257—274, sowie *Jüttner, Egon* (1970a).

Bei Vergleichen zwischen unterschiedlichen Schulsystemen war man bisher auf internationale Querschnittuntersuchungen angewiesen, weil in jedem Land *ein* Schulsystem vorzuherrschen pflegt. Dabei konnte jedoch nie so recht deutlich gemacht werden, inwieweit man überhaupt von einer Vergleichbarkeit der untersuchten Länder sprechen konnte[301]. In Schweden bestanden jedoch über einen längeren Zeitraum hinweg zwei quantitativ bedeutende, teilweise konkurrierende Schulformen, deren Schüler den gleichen kulturellen Einflüssen ausgesetzt waren. So gesehen können die schwedischen Untersuchungen über die sozialen Wirkungen unterschiedlicher Schulformen einen vergleichsweise hohen Grad von Verbindlichkeit beanspruchen.

Wenn in einem Land Schulversuche durchgeführt werden, so besteht meist auch der Wunsch, Vergleiche zwischen den Versuchsschulen und den herkömmlichen Erziehungsinstitutionen anzustellen. Oft besitzen diese Schulversuche dann aber nur eine geringe quantitative Ausbreitung[302], so daß man immer damit rechnen muß, daß die in den Versuchsschulen geradezu exponierten Schüler und Lehrer dem *Hawthorne*-Effekt unterliegen[303], was Vergleichsuntersuchungen problematisch erscheinen läßt. In Schweden war die integrierte Gesamtschule (enhetsskola) Anfang der 60er Jahre jedoch derart verbreitet[304], daß ein solcher *Hawthorne*-Effekt die Resultate kaum verzerren dürfte[305].

Schließlich rechtfertigt es die aktuelle schulpolitische Diskussion in der

---

301 Zu diesen Problemen vergl. z. B. *Schorb, Alfons Otto* (1970), Der internationale Vergleich als Instrument der Bildungsreform; in: *Hilligen, W.* (Hg.), Pädagogische Forschung und pädagogischer Fortschritt, Bielefeld: Bertelsmann, S. 15 ff.

302 Vergl. z. B. die BRD, wo 40 Gesamtschulen zu Versuchszwecken empfohlen wurden: Deutscher Bildungsrat (1970), Einrichtung von Schulversuchen mit Gesamtschulen, Empfehlungen der Bildungskommission 1967—1969, Stuttgart: Klett, S. 281 ff.

303 Hiermit wird der in industriesoziologischen Untersuchungen festgestellte Tatbestand angesprochen, daß Versuchspersonen bereits aufgrund der ihnen zuteil werdenden Aufmerksamkeit ihr Verhalten ändern können, vergl. die klassische Studie *Roethlisberger, Fritz J. & Dickson, William J.* (1939), Management and the Worker, Camb./Mass.: Harvard Univ. Press.

304 Im ersten Jahr der Schulversuche nahmen 14 Kommunen, 1960/61 bereits 295 Kommunen mit rd. 333 000 Schülern an den Versuchen teil, d. h. 1961 besuchte ungefähr ein Drittel aller Schüler die »enhetsskola«, vergl. Aktuellt från Skolöverstyrelsen (S 1962), nr. 5—6.

305 Diese Argumente sprechen ganz allgemein für einen Vergleich der beiden Grundschulsysteme. Bei der Interpretation des empirischen Materials ist jedoch auch die Problematik solcher Vergleiche zu berücksichtigen, s. hierzu ausführlich Abschnitt II.2.7. dieser Arbeit.

BRD, daß wir uns im folgenden sehr ausführlich mit dem Vergleich zwischen dem traditionellen schwedischen Schulsystem, das stark von deutschen pädagogischen Einflüssen geprägt worden ist, und der enhetsskola befassen. Dabei werden wir mit einer Darstellung der unterschiedlichen Differenzierungsstrukturen beginnen. Die Analyse des sozialen Selektionsprozesses beim Übergang auf die sekundäre Stufe in beiden Schulsystemen geschieht durch schrittweise Einführung neuer Variablen um eine möglichst große Kontrolle der gefundenen Korrelationen zu gewährleisten.
Zuvor soll noch eine kurze Beschreibung des Forschungsprojektes gegeben werden, dem die meisten der in diesem Teil der Arbeit referierten Untersuchungen entnommen sind. Während der Durchführung der Schulversuche in den fünfziger Jahren beschloß man eine Neugestaltung der schwedischen Schulstatistik, wobei man eine sog. Individualstatistik einführte. Dem lag die Absicht zugrunde, auf der Basis repräsentativer Erhebungen eine Datenbank über Individualdaten schwedischer Schüler aufzubauen. Die Erhebungen, die unter dem Namen Individualstatistik-Projekt 1961 und 1966 durchgeführt wurden, erfaßten jeweils eine repräsentative Stichprobe von 10 % aller dreizehnjährigen schwedischen Schüler; dabei wurden folgende Daten erhoben:

> Es wurde ein Intelligenztest verbaler, induktiver und spatialer Art durchgeführt, der nur im Rahmen dieser Erhebungen Anwendung fand[306].
>
> In den Fächern Schwedisch, Englisch und Mathematik wurde eine standardisierte Kenntnisprüfung durchgeführt, mit der unabhängig vom Urteil des Lehrers der Leistungsstand der Schüler gemessen werden sollte.
> Weiterhin wurden die Schulnoten erfaßt sowie ein Fragebogen vorgelegt, mit dessen Hilfe man Aufschluß über die Motivationen, Interessen und Pläne der Schüler sowie über deren sozialen Hintergrund erhalten wollte.
>
> Die Sozialgruppeneinteilung deckt sich im großen und ganzen mit der des P.M. (S 1952) (vergl. II.1.1.), weist jedoch zusätzlich einige bildungssoziologisch interessante Differenzierungen auf, die die Mittelschicht betreffen.

Die empirischen Untersuchungen, die diesem Abschnitt zugrunde liegen, basieren auf Daten, die im Rahmen des 1961er Individualstatistik-Projektes erhoben wurden. Hierbei erfaßte man 10 562 Schüler, d. h. 98,2 % des geschätzten 10 %igen Anteils des 1948er Jahrganges. Die Stichprobe kann für schwedische Verhältnisse als repräsentativ angesehen werden, da verschiedene Kontrolluntersuchungen keinen Anlaß zu Bedenken gaben[307].

---

306 Zum Inhalt dieser Tests s. Abschnitt II.2.5.
307 S. hierzu *Svensson, Allan* (S 1964), Der Zusammenhang sozialer und regionaler Faktoren mit über- und unterdurchschnittlichen Schulleistungen, (Indi-

2.1. Die Differenzierungsstrukturen im Vergleich

Eine der wichtigsten Zielsetzungen der schwedischen Schulreformen war es, die Benachteiligung der Kinder aus den unteren sozialen Schichten auf den studienbezogenen Linien des öffentlichen Erziehungswesens abzubauen. In der schulpolitischen Reformdebatte in den fünfziger Jahren konzentrierte sich die Auseinandersetzung zwischen Reformgegnern und Reformbefürwortern vor allem darauf, zu welchem Zeitpunkt die theoretisch begabten von den praktisch begabten Schülern zu trennen seien. Die Anhänger der Gesamtschulkonzeption wiesen darauf hin, daß eine frühe Trennung der Schüler zu einer starken sozialen Selektion führe[308]. Dies wurde von den Reformgegnern auch gar nicht so sehr bestritten; man wies vielmehr darauf hin, daß zur Erhaltung eines hohen Wissensniveaus auf den studienbezogenen Schulformen eine frühe Selektion der begabten Schüler notwendig sei.

Es ging hier also nicht so sehr darum, inwieweit die Untersuchungen zur sozialen Selektivität in unterschiedlichen Schulsystemen richtig waren, sondern vielmehr um grundsätzliche Unterschiede in den Zielsetzungen, nämlich um den Gegensatz zwischen elitärer und egalitärer Ausrichtung des öffentlichen Grundschulwesens[309]. Damit war die Kontroverse nur noch politisch lösbar. »Der Kampf um die schwedische Schulreform« kann so gesehen als politischer Kampf um den »richtigen« Differenzierungszeitpunkt interpretiert werden[310].

Anfang der sechziger Jahre wies das traditionelle Schulwesen, das zunehmend von der integrierten Gesamtschule abgelöst wurde, folgende organisatorische Differenzierung[311] auf:

---

vidualstatistikprojektet nr. 5), Göteborg: Pedagogiska institutionen, Göteborgs universitet, hekt., S. 31 ff. sowie *Svensson, Allan* (1971), Relative Achievement. School Performance in Relation to Intelligence, Sex and Home Environment (Individualstatistikprojektet nr. 35), Stockholm: Almqvist & Wiksell. S. 43 ff.

308 Eine Zusammenfassung der wichtigsten schwedischen Untersuchungen zu diesem Problemkreis findet sich in *Boalt, Gunnar; Husén, Torsten* (1968); ein interkultureller Vergleich sozialer Selektion findet sich in UNESCO (1967), Access to Higher Education from the Point of View of the Social, Economic and Cultural Origins of the Students, Paris: UNESCO.

309 Vergl. hierzu *Tomasson, Richard F.* (1965), From Elitism to Egalitarianism in Swedish Education, in: Sociology of Education 38 (1965), S. 203—223.

310 Ausführlich hierzu *Jüttner, Egon* (1970a), sowie I.2.1. dieser Arbeit, wo die Differenzierungsdebatte unter Forschungsaspekten betrachtet wird.

311 Der Begriff der organisatorischen Differenzierung soll sich im folgenden sowohl auf die Zahl und die Art unterschiedlicher Ausbildungsvarianten als auch den Zeitpunkt beziehen, zu dem die Schüler nach einem Auswahlkriterium den Varianten zugeordnet werden.

Figur 5[312]

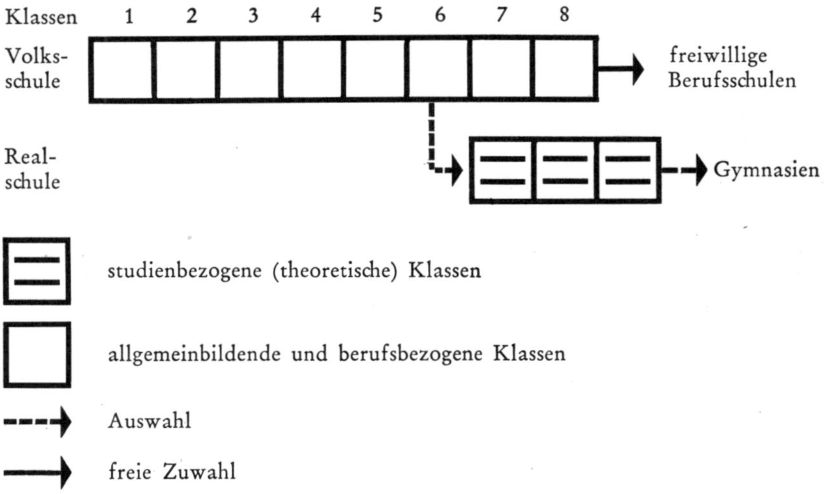

Das traditionelle schwedische Schulwesen unterschied sich also insofern von dem deutschen, als es lediglich zwei Schulformen gab, die parallel liefen, nämlich die studienbezogene Realschule und der berufsbezogene Teil der Volksschule. Man kann das traditionelle schwedische Bildungssystem deshalb als zweiteiliges paralleles Schulwesen bezeichnen.

Der im Jahre 1949/50 versuchsweise eingeführten Gesamtschule sollte dagegen folgende organisatorische Differenzierung der Oberstufe zugrunde liegen:

312 Diese Figur ist *Svensson, Allan* (1971), S. 38 entnommen. Der wahlweise Übergang auf die Realschule nach dem vierten oder sechsten Volksschuljahr, der seit 1927 möglich war, wurde 1956 durch einen Reichstagsbeschluß abgeschafft.

Figur 6[313]

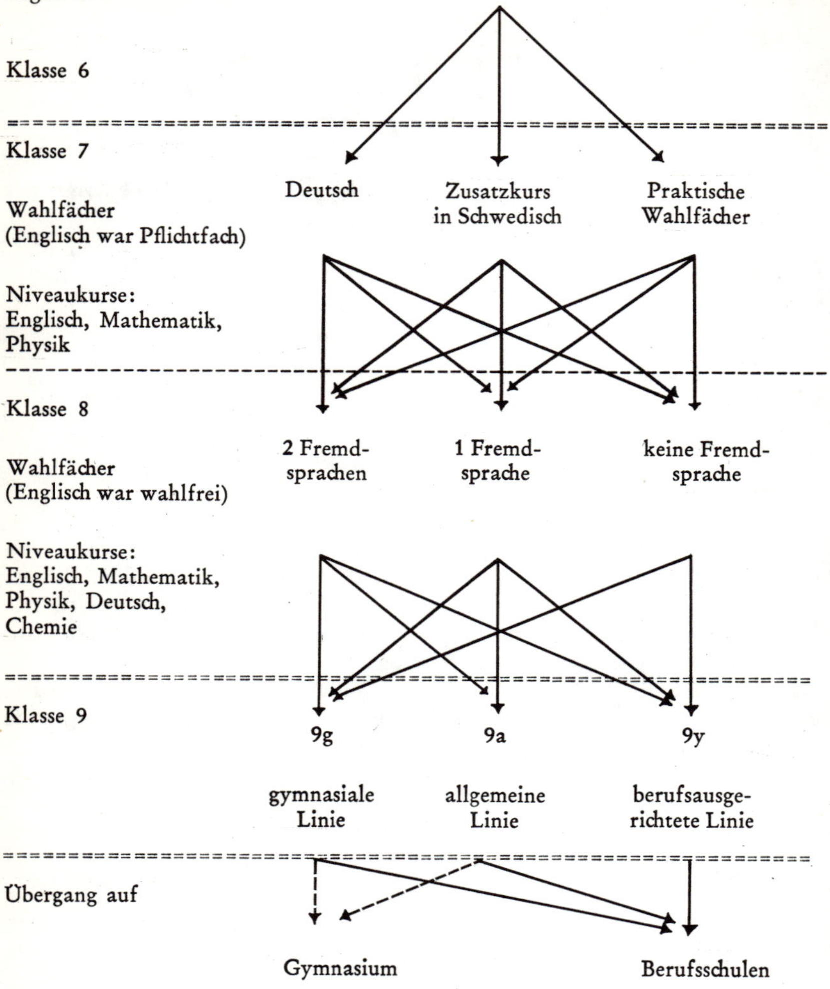

313 Diese Figur stammt aus *Reuterberg, Sven Eric* (S 1968), Wahl theoretischer Ausbildung in Abhängigkeit von sozialen und regionalen Hintergrundfaktoren (Individualstatistikprojektet nr. 25), Göteborg: Pedagogiska institutionen, Göteborgs universitet, hekt., S. 4.

Die Pfeile zwischen den Kursen sollen die angestrebte Durchlässigkeit zwischen den einzelnen Varianten während des gesamten Verlaufs der Oberstufe kennzeichnen.
Man hatte den Gemeinden große Freiheit bei der Ausgestaltung der Oberstufe gelassen, um auf diese Weise Reforminitiativen zu stimulieren. Tatsächlich führte diese Freiheit jedoch dazu, daß der überwiegende Teil der Gemeinden die Schüler nach den getroffenen Zuwahlentscheidungen bereits nach der 6. Klasse auf unterschiedliche, voneinander getrennte Klassen verteilte[314]. Dieses Verhalten der Gemeinden kann wohl zum großen Teil auf die starke Konkurrenz der enhetsskola mit dem traditionellen Schulwesen zurückgeführt werden, die zeitweise zu einer »Vergleichsraserei«[315] führte. Das von der 1946er Schulkommission vorgeschlagene Prinzip der zusammengehaltenen Klasse wurde also nicht auf der Oberstufe angewandt, weil man sich von einem »streaming« zwischen theoretisch und praktisch ausgerichteten Schülern bessere Schulleistungen versprach, als man sie in zusammengehaltenen Klassen für möglich hielt[316]. Das durch die relativ strikte Trennung der Schüler verursachte »streaming« führte zu einer organisatorischen Differenzierung auf der Oberstufe der enhetsskola, die der Differenzierung des traditionellen Schulsystems sehr ähnlich war[317].
Bis zum Ende des 6. Schuljahres (vergl. Figur 7) besuchten die Schüler die gleiche Klasse; in diesem primären Stadium wurden sie fast ausschließlich von ihrem Klassenlehrer unterrichtet. Am Ende des 6. Schuljahres, also beim Übergang auf die sekundäre Stufe des Schulsystems, mußten sich die Schüler je nach Art der von ihnen angestrebten Abschlußklasse des 9. Schuljahres für bestimmte Wahlfächer sowie für einen allgemeinen oder speziellen Kurs in Englisch und Mathematik entscheiden, und wurden dann in den meisten Gemeinden auf unterschiedliche Klassen aufgeteilt. Dies bedeutet u. a., daß die angestrebte Durchlässigkeit zwischen den Linien kaum realisiert wurde; die recht geringe Mobilität zwischen den Kursen, die in den fünfziger Jahren zu beobachten war, vollzog sich hauptsächlich von den theoretischen zu den praktischen Kursen[318].
Die rein organisatorischen Unterschiede zwischen den beiden Schulformen sagen nun noch nichts darüber aus, auf welche Art und Weise die Schüler den einzelnen Varianten zugewiesen wurden. Wir werden uns im folgenden

314 Vergl. hierzu *Skolöverstyrelsen* (S 1959), S. 110 ff.
315 *Marklund/Söderberg* (S 1964), S. 30.
316 S. hierzu auch die Angaben in I.2.3.
317 Dies berührt natürlich die im folgenden durchzuführenden Schulvergleiche zwischen dem traditionellen System und der enhetsskola; ausführlicher hierzu II.2.7.
318 Vergl. hierzu *Skolöverstyrelsen* (S 1959), S. 94 ff. sowie II.4.2. dieser Arbeit.

Figur 7[319]

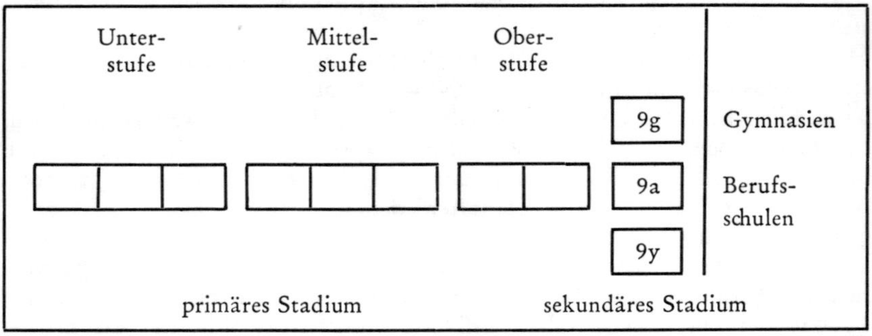

deshalb mit den zur Anwendung kommenden manifesten Zuweisungskriterien zu beschäftigen haben.

Mit Zuweisungsregeln werden bestimmte Zwecke verfolgt; so strebt man mit der Notenauslese den Übergang der leistungsfähigsten Schüler auf die studienbezogenen Varianten eines Ausbildungswesens an. Die mit Zuweisungsregeln *bewußt* verfolgten Zwecke werden im folgenden als manifeste Zuweisungs- (Auswahl-) kriterien bezeichnet werden. Manifeste Kriterien bestimmten jedoch nur im Idealfall die tatsächliche Zuweisung; so zeigt sich z. B. immer wieder, daß von Kindern mit gleichen Schulnoten weniger Schüler aus der Unterschicht als aus der Mittel- und Oberschicht auf den studienbezogenen Varianten vertreten sind. Neben den manifesten, d. h. gewollten Konsequenzen kommen also auch noch latente Kriterien zur Anwendung, deren Wirkungen nicht gewollt und beabsichtigt sind; ein latentes Kriterium drückt sich z. B. im Vorliegen einer sozialen Auslese aus.

Um in die Realschule des traditionellen Bildungssystems aufgenommen zu werden, mußten die Schüler im letzten Volksschuljahr einen bestimmten Notendurchschnitt erreicht haben[320]. Zu dieser Auswahlprozedur ist anzumerken, daß die Schulnoten in Schweden ein ungleich höheres Maß an interindividueller Vergleichbarkeit aufweisen als in der BRD. Obwohl kein Zwang dazu vorliegt, verwenden nahezu alle Lehrer standardisierte Kenntnistests, mit deren Hilfe sie Aufschluß über die Leistungsfähigkeit ihrer Klasse verglichen mit allen anderen Klassen des gleichen Jahrganges

319 Diese Figur ist *Svensson, Allan* (1971), S. 38 entnommen.

320 Die Noten basierten 1961 auf einem 7-stufigen Buchstabensystem, dem in den empirischen Untersuchungen Punkte zugeordnet wurden. Zur Aufnahme in die Realschule berechtigte gewöhnlich eine Notensumme von 13,5 Punkten, wobei bessere Noten durch höhere Punkte ausgedrückt wurden.

erhalten. Auf diese Weise gewinnt der Lehrer einen Maßstab zur Festlegung der absoluten Höhe der Noten sowie deren Streuung innerhalb der Klasse; die relative Stellung der Schüler zueinander liegt dagegen ganz im Ermessen des Lehrers[321].

Wenn Noten als Auswahlkriterium verwendet werden, so ergibt sich die Frage, ob die auf einer Schulstufe erbrachten Leistungen wirklich eine adäquate Prognose der Leistungsfähigkeit auf den nachfolgenden Stufen erlauben. Die Lehrer der Volksschule waren z. B. angehalten, mit Hilfe der Noten nur die Leistungen des zurückliegenden Schuljahres auszudrücken, nicht etwa eine vermutete Lernfähigkeit auf der nachfolgenden Stufe[322].

Als manifestes Auswahlkriterium des traditionellen Schulwesens kann also die Schulleistung bezeichnet werden, die durch die Notensumme empirisch erfaßt werden sollte.

Die organisatorische Differenzierung der enhetsskola bestand darin, daß nach dem 6. Schuljahr eine Entscheidung darüber getroffen werden mußte, welche Wahlfächer und Niveaukurse die Schüler auf der Oberstufe der Gesamtschule besuchen wollten. Es wurde innerhalb dieser Schulform ganz bewußt von einer an den Noten ausgerichteten Auswahl abgesehen und statt dessen eine *freie Zuwahl*[323] eingeführt. Es waren allein die Schüler und deren Eltern, die über den Bildungsweg auf der Oberstufe entschieden. Der Schule wurde bei dieser Zuwahl lediglich eine beratende Funktion zugeschrieben; der erreichte Notendurchschnitt des letzten Schuljahres sollte keine bestimmte Zuwahl präjudizieren.

Manifestes Zuweisungskriterium sollten in der enhetsskola also die Neigungen und Interessen der Schüler sein; an eine Auswahl nach irgendeinem »objektiven« Kriterium war nicht gedacht.

Sowohl die Real- als auch die Schüler der enhetsskola erlebten im großen und ganzen gesehen in den ersten sechs Schuljahren das gleiche Schulmilieu; Unterschiede traten erst im sekundären Stadium der beiden Schulsysteme

---

321 Eine ausführliche Darlegung des Standardisierungsverfahrens würde hier zu weit gehen; s. hierzu z. B. *Henrysson, Sten* (1964), The Swedish System for Equalizing Marks; in: Educational Research (1964), nr. 6, S. 156—160, ausführlich zur Testkonstruktion und dem Standardisierungsverfahren s. *Husén, Torsten* u. a. (S 1956), Die standardisierte Kenntnisprüfung, Stockholm: Almqvist & Wiksell.

322 Das sog. Kompetenz-Komitee hat eine ausführliche Sekundäranalyse des Zusammenhanges zwischen Schulnoten und Studienerfolg vorgelegt, s. SOU 1968:25, Studienprognose und Studienfortschritt. Kompetens-utredningen III. Stockholm: Utbildningsdepartementet, Kap. 5 u. 10.

323 Ausführlich zum Prinzip der freien Zuwahl in der integrierten Gesamtschule siehe I.2.2. dieser Arbeit.

auf[324]. Wenn man die Differenzierungsstrukturen beider Schulsysteme vergleicht, so zeigt sich, daß die Schüler der enhetsskola eine Selektionsbarriere weniger zu überspringen hatten als die Realschüler, wenn sie nach 9 Schuljahren ins Gymnasium aufgenommen werden wollten. Während die Schüler des traditionellen Systems bereits beim Übergang auf die Realschule nach ihren Leistungen beurteilt wurden, konnten sich die Schüler der Gesamtschule beim Übergang auf die sekundäre Stufe noch frei für die von ihnen gewünschte Variante entscheiden; daß diese Beseitigung einer formalen Barriere nicht auch gleichzeitig ein Verschwinden der sozialen Auslese zur Folge haben muß, wird im folgenden zu zeigen sein.

Eine soziale Auslese, so hatten wir anfangs definiert, liegt vor, wenn Schüler mit einem bestimmten sozialen Hintergrund auf gewissen Linien über- und auf anderen Ausbildungsvarianten unterrepräsentiert sind. Der Indikator, der in schwedischen Untersuchungen bei der Analyse der sozialen Auslese Anwendung fand, war der Anteil von Schülern aus den einzelnen Schichten, der sich für eine studienbezogene (theoretische) Ausbildung entschieden hatte. Unterschiedliche Anteile theoretisch ausgerichteter Schüler in den verschiedenen Sozialgruppen zeigten also das Vorliegen einer sozialen Selektion an.

Die im folgenden zur Anwendung kommende abhängige Variable ist also grundsätzlich dichotomischer Natur: »Wahl eines theoretischen Ausbildungsweges (WthA)« und »Wahl einer nicht-theoretischen (praktischen) Linie«. Im Falle des traditionellen Schulwesens ergeben sich bei der Zuordnung der Schüler unter diese Kategorien keine Schwierigkeiten: Jene Schüler, die von der Volks- auf die Realschule übergingen, qualifizierten sich damit gleichzeitig für eine theoretische (studienbezogene) Ausbildung, während die auf der Volksschule verbliebenen, also »negativ« selegierten Schüler den praktischen Ausbildungswegen zugerechnet wurden.

Probleme ergeben sich hingegen im Fall der enhetsskola, in der nicht in einem so strikten Sinne zwischen theoretischen und praktischen Varianten unterschieden werden konnte. Eine der Zielsetzungen der Gesamtschule war es ja, die Schüler durch einmal getroffene Entscheidungen nicht endgültig festzulegen, sondern ihnen Revisionen einmal gefaßter Beschlüsse zu ermöglichen. Wie oben bereits ausgeführt wurde, war diese Durchlässigkeit der Differenzierungsstruktur Anfang der sechsziger Jahre jedoch kaum realisiert worden, weil die meisten Gemeinden eine Aufteilung theoretisch und praktisch ausgerichteter Schüler auf unterschiedliche Klassen vornahmen, zwischen denen eine nur geringe Mobilität gegeben war. So gesehen, ergab sich kein allzu großer Unterschied zwischen den beiden zu untersuchenden Schulsystemen.

324 Vergl. *Svensson, Allan* (1971) Relative achievement, S. 37.

Im Rahmen des 1961er Individualstatistik-Projektes war die Variable »Wahl eines theoretischen Ausbildungsweges (WthA) für das traditionelle Schulsystem wie folgt definiert: dieser Kategorie wurden alle Schüler zugerechnet, die auf die Realschule übergingen. Im Gegensatz hierzu wurde die abhängige Variable für den Fall der enhetsskola relativ weit gefaßt: sie beinhaltete nämlich alle Schüler, die im 7. Schuljahr das Fach Deutsch zuwählten, unabhängig davon, ob es sich um den großen (5 Wochenstunden-) oder kleinen (3 Wochenstunden-) Kurs handelte.
Weiterhin wurde auch nicht berücksichtigt, ob die Schüler die allgemeinen oder gehobenen Varianten der Niveaukurse in Mathematik und Englisch belegt hatten[325].
Wenn man sich jedoch vor Augen hält, daß lediglich 1,9 % der Jungen und 1,5 % der Mädchen den Dreistundenkurs wählten[326] und daß in den Schuljahren 1959/60 sowie 1960/61 rund 85 % der Schüler, die Deutsch gewählt hatten, sich auch für die gehobenen Niveaukurse entschieden[327], so scheint diese weite Definition der abhängigen Variablen im Falle der Versuchsschule die Vergleichsmöglichkeiten zwischen beiden Schulsystemen nicht allzu sehr zu beeinträchtigen.

2.2. Die Wahl eines studienbezogenen (theoretischen) Ausbildungsweges in Abhängigkeit von der Schulform

Die die schwedischen Schulreformen entscheidend vorantreibende 1946er Schulkommission hob in ihrem Gutachten hervor, daß die traditionelle Schule »in verschiedener Hinsicht ein Produkt nicht demokratischer Gesellschaftsformen (sei) und deshalb in mancher Hinsicht im Gegensatz zu der Gesellschaft stehe, der sie dienen soll«[328]. Die Schule der dreißiger und vierziger Jahre, die die Mitglieder der Kommission vor Augen hatten, war unter anderem dadurch gekennzeichnet, daß Kinder aus den unteren Sozialgruppen nur geringe Möglichkeiten besaßen, eine höhere Ausbildung zu erlangen. Das Bildungsmonopol der Ober- und auch der Mittelschicht stand in direktem Gegensatz zur angestrebten Demokratisierung der Gesellschaft, wie sie den Sozialdemokraten vorschwebte.
Zur Veranschaulichung der Situation, wie sie Anfang der vierziger Jahre gegeben war, seien folgende Zahlen angeführt.

---

325 In dem direkt auf das Gymnasium vorbereitenden Zug 9g der neunten Klasse wurden nur noch die gehobenen Niveaukurse in Englisch und Mathematik angeboten.

326 Aktuellt från skolöverstyrelsen (S 1962), nr. 5—6, S. 73.

327 Aktuellt från skolöverstyrelsen (S 1961), nr. 5—6, S. 103 sowie Aktuellt från skolöverstyrelsen (S 1962), nr. 5—6, S. 73.

328 SOU 1948:27, S. 2.

Tabelle 8[329] Repräsentation der Schüler unterschiedlicher Schichtzugehörigkeit auf den weiterführenden Schulformen Anfang der 40er Jahre

Sozialgruppe des Vaters	Besuch von Realschulen	Besuch von Gymnasien	Anteil der Sozialgruppen an der Gesamtbevölkerung[330]
SG 1	13,0	27,5	4,7
SG 2	56,6	61,0	37,8
SG 3	30,4	11,5	57,5
	100,0	100,0	100,0

Gemessen an der Verteilung in der Gesamtbevölkerung war die Arbeiterklasse auf den weiterführenden Schulen stark unterrepräsentiert, während die Oberschicht gut fünf mal mehr Kinder auf das Gymnasium schickte, als ihrem Bevölkerungsanteil entsprach. Die sozialen Unterschiede verschärften sich auf den Universitäten und Hochschulen weiter.

Eines der Ziele der Reformen war es gewesen, eine allgemeine Anhebung des Bildungsniveaus der Bevölkerung zu erreichen. Dies sollte u. a. durch die Einführung der neunjährigen Schulpflicht bewirkt werden. Weiterhin strebte man eine Erhöhung des Anteils von Schülern an, die eine studienbezogene Ausbildung absolvieren wollten, was man u. a. mit technisch-ökonomischen Notwendigkeiten der zukünftigen Arbeitsmarktentwicklung begründete[331].

Im Rahmen des Individualstatistik-Projektes wurde den Schülern 1961 die Frage vorgelegt, welche Linie sie nach Abschluß der 6. Klasse, also nach Übergang auf die sekundäre Stufe besuchen wollten[332]. Den so erfaßten Plänen der Schüler werden wir die tatsächlich getroffenen Entscheidungen im 7. Schuljahr gegenüberstellen[333].

329 Es handelt sich hier um eine Zusammenstellung von Zahlen aus SOU 1944:21, Gutachten und Untersuchungen des 1940er Schulkomitees. II. Der Zusammenhang zwischen Volksschule und höherer Schule, Stockholm: Ecklesiastikdepartementet, S. 320; die Sozialgruppeneinteilung entspricht im großen und ganzen der des P. M. (S 1952).

330 S. SOS (Sveriges officiella Statistik) Riksdagsmannavalen 1933—1936, Stockholm: SCB, tab. L.

331 Vergl. I.3.1. dieser Arbeit.

332 S. *Härnqvist, Kjell* (1966), Social Factors and Educational Choice. A Preliminary Study of Some Effects of the Swedish School Reform (Individualstatistikprojektet nr. 7); in: International Journal of Educational Sciences (1966), no. 2, S. 87 ff.

Tabelle 9[334] Anteil von Jungen und Mädchen, die in den beiden Schulformen Pläne für die Wahl eines theoretischen Ausbildungsweges besaßen, sowie der Anteil der Schüler, die in der 7. Klasse faktisch einen studienbezogenen Ausbildungsweg besuchten

Geschlecht	Trad. Schule		enhetsskola	
	Plan	fakt. Entscheid.	Plan	fakt. Entscheid.
Jungen	42	34	58	56
Mädchen	51	42	66	60

An Hand dieser Zahlen zeigen sich bereits deutliche Unterschiede: die Schüler der enhetsskola beiderlei Geschlechts wählten sehr viel häufiger einen theoretischen Ausbildungsweg als die Schüler des traditionellen Systems. Der Unterschied zwischen beiden Schulformen beträgt insgesamt rund 20 %! Hierbei ist jedoch zu beachten, daß die Versuchsschule 1961 besonders in den urbanisierten Gebieten eingeführt worden war, so daß sich das traditionelle Schulwesen zu einem größeren Teil aus der Landjugend rekrutierte, die in Schweden eine nur geringe Neigung für eine theoretische Ausbildung aufwies[335]. Trotz dieses Einwandes wird man einen beträchtlichen Teil des Unterschieds der Ausformung der Schulsysteme zuschreiben müssen. Da es sich bei der Variablen Schulform jedoch um einen sehr weiten Ursachenkomplex handelt, sind weitere Untersuchungen heranzuziehen, um zu genaueren Aussagen zu kommen.

Weiterhin zeigen diese Zahlen, daß die Mädchen dazu tendierten, unabhängig von der Schulform zu einem höheren Prozentsatz als die Jungen einen theoretischen Ausbildungsweg einzuschlagen.

Aufgrund dieser Zahlen könnte man also sagen, daß die Zielsetzung der Reformer, einem größeren Teil der Jugendlichen den Zugang zu den weiterführenden Schulformen zu ermöglichen, sich bereits 1961 zu realisieren begann.

Die Tatsache, daß die Unterschiede zwischen Planung und faktischer Wahl

---

333 Allerdings ist die Studie zur Analyse des tatsächlichen Verhaltens der Schüler nicht voll mit der Untersuchung von *Härnqvist* vergleichbar, da *Reuterberg* (S 1968) alle jene Schüler aus der Analyse ausschloß, die nach dem 6. Schuljahr das Bildungssystem wechselten. Hierdurch ergab sich insgesamt gesehen eine geringe Benachteiligung der enhetsskola, s. *Reuterberg* (S 1968), S. 30 ff.

334 Die Daten dieser Tabelle stammen aus *Härnqvist*, (1966), S. 90 (Pläne) sowie *Reuterberg* (S 1968), S. 35 (faktische Entscheidungen). Hierbei handelt es sich um auf- bzw. abgerundete Zahlen.

335 Siehe hierzu den folgenden Abschnitt II.2.3.

einer qualifizierten Ausbildung in der enhetsskola beträchtlich geringer waren als innerhalb des traditionellen Schulsystems, kann wohl zu einem wesentlichen Teil durch den Übergang von der Auslese- zur Zuwahlsschule erklärt werden.

Empirisches Resultat 4: In der enhetsskola wählten die Schüler beiderlei Geschlechts häufiger eine studienbezogene Ausbildung als im traditionellen System.

Empirisches Resultat 5: Beim Übergang auf die sekundäre Stufe entschieden sich die Mädchen unabhängig von der Schulform häufiger als die Jungen für einen theoretischen Ausbildungsweg.

2.3. Die Wahl einer theoretischen Ausbildungslinie in Abhängigkeit von der Schichtzugehörigkeit der Schüler

Tabelle 10[336] Prozentanteil der Schüler in den unterschiedlichen Sozialgruppen, die nach der 6. Klasse einen theoretischen Ausbildungsweg planten

Sozialgruppe des Vaters*		Anteil der Schüler mit Plänen für eine theoret. Ausbildung
SG 1	A	91
SG 2	B	82
	C	63
	D	38
SG 3	E	41
	F	47
	A—F	52

* Ausführlich zur Sozialgruppeneinteilung s. II.1.1. Zur Differenzierung innerhalb der Mittelschicht (SG 2) folgendes:
B: Vater besitzt mindestens Realabschluß;
C: Vater besitzt kein Realschulexamen;
D: Vater ist Landwirt. Hinsichtlich des Ausbildungsverhaltens stellt die Mittelschicht die inhomogenste Schicht dar, was die obige Differenzierung notwendig macht.
F: nach dem Beruf des Vaters nicht klassifizierbar (z. B.: vaterlos). Wir werden auf diese Gruppe, die rund 5 % der Gesamtstichprobe ausmachte, nicht näher eingehen, weil sich hier zu große Interpretationsschwierigkeiten ergeben.

336 *Härnqvist* (1966), S. 92, Tab. 4.

Ziel der Reformer war es nicht nur gewesen, den Anteil der Jugendlichen auf den studienbezogenen Ausbildungswegen zu erhöhen, sondern auch, durch eine überproportionale Steigerung des Anteils der Kinder aus der Unterschicht das Bildungsmonopol der Mittel- und besonders der Oberschicht zu durchbrechen.

1961 lagen also noch beträchtliche Unterschiede zwischen den Sozialgruppen vor: neun von zehn Kindern aus der Oberschicht, aber nur vier von zehn Schülern aus der Unterschicht planten die Wahl einer theoretischen Linie. Nach den Vorstellungen der Reformer sollte die Differenzierungsstruktur der enhetsskola sowohl die Nachfrage nach theoretischer Ausbildung erhöhen als auch die Wirkung der sozialen Faktoren bei der Ausbildungswahl schwächen. Ergaben sich jedoch tatsächlich Unterschiede zwischen den beiden Schulformen? Wir werden uns bei der Beantwortung dieser Frage nur auf die faktischen Ausbildungsentscheidungen der Schüler stützen und die Pläne am Ende des 6. Schuljahres außer Betracht lassen.

Tabelle 11[337] Prozentanteile von Jungen und Mädchen in den unterschiedlichen Sozialgruppen, die in beiden Schulformen im 7. Schuljahr einen theoretischen Ausbildungsweg besuchten

Sozialgruppe des Vaters		Trad. Schule Jungen	Trad. Schule Mädchen	enhetsskola Jungen	enhetsskola Mädchen
SG 1	A	76	88	96	94
	B	62	77	81	91
SG 2	C	46	56	68	64
	D	23	34	40	72
SG 3	E	25	31	42	49
	F	23	32	43	57
	A—F	34	42	56	60
Chi^2		271,27	353,19	161,77	117,62

Kritischer Wert für Chi^2 : 15,09 bei $p = .01$.

337 *Reuterberg* (S 1968), S. 35, Tab. 17 (auf- bzw. abgerundete Zahlen).

Der bereits festgestellte Unterschied zwischen Jungen und Mädchen bei der Wahl eines studienbezogenen Ausbildungsweges bleibt also bestehen, wenn sowohl die Schulform als auch die Schichtzugehörigkeit der Schüler kontrolliert werden[338].

Innerhalb beider Schulformen lagen beträchtliche soziale Unterschiede bei der Wahl der verschiedenen Ausbildungswege vor. Die sehr hohen Chi^2-Werte können jedoch nicht unmittelbar miteinander verglichen werden, weil sie auch von der unterschiedlichen Schülerzahl in den Schulformen und Sozialgruppen beeinflußt werden. Ein Maß, mit dessen Hilfe man den Grad der sozialen Bedingtheit der Wahlentscheidungen in beiden Schulformen vergleichen kann, ergibt sich, wenn die Chi^2-Werte in Kontingenzkoeffizienten transformiert werden, die den korrelativen Zusammenhang zwischen Schichtzugehörigkeit und Ausbildungswahl ausdrücken[339]. Bei der Interpretation ist jedoch zu beachten, daß die Kontingenzkoeffizienten den Wert des Produkt-Moment-Korrelationskoeffizienten klar unterschätzen, weil ihre Berechnung hier auf einer nur geringen Anzahl von Kategorien beruht[340].

Tabelle 12[341] Zusammenhang zwischen Sozialgruppenzugehörigkeit und Wahl eines theoret. Ausbildungsweges (Kontingenzkoeffizienten)

	Trad. Schule	enhetsskola
Jungen	.304	.338
Mädchen	.347	.294

338 In einer repräsentativen dänischen Studie aus dem Jahre 1968 zeigten sich ähnliche geschlechtsspezifische Unterschiede im Alter von 14 Jahren, vergl. *Ørum, Bente* (S 1971), Sozialer Hintergrund, intellektuelles Niveau und schulischer Werdegang (Studie 20), København: Socialforskningsinstituttet, engl. Zusammenfassung, S. 64 f.

339 S. zu diesem Korrelationsmaß z. B. *Ferguson, George A.* (1966), Statistical Analysis in Psychology and Education, 2nd ed., N. Y./Toronto/London: McGraw-Hill, S. 234 ff.

340 S. *Guilford, Joy P.* (1965), Fundamental Statistics in Psychology and Education, 4th ed. N. Y.: McGraw-Hill, S. 338; kritische Bemerkungen zu diesem Maß finden sich auch in *Siegel, Sidney* (1956), Nonparametric Statistics for the Behavioral Sciences, N. Y.: McGraw-Hill, S. 200 ff.

341 *Reuterberg* (S 1968), S. 36, Tab. 18. Ein von null signifikant unterschiedener Kontingenzkoeffizient ergibt sich, wenn auch die zugrunde liegenden Chi 2-Werte statistische Signifikanz aufweisen.

Obwohl sich in der enhetsskola rd. 20 % mehr Schüler als im traditionellen System für einen theoretischen Ausbildungsweg entschieden, zeigt sich hier, daß die sozialen Unterschiede bei der Wahl einer theoretischen Ausbildung in beiden Schulformen nahezu gleich waren. Damit war es in der enhetsskola zwar zu einer quantitativen Ausdehnung der studienbezogenen Ausbildung gekommen, ohne daß sich dadurch jedoch die Benachteiligung der Unterschichtkinder wesentlich gebessert hätte. Vielmehr hatten sich die Anteile von Schülern aus allen Sozialgruppen auf den theoretischen Linien erhöht, so daß der angestrebte Abbau der sozialen Auslese 1961 noch nicht realisiert werden konnte[342].

Die Korrelation zwischen Ausbildungswahl und Schichtzugehörigkeit sagt für sich jedoch noch nicht allzu viel aus, weil die Kategorie der Schichtzugehörigkeit einen sehr groben Erklärungsfaktor darstellt, hinter dem sich eine Reihe differenzierter sozialer Tatbestände verbergen. Wie im Abschnitt über die Sozialstruktur Schwedens bereits ausgeführt wurde, so liegen dem Sozialgruppenmodell mehr oder minder implizit die Kriterien Ausbildung und Einkommen sowie das mit der Stellung innerhalb von Berufshierarchien verbundene Prestige zugrunde[343]. Von diesen Faktoren kann hier unmittelbar die Variable »Ausbildung« kontrolliert werden, die innerhalb des Individualstatistik-Projektes explizit in die Sozialgruppeneinteilung einging. Hierbei ergibt sich die dichotomische Variable: »Vater besitzt mindestens ein Realschulexamen« und »Vater besitzt keinen Realschulabschluß«. Der ersten Ausprägung sind dabei die Sozialgruppen A[344] und B, der zweiten die übrigen Sozialgruppen zuzurechnen.

Wenn man von den Zahlen der Tabellen 10 und 11 ausgeht, so zeigt sich ein wesentlicher Unterschied zwischen den Kindern, deren Vater eine höhere Schulbildung besitzt, sowie den Schülern aus Arbeiter- und Bauernfamilien. Die Kategorie C der Sozialgruppe 2 (hauptsächlich Angestellte ohne höhere formale Ausbildung) nimmt eine Mittelstellung ein; sie ist jedoch — gemessen am durchschnittlichen Prozentsatz der Schüler mit Plänen für eine theoretische Ausbildung — überrepräsentiert.

Man wird also die formale Ausbildung des Vaters als einen erklärenden

342 Damit lagen 1961 noch ungefähr die gleichen Verhältnisse vor, wie sie *Blomqvist* bereits 1958 konstatierte, s. *Blomqvist, John* (S 1961), Schüler in zwei getrennten Schulmilieus in und nach der 6. Klasse, Stockholm: Skolöverstyrelsen, S. 92 f.

343 Vergl. II.1.1.

344 Kategorie B der Sozialgruppe 2 gehört definitionsgemäß dieser Ausprägung an. Nach dem Bericht über die Lebensverhältnisse der Niedriglohnempfänger (LU-Rapport) besaßen 1966/67 80 % der Angehörigen der Sozialgruppe 1 eine höhere formale Ausbildung, so daß wir auch sie zur ersten Ausprägung rechnen, s. zu diesen Angaben *Johansson, Lena* (S 1971), S. 47, Tab. 7.11.

Faktor für das unterschiedliche Bildungsverhalten in den einzelnen Sozialgruppen annehmen können, wobei jedoch auch der Berufshintergrund wesentlich zu sein scheint, weil die Kinder aus der Sozialgruppe C eine hohe Bildungsmotivation aufweisen, ohne daß der Vater mehr als einen Volksschulabschluß erreicht hätte.

Zusammenfassend kann man sagen:

> Empirisches Resultat 5 (Spezifizierung): Die Mädchen entschieden sich beim Übergang auf die sekundäre Stufe unabhängig von der Schulform und der Schichtzugehörigkeit der Eltern häufiger für einen theoretischen Ausbildungsweg als die Jungen.
>
> Empirisches Resultat 6: Innerhalb des traditionellen Schulsystems und der enhetsskola bestand ein ungefähr gleich starker Zusammenhang zwischen Schichtzugehörigkeit und Ausbildungswahl.
>
> Empirisches Resultat 7: Unabhängig von der Schulform und dem Geschlecht wählten Kinder mit Vätern, die mindestens einen Realschulabschluß besitzen, häufiger einen theoretischen Ausbildungsweg als Kinder aus Elternhäusern, wo lediglich ein Volksschulabschluß des Vaters vorhanden ist.
>
> Empirisches Resultat 8: Unabhängig von der Schulform und dem Geschlecht wählten Kinder von Vätern mit Volksschulausbildung, die aufgrund ihrer *Berufsmerkmale* jedoch der Mittelschicht zugerechnet werden, häufiger eine studienbezogene Ausbildung als Schüler von Vätern, die sowohl aufgrund ihrer Schulbildung als auch ihres Berufes der Unterschicht angehören.

2.4. Die Wirkung sozialer Faktoren auf die Ausbildungswahl bei gleichem Leistungsniveau der Schüler: Das direkte soziale Handikap

Die Sozialgruppenzugehörigkeit der Schüler wies 1961 also in beiden Schulsystemen einen Zusammenhang mit der Ausbildungswahl auf.
Wenn man von den manifesten Zuweisungskriterien ausgeht, die in beiden Schulsystemen zur Anwendung kamen, also der Auslese nach Noten im traditionellen Schulsystem und der freien Zuwahl aufgrund von Interessen und Begabung in der enhetsskola, so könnte es ja durchaus so gewesen sein, daß die Kinder aus den mittleren und oberen Sozialgruppen sowohl bessere Noten aufwiesen als auch begabter waren als die Schüler aus der Unterschicht. Statt der bisher untersuchten Relation

(I)	Sozialgruppen- zugehörigkeit (SG)	———>	Wahl eines theoret. Ausbildungsweges (WthA)

könnte demnach auch folgender Zusammenhang vorgelegen haben:

(II) SG ———> Leistungsvariable ———> WthA
(Noten, Begabung)

Es besteht nun die Möglichkeit, daß es sich bei der ersten Beziehung nur um einen scheinbaren Zusammenhang handelte: Die Wahl der unterschiedlichen Ausbildungswege vollzog sich gar nicht primär aufgrund jener Faktoren, die durch die Schichtzugehörigkeit gemessen werden, sondern nach den manifesten Auswahlkriterien ausgedrückt durch die Leistungsvariablen. Wenn dies der Fall wäre, so läge eine unproblematische, weil beabsichtigte soziale Selektion vor.
Im folgenden sollen die Leistungsvariablen Noten und Begabung, wie sie durch Intelligenztests gemessen wird, konstant gehalten werden, um festzustellen, ob die bisher konstatierte Beziehung zwischen Schichtzugehörigkeit und Ausbildungswahl bestehen bleibt[345]. Es soll also untersucht werden, ob in den beiden Schulformen ein *soziales Handikap* gegeben war. Dieser von *Boalt* geprägte Begriff bezieht sich auf den Zusammenhang zwischen Auslese und sozialen Faktoren, wenn die Begabung der Schüler konstant gehalten wird[346]. Wir werden dieses Konzept insofern erweitern müssen, als auch die durch Noten gemessenen Schulleistungen statistisch zu kontrollieren sind, weil sie das Auswahlkriterium der traditionellen Schule darstellten. Die so ermittelte *leistungsunabhängige* Benachteiligung der Schüler aus den unteren Sozialgruppen werden wir im folgenden als *direktes* soziales Handikap bezeichnen.
In diesem Abschnitt geht es also darum zu untersuchen, wie häufig sich Kinder gleicher Leistungsfähigkeit, jedoch mit unterschiedlichem sozialen Hintergrund, für einen theoretischen Ausbildungsweg entschieden.
Diese statistische Kontrolle der Leistungsvariablen verdeckt jedoch das Problem, daß es für Unterschichtkinder ungleich schwieriger sein kann, »gleiche« Leistungen zu erzielen, als für Schüler aus den oberen Schichten. In einem weiteren Schritt soll deshalb im nächsten Abschnitt untersucht

345 In der enhetsskola sollte sich die Zuwahl nicht nur nach der Begabung, sondern auch nach den Interessen der Schüler richten. Wenn man sich vor Augen hält, daß Interessentests im Gegensatz zu Ausbildungsentscheidungen kaum schichtspezifische Muster aufweisen, so kann gefolgert werden, daß dieses manifeste Zuweisungskriterium der enhetsskola die Ausbildungswahl nicht in gewünschtem Maße beeinflußt haben kann; wir werden auf dieses Zuweisungskriterium deshalb im folgenden nicht mehr näher eingehen; s. hierzu auch I.4.2. dieser Arbeit.

346 Vergl. *Boalt, Gunnar* (S 1947), Schulbildung und Schulresultat von Kindern aus unterschiedlichen Gesellschaftsgruppen in Stockholm, Stockholm: Norstedt och söner; in dieser Studie wurde das soziale Handikap als Partialkorrelation zwischen Aufnahmefrequenz und sozialen Faktoren erfaßt.

werden, ob sich die Schichtzugehörigkeit der Kinder auf ihre Leistungsfähigkeit auswirkte. Das Vorliegen eines Zusammenhanges zwischen sozialem Hintergrund und Leistungsniveau der Kinder werden wir im folgenden als *indirektes* soziales Handikap benennen. Diese Bezeichnung beruht auf folgender Überlegung: Wie später zu zeigen sein wird, kann man davon ausgehen, daß die Leistungsfähigkeit der Kinder — gemessen z. B. durch die Schulnoten — einen wesentlichen Einfluß auf die Ausbildungsentscheidungen ausübt. Wenn nun die Schichtzugehörigkeit der Kinder auf ihre Leistungsfähigkeit zurückwirkt, so tritt ein über die Leistungsvariablen vermitteltes und deshalb indirektes soziales Handikap in Erscheinung. Zum direkten sozialen Handikap, das unabhängig von den Leistungen wirkt, kommt dann noch ein indirektes; bei der Analyse der sozialen Auslese sind deshalb beide Arten von Benachteiligungen zu untersuchen[347].
Härnqvist wandte folgendes Verfahren an, um die Wirkungen sozialer Faktoren auf die Ausbildungswahl unabhängig von den Leistungsvariablen Noten und Intelligenz analysieren zu können[348].

(1) Auf der Basis des gesamten empirischen Materials wurde für jede Ausprägung der zu kontrollierenden Leistungsvariablen der Prozentanteil von Schülern berechnet, der sich für einen theoretischen Ausbildungsweg entschieden hat.
(2) Dann wurde die Zahl der Schüler in jeder Sozialgruppe bestimmt, die der jeweiligen Ausprägung der Leistungsvariablen angehört.
(3) Diese (absolute) Zahl der Schüler einer Schicht auf einem bestimmten Leistungsniveau wurde sodann mit der unter (1) berechneten Prozentzahl für diese Ausprägung multipliziert. Die so erhaltene (absolute) Anzahl von Schülern basierte auf der Annahme, daß die Schüler dieser Schicht eine theoretische Ausbildung ebenso oft wählen, wie dies in der Gesamtschülerschaft der Fall war. Diese Berechnung von »erwarteten« Werten schaltete die Möglichkeit sozialer Unterschiede von vornherein aus.
(4) Um zu einer einzigen Kennzahl für jede Sozialgruppe zu kommen, wurde die »erwartete« Anzahl von Schülern über die gesamte Ausprägung der zu kontrollierenden Leistungsvariablen summiert. Man erhielt so die Gesamtzahl der Schüler einer Schicht, die sich für eine theoretische Ausbildung entschieden haben müßte, wenn keine sozialen Unterschiede vorliegen würden.
(5) Entsprechend wurde die Anzahl der Schüler einer Sozialgruppe, die sich »faktisch« für den Besuch einer studienbezogenen Ausbildung entschieden hatten, über die gesamten Ausprägungen der Leistungsvariablen summiert.
(6) Schließlich wurde die »faktische« zur »erwarteten« Schülerzahl einer Sozialgruppe in Beziehung gesetzt (und mit 100 multipliziert), um einen Index für die Unter- bzw. Überrepräsentation der Schüler aus den unterschiedlichen Schichten auf den theoretisch ausgerichteten Linien zu erhalten.

---

347 »Keeping school marks constant means underestimating some of the background influences on educational choise and therefore the existing inequalities between social classes« *(Härnqvist/Bengtsson* (1972), S. 17).
348 Zum methodischen Vorgehen vergl. *Härnqvist, Kjell* (1966), S. 95.

Mit Hilfe dieses Indizes konnte man nun den Einfluß der sozialen Faktoren auf die Ausbildungsentscheidungen analysieren, weil die Leistungsvariablen kontrolliert wurden. Da die Indizes der einzelnen Sozialgruppen alle auf der Basis der summierten Anteile theoretisch ausgerichteter Schüler in der Gesamtstichprobe konzipiert waren, stellen sie kein absolutes Maß zur Feststellung der Wirkung sozialer Faktoren dar, sondern lediglich ein relatives Maß der Abweichung der einzelnen Sozialgruppen von diesem Gesamtanteil dar. Ist also eine Sozialgruppe — gemessen am Anteil in der Gesamtschülerschaft — auf den theoretischen Linien überrepräsentiert, so muß notwendig eine andere Sozialgruppe unterrepräsentiert sein.
Wir werden uns im folgenden auf eine Studie von *Reuterberg* stützen, aus der die folgenden empirischen Daten entnommen sind[349].

Tabelle 13[350] Soziale Unterschiede in der Wahl eines theoretischen Ausbildungsweges, wenn die Schulnoten kontrolliert werden (Indizes)

Sozialgruppe des Vaters		Trad. Schule Jungen	Trad. Schule Mädchen	enhetsskola Jungen	enhetsskola Mädchen	Gesamt
SG 1	A	104	110	137	134	118
SG 2	B	96	105	147	156	118
	C	88	95	149	132	107
	D	52	61	102	115	66
SG 3	E	62	67	116	116	81
	F	58	72	135	135	84
	A—F	72	79	129	126	91

349 *Reuterberg* (S 1968), stützte sich auf Daten des 1961er Individualstatistikprojektes. Er berechnete die unter (1) bezeichneten Prozentanteile jedoch nicht auf der Basis des Gesamtmaterials, sondern für jede der beiden Schulformen getrennt. Die niedrigen Wahlfrequenzen der Schüler des traditionellen Schulsystems, die ²/₃ der Gesamtstichprobe ausmachten, hätten nämlich die Indizes der enhetsskola negativ beeinflußt. Um jedoch eine gemeinsame, Vergleiche ermöglichende Bezugskurve zu erhalten, hat er das ungewogene arithmetische Mittel der beiden Kurven für alle Ausprägungen der zu kontrollierenden Variablen berechnet. Eine Gewichtung hätte das quantitative Übergewicht des traditionellen Systems wieder zur Geltung gebracht. Diese Vorgehensweise hatte zur Folge, daß der Gesamtindex z. B. der Tabelle 13 nur 91 statt 100 beträgt. Dies fällt jedoch nicht ins Gewicht, da es sich hier um ein relatives Maß handelt.

350 *Reuterberg* (S 1968), S. 46, Tab. 24.

Tabelle 14[351] Soziale Unterschiede in der Wahl eines theoretischen Ausbildungsweges, wenn die Begabung kontrolliert wird (Indizes)

Sozialgruppe des Vaters		Trad. Schule Jungen	Trad. Schule Mädchen	enhetsskola Jungen	enhetsskola Mädchen	Gesamt
SG 1	A	117	136	140	152	134
	B	106	132	142	165	132
SG 2	C	88	117	127	137	112
	D	49	75	88	136	70
SG 3	E	56	76	89	113	78
	F	50	74	80	120	75
	A—F	69	93	108	128	93

Die höheren Indizes der enhetsskola in beiden Tabellen sind ein Ausdruck für die größeren Anteile von Schülern mit einem studienbezogenen Ausbildungsweg.

Als empirisches Resultat 6 war festgestellt worden, daß der Zusammenhang zwischen Schichtzugehörigkeit und Ausbildungswahl in beiden Schulformen ungefähr gleich stark war. Ändert sich etwas an diesem Resultat, wenn die Leistungsvariable Noten oder Begabung unter Kontrolle gehalten wird? Als Maß zur Kennzeichnung der unterschiedlichen Wahlhäufigkeit eines theoretischen Ausbildungsweges in den einzelnen Schichten kann man die Streuung der Indizes in den Tabellen 13 und 14 benutzen. Eine geringe Streuung würde z. B. bedeuten, daß innerhalb der betrachteten Schulform und Geschlechtergruppen kaum soziale Unterschiede bei der Ausbildungswahl vorlagen, als die Begabung bzw. die Noten kontrolliert wurden, M. a. W.: Eine geringe Streuung der Indizes zeigt ein geringes direktes soziales Handikap an.[351a]

Selbst wenn man die Zuweisungskriterien Noten und Begabung kontrollierte, ergaben sich noch beträchtliche soziale Unterschiede in den beiden Schulformen. Die Streuungen spiegeln ein geringeres direktes soziales Handikap in der enhetsskola wider; hieraus jedoch Schlußfolgerungen zugunsten der Gesamtschule zu ziehen, ist insofern problematisch, als die

351 *Reuterberg* (S 1968), S. 46, Tab. 23. Zur Konstruktion und Inhalt der Intelligenztests, die zur Bestimmung der »Begabung« der Schüler verwendet wurden, siehe II.2.5.

351a Zum folgenden s. Tabelle 15.

Tabelle 15[352] Standardabweichungen der Indizes der Sozialgruppen innerhalb der Schulformen und Geschlechtergruppen

Kontrollierte Variablen	Trad. Schule Jungen	Trad. Schule Mädchen	enhetsskola Jungen	enhetsskola Mädchen
Begabung	27,3	27,2	25,9	17,4
Schulnoten	20,0	19,1	16,8	14,0

Unterschiede zwischen beiden Schulformen in keinem der Fälle statistische Signifikanz ($p = 0.1$) aufwiesen[353].

Empirisches Resultat 6 (Spezifizierung): Als Schulform, Geschlecht sowie die Leistungsvariablen Noten und Begabung kontrolliert wurden, zeigten sich weiterhin beträchtliche soziale Unterschiede in der Ausbildungswahl. Die hier festzustellenden Vorteile der enhetsskola im direkten sozialen Handikap können jedoch auch zufällig bedingt gewesen sein.

Empirisches Resultat 9: Unabhängig davon, ob die Begabung oder die Schulnoten kontrolliert wurden, immer waren die Schüler aus den Sozialgruppen A, B und C auf den theoretischen Ausbildungswegen überrepräsentiert, während sich in fast allen Fällen eine starke Benachteiligung der Kinder aus Arbeiter- und Bauernfamilien zeigte.

Als die Noten statistisch kontrolliert wurden, ergaben sich geringere soziale Unterschiede als bei der Kontrolle der unterschiedlichen Begabungsniveaus (Tab. 15). Dies erklärt sich aus dem starken Zusammenhang zwischen Schulnoten und Ausbildungswahl, der der Wirkung sozialer Faktoren einen vergleichsweise geringen Raum ließ. Hieran zeigt sich auch, wie im nächsten Abschnitt ausführlich zu belegen sein wird, daß in den Schulnoten bereits ein indirektes soziales Handikap enthalten ist.
Zusammenfassend läßt sich sagen, daß die Differenzierungsstruktur der enhetsskola zwar zu einer Erhöhung der Nachfrage nach theoretischer Ausbildung führte, daß aber die sozialen Unterschiede in der Wahl der

352 *Reuterberg* (S 1968), S. 47, Tab. 25.
353 Die geringen Unterschiede im direkten sozialen Handikap zwischen den Schulformen könnten u. U. auch darauf zurückgeführt werden, daß die Berechnung der Indizes von einer speziell konstruierten gemeinsamen Kurve her geschah. Wenn man die Indizes von Kurven her berechnet, die für jede Schulform getrennt ermittelt wurden, so ergeben sich bei den Jungen leichte Vorteile für das traditionelle Schulsystem, während die enhetsskola bei den Mädchen ihren Vorteil wahrt.

verschiedenen Ausbildungswege auf diesem höheren Niveau nur unbeträchtlich kleiner als in der traditionellen Schule waren.

Ausgehend von der Beziehung

Sozialgruppen-zugehörigkeit (SG)	———>	Leistungs-variablen (LV)	———>	Wahl eines theor. Ausbild. Weges (WthA)

wurde festgestellt, daß der Zusammenhang zwischen Schichtzugehörigkeit und Ausbildungswahl auch dann bestehen blieb, wenn die Begabung bzw. die Schulnoten kontrolliert wurden. Man kann also von einem *direkten* Einfluß sozialer Faktoren auf die Ausbildungsentscheidungen ausgehen, also von der Beziehung

SG ———> WthA.

Die Tatsache, daß sich bei gleicher Leistungsfähigkeit weniger Kinder aus den unteren als aus den mittleren und oberen Schichten für eine qualifizierte Ausbildung entschieden, sagt nun noch nichts darüber aus, welche Chancen die Unterschichtkinder besaßen, ein bestimmtes Leistungsniveau zu erreichen.

Wir werden im folgenden Abschnitt untersuchen, inwieweit eine Beziehung zwischen sozialem Hintergrund und Leistungsfähigkeit der Kinder vorlag, d. h. inwieweit ein indirektes soziales Handikap gegeben war. Als Arbeitshypothese soll angenommen werden, daß sich die soziale Auslese innerhalb des schwedischen Schulwesens auf unterschiedliche Weise vollzog: zum einen als Folge des in diesem Abschnitt belegten direkten sozialen Handikaps, zum anderen bedingt durch ein sozial verursachtes Leistungshandikap. Diese Arbeitshypothese kann formalisiert wie folgt dargestellt werden:

2.5. Der Einfluß sozialer Faktoren auf die individuellen Leistungsvariablen: Das indirekte soziale Handikap

Untersuchungen, die sich mit der Analyse des Zusammenhangs zwischen Schichtzugehörigkeit und Begabung bzw. Schulleistungen befaßten, erbrachten durchgehend das Resultat, daß Schüler aus den oberen Schichten sowohl in Intelligenztests besser abschneiden als auch günstigere Schulnoten erzielen als Kinder aus den unteren Schichten[354]. Hieraus kann jedoch nicht ge-

354 Vergl. z. B. *Boalt, Gunnar* (S 1967b), Sozialpsychologie, 8. Aufl., Stockholm: Almqvist & Wiksell, S. 129 ff. sowie *Anastasi, Anne* (1964), Differential Psychologie, 3rd. ed., N. Y.: Macmillan, S. 517—522; für Dänemark siehe *Ørum, Bente* (S 1971), S. 32 ff.

folgert werden, daß es letztlich doch die manifesten Zuweisungskriterien sind, die die soziale Auslese steuern. Dies ergibt sich aus dem Vorliegen des direkten sozialen Handikaps.

Wir werden uns im folgenden auf Untersuchungen stützen, die die Abhängigkeit unterschiedlicher Leistungsvariablen (Intelligenztestergebnisse, Resultate aus standardisierten Kenntnisprüfungen, Schulnoten) von der Schichtzugehörigkeit der Schüler analysieren. Mit Hilfe der hierbei gefundenen Ergebnisse sollen im nächsten Abschnitt schließlich die Wirkungen von Schichtzugehörigkeit *und* Leistungsniveau auf die Ausbildungswahl beim Übergang auf die sekundäre Stufe beleuchtet werden.

Hier ist nun das Konzept der relativen Schulleistungen zu erläutern[355], das auf den gleichen Tatbestand abzielt wie der anglo-amerikanische Begriff der over- bzw. underachievers[356]. Dabei geht es darum, festzustellen, welche Schüler oder Schülergruppen bessere Schulleistungen erzielen, als man aufgrund ihrer gemessenen Intelligenz erwarten sollte. Die in diesem Abschnitt zu untersuchende Frage lautet also: Erzielen Kinder aus verschiedenen sozialen Milieus, die die gleiche Intelligenz aufweisen, unterschiedliche Schulleistungen?

Die zur Beantwortung dieser Frage durchzuführende statistische Kontrolle der Variablen Intelligenz verdeckt jedoch die teilweise erheblichen Intelligenzunterschiede zwischen Kindern aus verschiedenen Schichten. Deshalb soll zuvor eine ausführliche Untersuchung der Schichtabhängigkeit der Intelligenz durchgeführt werden, die eine der wesentlichen Gründe für die Chancenungleichheit von Kindern ist. Hierzu sind einige Vorbemerkungen zu machen.

Die im Rahmen von Intelligenztests erzielten Resultate werden in den schwedischen Untersuchungen als Indikator für die Begabung der Kinder verwendet. Die Problematik eines solchen Vorgehens liegt einerseits darin, daß nicht der Eindruck erweckt werden darf, als sei die Begabung bzw. Intelligenz eine fixe Größe, die den Kindern erbmäßig mitgegeben worden ist. Vielmehr wird man davon ausgehen müssen, daß die Entwicklung der dem Kinde vererbten geistigen Kapazität vom Grade der Stimulierung, d. h. auch vom sozialen Milieu abhängt[357].

---

355 S. *Svensson, Allan* (1971), Relative Achievement. School Performance in Relation to Intelligence, Sex and Home Environment, Stockholm: Almqvist & Wiksell.

356 Vergl. z. B. *Thorndike, Robert L.* (1963), The Concepts of Over- and Underachievement, N. Y.: Teachers College, Columbia university.

357 »Adäquater scheint mir die Vorstellung zu sein, derzufolge ein genetisches Potential zwar die möglichen Lernprozesse bis zu einem gewissen Grade determiniert aber durch diese Lernprozesse selbst ständig verändert wird« *(Oevermann, Ulrich* (1966), Soziale Schichtung und Begabung; in: Zeitschrift

Wenn man sich zum anderen vor Augen hält, daß als Intelligenz das definiert wird, was aus dem jeweiligen Test resultiert, so wird man den angewendeten Test einer näheren Prüfung unterwerfen müssen.

Der ausschließlich im Rahmen des Individualstatistik-Projektes herangezogene Intelligenztest bestand aus drei Teilprüfungen:

Im *verbalen* Test mußten die Schüler Gegensätze zu Wörtern aus einer Reihe vorgegebener Möglichkeiten bestimmen.

Beispiel. *Anonym:* anerkannt, bekannt, berühmt, farbenfroh.

Im *induktiven* Test sollten die Schüler nach unterschiedlichen Kriterien konzipierte Zahlenreihen fortsetzen.

Beispiel: 5, 7, 11, 17, 25, 35, —, —.

Der *spatiale* (räumliche) Test bestand darin, aus einer Reihe dreidimensionaler Figuren jene aufzuzeigen, die aus einem abgebildeten Blechstück gefaltet werden konnten, wobei die Faltstellen sichtbar waren.

In jedem Test waren 40 Aufgaben enthalten, die innerhalb einer gegebenen Zeit zu bearbeiten waren. Für jede gelöste Aufgabe wurde ein Punkt berechnet, so daß maximal 120 Punkte erzielt werden konnten.

Im Vorgriff auf die Untersuchung der relativen Schulleistungen sei bereits hier angemerkt, daß die durch diese Tests gemessenen Fähigkeiten keinen direkten Bezug zu den in der Schule vermittelten Kenntnissen aufweisen. Zum einen handelt es sich um einen Wortschatztest, der feststellen soll, welche Wörter für den Schüler bedeutungsvoll sind, zum anderen um einen Test, in dem es auf das Begreifen gedanklicher Strukturen ankommt, sowie um einen spatialen Test, wo geprüft wird, inwieweit der Schüler mit konkreten (hier: bildlichen) Informationen umgehen kann. Alle hier gemessenen Fähigkeiten gehören z. B. zu den Grundfähigkeiten des Intelligenzmodelles von *Guilford,* die die Voraussetzung für die Verarbeitung verschiedenartiger Informationen bilden[358]. Insofern kann man sagen, daß hier relativ schulleistungsunabhängige Tests gegeben sind.

---

für Pädagogik (1966), 6 Beiheft, S. 182, Fußnote 7); vergl. von schwedischer Seite SOU 1970:21, Wege zur höheren Ausbildung. Betänkandet avgivit av kompetensutredningen, Stockholm: Utbildningsdepartementet, S. 120.

358 Eine vereinfachte Darstellung des *Guilford*schen Modells findet sich in *Guilford, Joy P.* (1970), Intelligenz und Intelligenztests; in: *Haseloff, Otto W.* (Hg.), Struktur und Dynamik des menschlichen Verhaltens, Stuttgart/Berlin/Köln/Mainz: Kohlhammer, S. 70 ff.; ausführlicher s. *Guilford, Joy P.* (1967), The Nature of Human Intelligence, N. Y.: McGraw-Hill series in psychology.

Die Wirkung sozialer Faktoren auf die Entwicklung kognitiver Fähigkeiten[359]

Die Ergebnisse der einzelnen Teiltests wiesen 1961 einen unterschiedlich starken Zusammenhang mit der Schichtzugehörigkeit der Schüler auf.

Tabelle 16[360] Korrelation zwischen Schichtzugehörigkeit und Intelligenz (unterstrichene Koeffizienten weisen statistische Signifikanz — 1 %-Niveau — auf)

Induktiver Test	+ .17
Verbaler Test	+ .25
Spatialer Test	+ .10

Der verbale Test wies also den stärksten Zusammenhang mit der Schichtzugehörigkeit der Schüler auf, während der räumliche Test keine statistisch gesicherte Korrelation ergab. Diese Ergebnisse stimmen mit Resultaten aus anderen Ländern überein[361].

Im Rahmen des 1961er Individualstatistik-Projektes ergaben sich folgende Intelligenztestresultate:

Tabelle 17[362] Durchschnittliche Intelligenztestresultate in den verschiedenen Sozialgruppen (Summe der Teiltests)

Sozialgruppe des Vaters		Jungen	Mädchen	Gesamt
SG 1	A	77,60	74,00	75,90
	B	71,73	71,17	71,40
SG 2	C	67,89	64,50	66,20
	D	63,38	62,76	63,10
SG 3	E	62,43	59,54	61,00
	(F)	64,74	60,89	62,80
	A—F	65,50	62,79	64,20

359 Die im folgenden referierten Studien stammen aus dem Individualstatistik-Projekt, beziehen sich also auf dreizehnjährige Schüler.

360 *Svensson, Allan* (S 1964), S. 36, Tab. 26.

361 Vergl. z. B. *Anastasi, Anne* (1964), S. 517 ff., bes. S. 520.

362 Die Resultate für die Jungen und Mädchen stammen aus *Svensson, Allan* (S 1964), S. 35, Tab. 23 u. 24; die Zahlen für die Gesamtstichprobe sind aus *Carlsund, Anton* (S 1968), Wahl theoretischer Fächer durch Schüler der

Die Jungen wiesen bessere Testresultate als die Mädchen auf, ein Ergebnis, das die geringen Vorteile der Mädchen in der verbalen Intelligenz durch die beträchtlichen Vorteile der Jungen im induktiven und räumlichen Test verdeckt[363]. Ähnliche Ergebnisse waren auch in anderen Ländern festzustellen[364].

> Empirisches Resultat 10: Die Begabung der Schüler — gemessen durch einen verbalen, einen induktiven und einen spatialen Test — wies einen Zusammenhang mit der Schichtzugehörigkeit der Eltern auf[365].

Welche Erklärungen sind nun für diese Begabungsunterschiede zwischen den einzelnen Sozialgruppen denkbar? Im Rahmen des 1961er Individualstatistikprojektes wurden Untersuchungen über den Zusammenhang zwischen den Leistungen der Kinder auf der einen Seite und dem Ausbildungsniveau der Eltern auf der anderen Seite durchgeführt. Wir werden im folgenden kurz auf die Studie von *Dandenell/Meurling* eingehen[366].

Zur Charakterisierung der Schulbildung der Eltern wurden 4 Ausbildungsniveaus unterschieden:[367]

1. Volksschule
2. Realschule
3. Gymnasium (Abitur)
4. Universität.

Um einen Eindruck von der Schulbildung der Eltern zu vermitteln, seien folgende Zahlen angeführt:[368]

A.	Beide Eltern besitzen lediglich einen Volksschulabschluß	79,5 %
B.	Einer der Elternteile besitzt eine höhere Schulausbildung als der andere	16,8 %
C.	Beide Eltern besitzen die gleiche, über die Volksschule hinausgehende Ausbildung	3,7 %

---

6. Klasse aus unterschiedlichen Schulsystemen und Sozialgruppen, Göteborg: Pedagogiska institutionen, Göteborgs universitet, S. 8, Tab. 9 entnommen.

363 S. *Svensson, Allan* (1971), Appendix 2.

364 Vergl. die Zusammenstellung bei *Anastasi, Anne* (1964), S. 472 ff.

365 Dies zeigte sich auch in früheren schwedischen Untersuchungen, s. z. B. *Husén, Torsten* (S 1950), Die Prognosefähigkeit von Testresultaten, Stockholm: Gebers auf der Basis eines repräsentativen Samples.

366 *Dandenell, Anna & Meurling, Brita* (S 1968), Welchen Zusammenhang weist die Ausbildung der Mutter bzw. des Vaters mit der Begabung und den Schulleistungen auf? (Individualstatistikprojektet nr. 21), Göteborg: Pedagogiska institutionen, Göteborgs universitet, hekt.

367 Zur Struktur des traditionellen Schulwesens s. I.1. Exkurs.

368 *Dandenell/Meurling* (S 1968), S. 4., Tab. 4.

Die Schüler kamen also zu rund 80 % aus einem Elternhaus, in welchem keiner der Erzieher mehr als die meist nur 6—7jährige Volksschule des traditionellen Schulwesens besucht hatte. Zusätzlich zum Ausbildungsniveau wurde auch die Einstellung der Eltern zu einer weiterführenden Ausbildung des Kindes erhoben. Hierzu ist jedoch zu sagen, daß diese Variable weder innerhalb des Individualstatistik-Projektes noch des Projektes »Jugend in Göteborg« durch eine Befragung der Eltern, sondern nur der Kinder erhoben wurde. Insofern könnte man sagen, daß statt des Bildungsinteresses der Eltern eher die Perzeption dieses Interesses durch die Kinder erfaßt wurde. »Es besteht jedoch Grund zur Annahme, daß zwischen beiden ein starker Zusammenhang besteht«[369].

> Empirisches Resultat 11[370]: Die Begabung der Schüler variierte mit der Schulbildung der Eltern: In der Gruppe, in der beide Eltern die gleiche Schulbildung besaßen, ergaben sich zwischen dem Volksschul- und dem Realschulniveau statistisch signifikante Unterschiede (1 %-Niveau) in allen Begabungsdimensionen (verbal, induktiv, spatial) sowohl bei den Mädchen als auch den Jungen. Ebenso ergab sich ein — wenn auch nicht ganz so starker — Unterschied zwischen Kindern aus Elternhäusern mit Realschulabschluß auf der einen Seite und Abitur oder akademischem Examen auf der anderen Seite. Zwischen Kindern von Eltern mit Abitur und akademischen Examen zeigten sich keine Intelligenzunterschiede.

Die Begabung der Kinder wies also einen eindeutigen Zusammenhang mit der Schulbildung der Eltern auf, die einen der wichtigsten Bestimmungsgründe der Schichtzugehörigkeit darstellt.

> Empirisches Resultat 12[371]: In der Gruppe, in der einer der Elternteile eine bessere Ausbildung als der andere besaß, war die Intelligenz der Kinder im Durchschnitt höher als in jenen Elternhäusern, wo beide Eltern dem niedrigeren Ausbildungsniveau angehörten, und niedriger als in den Fällen, wo beide Eltern dem höheren Ausbildungsniveau zuzurechnen waren. Für den Fall Schwedens war es dabei weitgehend gleichgültig, welcher der Elternteile die qualifiziertere Ausbildung besaß.

Die Ausbildung des Vaters war nun jedoch nur eine unter mehreren Komponenten bei der Zuordnung zur sozialen Schicht. In den Elternhäusern, wo der Vater mehr als einen Volksschulabschluß besaß, geschah eine Zuordnung zur Mittel- oder Oberschicht, wenn ein dem Ausbildungsniveau entsprechender Beruf gegeben war. Bei den Vätern mit Volksschulabschluß gab es jedoch eine Gruppe, die nur aufgrund ihrer Berufsmerkmale der

---

369 *Andersson, Bengt-Erik & Wallin, Erik* (S 1971), Die Teenager und die Umwelt, Stockholm: Almqvist & Wiksell, S. 159.
370 *Dandenell/Meurling* (S 1968), S. 6.
371 Ebda. S. 10 ff.

Mittelschicht zugerechnet wurde (SG 2 C: mittlere Angestellte, kleine Geschäftsleute). Wenn man nun aus jener Gruppe, wo beide Eltern nur die Volksschule besucht hatten, jene aussondert, die gemäß ihrer Berufsmerkmale einer höheren Schicht als der Sozialgruppe 3 zugerechnet wurden[372], so ergab sich folgendes Resultat:

> Empirisches Resultat 13[373]: Wenn beide Eltern lediglich einen Volksschulabschluß besaßen, aufgrund ihrer Berufsmerkmale jedoch der Mittelschicht zuzuordnen waren, wiesen ihre Kinder das gleiche Intelligenzniveau auf wie die Schüler von Eltern, die beide ein Realschulexamen abgelegt hatten.

Ohne bereits an dieser Stelle ausführlicher zu den empirischen Befunden Stellung zu nehmen, kann man doch sagen, daß die Entwicklung der Intelligenz (Begabung) der Kinder weitgehend davon abhängt, daß es den Eltern gelingt, ein stimulierendes Milieu zu schaffen und hierzu scheinen die Eltern vor allem aufgrund ihrer schulischen Bildung sowie teilweise auch ihres beruflichen Hintergrundes in der Lage zu sein.

Eine weitere Studie beschäftigte sich mit der Untersuchung des Zusammenhangs zwischen Geschwisterzahl und Intelligenztestergebnissen der Schüler[374]. Hier zeigte sich das Ergebnis, daß in den oberen Schichten (Besonders SG 1 und SG 2 B) kein Zusammenhang zwischen der Intelligenz eines Kindes und der Zahl der Geschwister festzustellen war; demgegenüber ergaben sich in der Unterschicht erhebliche Begabungsunterschiede zwischen Kindern mit einer unterschiedlichen Zahl von Geschwistern[375]. Auch dies kann als Ausdruck der unterschiedlichen Milieus gewertet werden, in dem die Kinder aufwuchsen: Die bildungs- und entwicklungsmäßigen Vorteile in den oberen Schichten waren so groß, daß allen Kindern eine weitgehende Entfaltung ihrer Intelligenz ermöglicht wurde, während in der Unterschicht bereits das Vorhandensein einer größeren Geschwisterzahl die Entwicklung insbesondere der verbalen Intelligenz hemmte.

> Empirisches Resultat 14[376]: »Nur in Familien aus den unteren Schichten, wo mehr als vier Kinder vorhanden sind, scheint die Zahl der Geschwister einen

---

372 Im Gegensatz zu den meisten Studien des Individualstatistik-Projektes wurde hier die Schichtzugehörigkeit sowohl des Vaters als auch der Mutter bestimmt, um einen besseren Einblick in das Sozialisationsmilieu des Kindes zu erhalten.

373 *Dandenell/Meurling* (S 1968), S. 19 ff.

374 S. *Gustafsson, Svea & Henriksson, Anita* (S 1969), Geschwisterzahl und Intelligenz (Individualstatistikprojektet nr. 30), Göteborg: Pedagogiska institutionen, Göteborgs universitet, hekt.

375 Ebda. S. 9 f. und S. 15.

376 *Svensson, Allan* (S 1972), Elternhaus und Leistungsniveau (Individualstatistikprojektet nr. 40), Göteborg: Pedagogiska institutionen, Göteborgs universitet, hekt., engl. Zusammenfassung, S. 17 (im Orig. gesperrt), der an Hand des 1966er Individualstatistik-Projektes zu diesem Ergebnis kam.

nachteiligen Einfluß vor allem auf das verbale Intelligenztestresultat des Kindes auszuüben«.

Bisher wurde festgestellt, daß die kognitiven Fähigkeiten dreizehnjähriger Kinder in engem Zusammenhang mit der Schulbildung und dem Beruf der Eltern stehen. Die durch das Schichtenmodell gemessenen Sozialisationsunterschiede in den Elternhäusern stehen einer leistungsmäßigen Chancengleichheit[377] also insofern im Wege, als den Kindern unterschiedliche Möglichkeiten zur Entwicklung ihrer Fähigkeiten geboten werden.
Wie bereits ausgeführt wurde, kann die Sozialgruppenzugehörigkeit nur als grober Index für eine Reihe differenzierter sozialer Tatbestände angesehen werden. Aufgrund von Untersuchungen über den Einfluß der Eltern auf die Ausbildung der Kinder kann man die Vermutung äußern, daß »das Erziehungsinteresse der Eltern einer der wichtigsten ursächlichen Faktoren für den positiven Zusammenhang der Ausbildungschancen mit dem sozio-ökonomischen Status (ist)«[378]. Hierzu können aus dem Individualstatistik-Projekt folgende Ergebnisse angeführt werden:

Empirisches Resultat 15[379]: Zwischen Elternhäusern, in denen beide Elternteile die gleiche Schulbildung besaßen, ergaben sich deutliche Unterschiede (1 %-Niveau) in der Einstellung zu einer studienbezogenen Ausbildung der Kinder (Zur Einstellungsmessung s. Skala 2, Anhang 3): Eltern mit akademischem Examen oder mit Abitur waren einer höheren Ausbildung gegenüber positiver eingestellt als Eltern mit Realschulexamen und diese wiesen eine beträchtlich höhere Neigung auf, ihren Kindern eine qualifizierte Schulbildung zu empfehlen, als Eltern auf dem Volksschulniveau.

So wie die Begabung der Kinder nicht nur mit der Schulbildung, sondern auch dem beruflichen Hintergrund der Eltern variierte, so bestand auch ein Zusammenhang zwischen der Einstellung der Eltern zu einer studienbezogenen (theoretischen) Schulbildung und den von ihnen ausgeübten Berufen:

Empirisches Resultat 16[380]: Jene Eltern, die nur aufgrund ihrer beruflichen Stellung, nicht jedoch ihrer Schulbildung der Mittelschicht angehörten, standen einer weiterführenden Ausbildung der Kinder wesentlich positiver gegenüber als die Eltern, die sowohl aufgrund ihrer schulischen Bildung als auch ihrer beruflichen Qualifikation der Arbeiterklasse angehörten.

Als die Schichtzugehörigkeit der Eltern statistisch kontrolliert wurde, zeigte sich weiterhin ein klarer Zusammenhang zwischen der Begabung des Kindes und der Einstellung der Eltern zur theoretischen Ausbildung.

---

377 Zur Problematik leistungsmäßiger Chancengleichheit s. I.4.2. dieser Arbeit.
378 *Oevermann, Ulrich* (1966), S. 169.
379 Vergl. *Dandenell/Meurling* (S 1968), S. 7 ff.
380 Ebda. S. 19 ff., besonders S. 22.

Tabelle 18[381] Zusammenhang zwischen der Einstellung der Eltern zur theoretischen Bildung und zur Begabung der Kinder sowie der Schichtzugehörigkeit der Eltern (Berechnet als Konkordanzkoeffizient auf der Basis der Mittelwerte der Einstellungsskala)

	Jungen Begabung	Sozialgruppe der Eltern	Mädchen Begabung	Soz. Gruppe der Eltern
Einstellung der Eltern zur theoretischen Bildung	1,0	0,78	1,0	0,83

Empirisches Resultat 17: Einerseits variierte die Einstellung der Eltern zur theoretischen Ausbildung der Kinder mit der Schichtzugehörigkeit. Andererseits besaß die Einstellung der Eltern innerhalb aller Schichten einen engen Zusammenhang mit der Begabung (Intelligenz) der Kinder.

Diese Untersuchungsergebnisse können wie folgt zusammengefaßt werden: Die durch einen verbalen, einen induktiven sowie einen spatialen Test gemessene Begabung der Kinder wies einen Zusammenhang sowohl mit der Schichtzugehörigkeit als auch der Ausbildung und dem beruflichen Hintergrund der Eltern auf, die beide als Definitionsmerkmale in das verwendete Sozialgruppenmodell eingehen. Wenn man nun davon ausgeht, daß die genetischen Anlagen in allen Schichten ungefähr gleich gestreut sein dürften[382], so folgt die milieumäßige Benachteiligung der Unterschichtkinder bei der Entwicklung ihrer geistigen Fähigkeiten. Näheren Aufschluß über die Sozialisationsmilieus sollte die Variable »Einstellung zu einer theoretischen Ausbildung der Kinder« geben, wobei sich ein sehr enger Zusammenhang dieser Variablen mit der Begabung der Kinder ergab, die zudem die Korrelation mit der Schichtzugehörigkeit der Eltern übertraf.

Es kann also vermutet werden, daß Ausbildung und beruflicher Hintergrund der Eltern auf das Sozialisationsmilieu der Kinder einwirken, was sich in der Einstellung der Eltern und — so kann angenommen werden — in ihrer Unterstützung der schulischen Arbeit der Kinder ausdrückt. Obwohl

381 *Gyllensten, Ulla & Nidle, Margaretha* (S 1969), Der Zusammenhang zwischen den Interessen und der Begabung mit dem sozialen Hintergrund dreizehnjähriger Kinder (Individualstatistikprojektet nr. 26), Göteborg: Pedagogiska institutionen, Göteborgs universitet, hekt., S. 18, Tab. 6., Skala 2.

382 Wenn diese Annahme auch kaum bewiesen werden kann, so spricht doch erheblich mehr für als gegen sie; s. z. B. die Ausführungen bei *Husén, Torsten* (1972), chapter 2, bes. S. 55 ff.

aus Korrelationen keine kausalen Schlüsse gezogen werden können und obwohl es sich hier um eine Querschnitterhebung handelte, stützt der enge Zusammenhang zwischen Einstellung und Begabung, der den zwischen Einstellung und Schichtzugehörigkeit noch übertrifft, folgende Hypothese:[383]

Hypothese: Ausbildung und beruflicher Hintergrund der Eltern fördern über das mit der Einstellung zur Bildung verbundene Erziehungsverhalten die kognitiven Fähigkeiten der Kinder. Allerdings scheint hier keine einseitige Beeinflussung durch das soziale Milieu vorzuliegen: Die Begabungsentwicklung der Kinder wirkt auf die Einstellung der Eltern zur Ausbildung der Kinder zurück.

Die bisher herangezogenen Studien bezogen sich auf den Zusammenhang zwischen Schichtzugehörigkeit und Intelligenz dreizehnjähriger Kinder. Wenn Begabung jedoch als eine sich innerhalb des sozialen Kontexts entwickelnde Größe aufgefaßt wird, erscheint es sinnvoll, auch Studien zu verwenden, die die Begabungsentwicklung der Kinder bis zum Eintritt in die Gesamtschule beleuchten. Aus diesem Grunde werden wir uns in einem kurzen Abschnitt auf Arbeiten stützen, die nicht im Rahmen des Individualstatistik-Projektes entstanden, deren Schichteinteilung jedoch im großen und ganzen der des Individualstatistik-Projektes entspricht.

In einer eingehenden Längsschnittuntersuchung der psychischen und physischen kindlichen Entwicklung stellte ein schwedisches Forscherteam fest, daß sich Intelligenztestergebnisse mit zunehmendem Alter der Kinder zugunsten der höheren Schichten verschoben[384].

Kinder aus unterschiedlichen Sozialgruppen wiesen im Alter von einem Jahr keine besonderen Entwicklungsunterschiede auf, im Alter von drei Jahren dagegen ergaben sich klare Vorteile zugunsten der Kinder aus den oberen Schichten. *Lindstam* fand ähnliche Ergebnisse bereits für zweijährige Kinder[385].

Intelligenz kann also, wie bereits festgestellt wurde, als eine sich milieuabhängig entwickelnde Größe aufgefaßt werden. Dabei scheint die sprachliche Anregung des Kindes eines der wesentlichen Merkmale eines stimulierenden Milieus zu sein.

---

383 Bei dieser Hypothese handelt es sich um eine sog. »post-factum« Interpretation, die an Hand neuen empirischen Materials zu überprüfen wäre, s. *Merton, Robert K.* (1968), Social Theory and Social Structure, N. Y.: The Free Press, S. 147 ff.

384 Vergl. *Karlberg, Petter* u. a. (1968), The Development of Children in a Swedish Urban Community. A Prospective Longitudinal Study I—IV; in: Acta Paediatrica Scandinavica, Supplement 187 (1968), bes. S. 81 ff.

385 Vergl. *Lindstam, Ragnar* (S 1965), Normierung einer Entwicklungsskala für Kinder im Alter von 0—2 Jahren, Göteborg: Pedagogiska institutionen, Göteborgs universitet.

Erasmie fand in einer Untersuchung von Kindern zwischen 4 und 6½ Jahren, daß sich der Zusammenhang zwischen Sprachentwicklung und Intelligenz mit zunehmendem Alter verstärkte[386]. Weiterhin ergab sich ein klarer Zusammenhang zwischen der Ausbildung der Mutter und dem Wortvorrat der Kinder. *Leissner-Andersson* analysierte die Sprachgewohnheiten der Mütter aus verschiedenen Schichten. Dabei bediente sie sich eines Fragebogens, der sich auf die sprachliche Interaktion zwischen Mutter und Kind in verschiedenen häuslichen Situationen bezog. Sie kam zu dem Ergebnis, daß sich die Sprachgewohnheiten der Mütter aus der Ober- und Mittelschicht von denen der Mütter aus der Unterschicht stark unterschieden[387]. Weiterhin ergab sich sowohl in einem nicht-sprachlichen als auch in einem verbalen Intelligenztest eine Benachteiligung der Kinder aus der Unterschicht gegenüber den anderen Kindern[388]. In dieser Untersuchung korrelierte die Sozialgruppenzugehörigkeit am höchsten mit der Anzahl der Bücher, die das Kind besaß oder geliehen hatte, mit den Wünschen der Mutter zur *künftigen Schulausbildung* des Kindes sowie mit den Sprachgewohnheiten der Mutter. Die verbalen wie nicht-verbalen Intelligenztestergebnisse wiesen jedoch einen engeren Zusammenhang mit diesen Variablen des häuslichen Milieus als mit der Sozialgruppenzugehörigkeit der Eltern auf. Insofern kann man sagen, daß die Schichtzugehörigkeit für sich betrachtet »ein unzureichendes Maß für das Sozialisationsmilieu des Kindes (ist)«[389].

Nichtsdestoweniger differenziert das Sozialgruppenmodell für die Zwecke unserer Untersuchung in zureichendem Maße. Empirische Befunde deuten zwar darauf hin, daß der »Zusammenhang zwischen Sprachentwicklung/Intelligenz und Heimmilieu eher auf die Ausbildung der Eltern als auf ihre soziale Klassifikation zurückzuführen (ist)«[390], die Ausbildung der

---

386 S. *Erasmie, Tord* (S 1964), Studien zur Sprachentwicklung von Kindern im Alter zwischen 4 und 6½ Jahren, Göteborg: Pedagogiska institutionen, Göteborgs universitet, hekt., S. 86 ff.

387 Die Ergebnisse wiesen auf dem 1 ‰-Niveau statistische Signifikanz auf; s. *Leissner-Andersson, Inga* (S 1968), Über die Bedeutung des Elternhauses für die intellektuelle und soziale Entwicklung von Kindern im Vorschulalter, Göteborg: Pedagogiska institutionen, Göteborgs universitet, hekt., S. 83.

388 Vergl. ebda. S. 68.

389 *Leissner-Andersson* (S 1968), S. 99. Für die USA kam *Dave* zu dem gleichen Schluß, s. *Dave, R. H.* (1963), The Identification and Measurement of Environmental Process Variables that are Related to Educational Achievement, unpublished Doctoral Diss. Chicago: University of Chicago, zitiert nach *Habermas, Jürgen* (1968), Thesen zur Theorie der Sozialisation, Stichworte und Literatur zur Vorlesung im SS 1968, o. O., S. 26 f.

390 TCO (S 1970), Familie und Gesellschaft. Bericht der familienpolitischen Studiengruppe der Angestelltengewerkschaft, Stockholm: Prisma; vergl. auch

Eltern wurde jedoch im Sozialgruppenmodell des Individualstatistik-Projektes explizit berücksichtigt, so daß diesem Einwand begegnet werden kann.

Zusammenfassend läßt sich sagen:

> Empirisches Resultat 18: Schichtenspezifische Begabungsunterschiede traten erst im Alter von 2 bis 3 Jahren auf und verschärften sich mit zunehmendem Alter.

> Empirisches Resultat 19: Am stärksten machte sich die Schichtzugehörigkeit der Kinder in den verbal konzipierten Teilen der Intelligenztests bemerkbar, am wenigsten in der räumlichen Komponente.

Sowohl bei der Querschnittuntersuchung 13jähriger Kinder als auch bei Längsschnittuntersuchungen von Kindern im Vorschulalter zeigte sich ein Zusammenhang zwischen sozialem Hintergrund und den kognitiven Fähigkeiten der Kinder. *Bengtsson* zog aus diesen Ergebnissen den vorsichtigen Schluß, »daß es nicht ausgeschlossen werden kann, daß Kinder mit gleichen biologischen Voraussetzungen sich in unterschiedlichen sozialen Verhältnissen so entwickeln, daß Intelligenzunterschiede der hier gemessenen Art auftreten«[391].
Wenn behauptet wird, daß durch eine im hohen Grade durch Leistungen bestimmte Statuszuweisung »zugeschriebener« immer mehr durch »erworbenen« Status ersetzt werde, so ist zu betonen, daß Leistungen — insbesondere soweit sie sich auf die Schule beziehen — bereits zu einem wesentlichen Teil askriptive Momente enthalten. So zeigte sich in diesem Abschnitt, daß den Schülern in ihren frühen Kindheitsjahren ein günstiges bzw. weniger günstiges Sozialisationsmilieu zur Entwicklung ihrer Fähigkeiten durchaus »zugeschrieben« wurde. Zur Realisierung materieller Chancengleichheit wären diese askriptiven Elemente zu beseitigen, was einerseits durch eine Angleichung der Sozialisationsmilieus, andererseits aber auch durch solche Unterrichtsformen und Lerninhalte bewirkt werden könnte, die die Kinder aus einem bestimmten sozialen Milieu nicht von vornherein begünstigen bzw. benachteiligen. Im folgenden sollen einige Ausführungen zum kreativen Aspekt der Begabung gemacht werden, der einen nur geringen Zusammenhang mit der Schichtzugehörigkeit der Kinder aufwies.

Erasmie (S 1964), S. 89, in dessen Untersuchung die Intelligenz der Kinder den stärksten Zusammenhang mit der Ausbildung der Mutter aufwies.

391 *Bengtsson, Jarl* (S 1971), Ausbildungs- und Berufswahl in der grundskola und den gymnasialen Schulformen; in: SOU 1971:61, S. 44.

Soziales Milieu und kreative Begabung

Den bisher referierten Untersuchungen lag ein ganz bestimmter Typ von Intelligenztests zugrunde. Bei den Fragen im Rahmen traditioneller Intelligenzprüfungen geht es nämlich darum, eindeutige Antworten auf die gestellten Probleme zu finden, weil das Operationsmodell der Lösung (der Referenzrahmen) in der Frage implizit enthalten ist: Nachdem der Sinn der Frage erfaßt ist, wird die ganze Aufmerksamkeit auf das Operationsmodell der Lösung gelegt, was zugleich eine Abschirmung vom übrigen Informationsbestandes des Individuums impliziert.

Als Beispiel sei eine Aufgabe des induktiven Teiltests des Individualstatistik-Projektes angeführt:

5, 7, 11, 17, 25, 35, —, —,.

Dies ist nun auch die Art, in der Schüler üblicherweise mit Fragen konfrontiert werden. Im Unterricht wird zumeist ein Themengebiet ausführlich behandelt. Die anschließend gestellten Fragen beziehen sich auf den referierten Stoff und setzen deshalb eindeutige Antworten voraus, weil der Referenzrahmen der Lösung durch das behandelte Thema vorgeprägt ist.

Fragen zur Identifizierung der Kreativität setzen natürlich auch gewisse Operationsmodelle voraus, nur sind diese Modi nicht eindeutig vorgegeben, so daß es immer eine Vielzahl richtiger Antworten gibt.

Beispiel: Warum verbrennt man das Gras im Frühling?

Es geht nun nicht mehr nur darum, den Sinn der Frage zu erfassen; man muß sich zudem unterschiedliche Situationen vorstellen können, in denen logisch richtige Antworten möglich sind. Hierbei handelt es sich demnach nicht um eine Abschirmung vom übrigen Informationsbestand des Individuums, sondern um seine sinnvolle Anwendung zur Schaffung unterschiedlicher Referenzrahmen, innerhalb welcher Antworten möglich sind.

Die beiden dargestellten Typen von Fragen finden ihre Entsprechung im *Guilford*schen Intelligenzmodell in der konvergenten bzw. divergenten Produktion. Dabei handelt es sich darum, auf welche Art Informationen aus dem Gedächtnis abberufen werden müssen, um Aufgaben ein- oder mehrdeutigen Charakters bewältigen zu können[392].

Ausgehend von diesen beiden Problemtypen wurde einem repräsentativen Querschnitt Göteborger Schüler, die die Klassen 4 bis 9 besuchten, ein Intelligenztest traditionellen Typs sowie ein Kreativitätstest vorgelegt[393].

---

392 Vergl. *Guilford, Joy P.* (1967), Kapitel 6, 7 und 9.

393 Vergl. *Larsson, Leif; Sandgren, Björn* (S 1968), Eine Studie zur Kreativitätsentwicklung in den Klassen 4—9 sowie eine Untersuchung über den Zusammenhang von Kreativität und Intelligenz, Göteborg: Pedagogiska institutionen, Göteborgs universitet, hekt.; zur Gestaltung des Kreativitätstests vergl. Anhang 1 dieser Arbeit.

Als hoch- bzw. schwachintelligent oder -kreativ wurden dabei jene Schüler angesehen, deren Resultate eine Streuungseinheit über bzw. unter dem Mittelwert des Intelligenz- bzw. Kreativitätstests lagen.

Tabelle 19[394] Anteile hochintelligenter bzw. hochkreativer Schüler aufgeteilt nach sozialem Hintergrund der Eltern; zum Vergleich die Anteile der Schichten in der Gesamtstichprobe

	Schichtzugehörigkeit			
	SG 1	SG 2	SG 3	Gesamt
hochintelligent	21,0	39,5	39,5	100
hochkreativ	11,8	37,0	51,2	100
Schichtenanteile der Stichprobe	9,0	32,0	59,0	100

Gemessen an der Verteilung in der Gesamtstichprobe waren die Schüler aus der Oberschicht innerhalb der hochintelligenten Schüler stark überrepräsentiert, während die Unterschichtkinder beträchtlich unterrepräsentiert waren. Dieses Bild änderte sich jedoch, als die Begabung durch den Kreativitätstest gemessen wurde. Verglichen mit den Resultaten des traditionellen Intelligenztests verringerten sich die sozialen Unterschiede beim Kreativitätstest erheblich.

Eine Erklärung hierfür könnte sein, daß die in der Schule zur Anwendung kommenden Lösungsstrategien am ehesten im traditionellen Intelligenztest widergespiegelt werden. Man wird annehmen können, daß die bildungsbewußten Eltern der höheren Schichten jenes Verhalten der Kinder verstärken, das eine gute Anpassung an die Schulverhältnisse erwarten läßt[395], während die Unterschichteltern dies nicht in vergleichbarem Maße vermögen. Man wird weiterhin annehmen können, daß das in der Schule bisher kaum geforderte kreative Verhalten nicht im gleichen Maße von den Oberschichteltern verstärkt wird, so daß hier nicht bereits von vornherein große Nachteile der Kinder aus der Arbeiterklasse entstehen.

Empirisches Resultat 20: Als die Begabung von Schülern der 4. bis 9. Klasse durch einen Kreativitätstest gemessen wurde, verschwanden die in traditionellen Intelligenztests immer wieder festzustellenden sozialen Unterschiede nahezu völlig.

394 *Larsson/Sandgren* (S 1968), S. 178 ff.

395 In einer deutschen Untersuchung stellte *Kob* fest, daß die bildungsbewußten Eltern die Ziele der Schule kritiklos akzeptierten und den Erfolg der Kinder selbst zum Gegenstand der erzieherischen Bemühungen machten (*Kob, Janpeter* (1963), Erziehung in Elternhaus und Schule, Stuttgart: Enke, S. 48).

Verwendete man Begabungstests als Auswahlkriterium, so wäre unter dem Aspekt der Chancengleichheit die Einbeziehung der kreativen Fähigkeitsdimension in die Tests angebracht. *Oevermann* meint, daß »diejenigen Faktoren auszuwählen (sind), die am besten über alle Schichten streuen, vorausgesetzt, sie betreffen Fähigkeiten, die für die Bewältigung gesellschaftlicher Aufgaben relevant sind«[396]. Was den letzten Aspekt betrifft, wird man Kreativität als eine funktionale Bedingung der Realisierung sozialen Wandels ansehen können.

Was jedoch die relative Schichtenunabhängigkeit der Kreativität angeht, sind differenziertere Überlegungen notwendig. Man könnte nämlich annehmen, daß kreatives Verhalten in dem Augenblick von den bildungsbewußten Eltern verstärkt würde, da die kreative Dimension in Tests institutionalisiert würde.

Generell wird man auch davon ausgehen können, daß die aufgrund unterschiedlicher Sozialisationsmilieus zustande gekommenen Leistungsunterschiede kaum durch eine Veränderung der Auswahlkriterien beseitigt werden können, sondern eher durch Formen kompensatorischer Erziehung, die die im familiären Sozialisationsprozeß gelegten Leistungsunterschiede zu vermindern suchen.

Andererseits wird bei dieser gängigen Begründung der kompensatorischen Erziehung übersehen, daß sie unterderhand die Kultur der Ober- und Mittelschicht als Maß verwendet, das die Anpassung der Unterschichtkinder bestimmen soll. Wenn diese nicht aus eigener Kraft gelingt, so hat eben kompensatorischer Unterricht die Lücke zu füllen. Dies beinhaltet aber, daß »alles, was das (Unterschicht-, d. V.) Kind außerhalb der Schule beeinflußt, (aufhört), wertvoll zu sein; weder wird diesem Bedeutung zuerkannt, noch bietet es Chancen für das Vorwärtskommen in der Schule«[397]. Die kreative Begabungskomponente basiert nun jedoch gerade darauf, daß zur Lösung von Aufgaben, die nicht bereits eindeutige Antworten voraussetzen, unterschiedliche Erfahrungsbereiche herangezogen werden können. Damit würde Kindern der Unterschicht ermöglicht, ihre spezifischen Erfahrungen zur Bildung von Referenzrahmen zu verwenden, in denen die gestellten Probleme Sinn erhalten. Das, was das Kind außerhalb der Schule beeinflußt, würde also zumindest bei der Lösung Kreativität erfordernder Probleme wertvoll sein und Bedeutung erhalten. Hier wäre Kompensation also völlig unangebracht!

---

396 *Oevermann, Ulrich* (1966), S. 178.

397 *Bernstein, Basil* (1971), Der Unfug mit der »kompensatorischen« Erziehung; in: Familienerziehung, Sozialschicht und Schulerfolg, Weinheim/Berlin/Basel; Beltz, S. 24.

Schichtzugehörigkeit und relative Schulleistungen: Das sozial bedingte Leistungshandikap

Der Begriff der relativen Schulleistungen bezieht sich darauf, daß Kinder gleicher gemessener Intelligenz unterschiedliche Schulleistungen erzielen. Im vorliegenden Zusammenhang, bei dem es um die Beantwortung der Frage geht, ob es eine über die Leistungsvariablen vermittelte Beziehung zwischen Schichtzugehörigkeit und der Wahl von Ausbildungswegen gibt, ist zu untersuchen, ob Kinder aus unterschiedlichen Sozialgruppen, die die gleiche Begabung aufweisen, unterschiedliche Schulleistungen erzielen.
Damit der Begriff der relativen Schulleistungen aber überhaupt einen interpretierbaren Sinn bekommt, muß gesichert sein, daß die miteinander verglichenen Leistungsvariablen — z. B. Intelligenz und Schulnoten — nicht die gleiche Eigenschaft bei den Schülern messen; denn wenn dies der Fall wäre, so müßte das Vorliegen relativer Schulleistungen notwendig auf Meßfehlern beruhen, weil ohne sie eine vollständige Korrelation der Leistungsvariablen vorliegen würde. Sinnvoll kann dieses Konzept erst dann angewendet werden, wenn unterschiedliche, jedoch in einem interpretierbaren Zusammenhang miteinander stehende Eigenschaften gemessen werden.

Die im folgenden verwendeten Leistungsvariablen lassen sich wie folgt interpretieren:

a) Die Intelligenztests erfaßten relativ generelle Fähigkeiten der verbalen, induktiven und spatialen Dimensionen und damit in gewisser Weise die Lernfähigkeit der Kinder.
b) In den standardisierten Kenntnistests, wie sie 1961 und 1966 zur Anwendung kamen, wurde die verbale und induktive Komponente der Begabung im Hinblick auf die speziellen Anforderungen des Lehrplanes gemessen.
c) Durch die Schulnoten schließlich wurde die Aktualisierung der unter b) gemessenen Fähigkeiten im Kontext der Klasse erfaßt, womit zum kognitiven Aspekt der Kenntnisprüfungen der soziale der Klasse gefügt wurde.

Da hier also unterschiedliche Leistungsaspekte der Schüler zueinander in Verbindung gesetzt wurden, bekommt der Begriff der relativen Schulleistungen einen Sinn: Gelingt es den Kindern aus den unterschiedlichen sozialen Milieus im gleichen Maße, ihre generellen Lernfähigkeiten (gemessen durch die Intelligenztests) auf die spezifischen schulischen Anforderungen anzuwenden (gemessen durch die standardisierten Kenntnisprüfungen) und sie darüber hinaus im Kontext der Klasse angemessen zur Darstellung zu bringen (gemessen durch die Noten in Mathematik und Schwedisch)?

Relative Schulleistungen müssen also notwendig auftreten, weil die zueinander in Verbindung zu setzenden Variablen nicht die gleichen Eigenschaften messen, somit auch nicht vollständig miteinander korrelieren können. M. A. W.: Es wird immer auch andere Faktoren als die Intelligenz geben, die für Leistungsunterschiede verantwortlich zu machen sind[398]. Problematisch wird es allerdings, wenn der soziale Hintergrund der Kinder für einen Teil der Varianz in den Schulleistungen verantwortlich gemacht werden kann.

Zur Analyse der relativen Schulleistungen werden wir im folgenden zwei Studien des gleichen Autors heranziehen, die sich teilweise in der Wahl der verwendeten Kategorien wie auch des statistischen Instrumentariums voneinander unterscheiden. In diesem Abschnitt werden wir uns mit der sehr globalen Darstellung aus dem Jahre 1964 begnügen[399], weil sich in der späteren Untersuchung herausstellte, daß sich die relativen Schulleistungen im traditionellen Schulsystem und der enhetsskola kaum voneinander unterschieden. Dies ist damit zu erklären, daß die in der enhetsskola angestrebten Neuerungen 1961 noch kein Bestandteil der Schulpraxis geworden waren — »all pupils had a more or less identical school environment up to and including grade 6«[400].

Eine ausführliche Untersuchung der Gründe für das Vorliegen sozial bedingter relativer Schulleistungen wird erst bei der Bearbeitung des 1966er Materials gegeben werden[401].

In den Untersuchungen, die vor 1964 durchgeführt wurden, kam man zu teilweise widersprüchlichen Resultaten. *Svensson* führte dies u. a. darauf zurück, daß in vielen Erhebungen mit einer nur unzureichenden empirischen Basis gearbeitet wurde. Die im folgenden zu referierende Untersuchung bezieht sich dagegen auf eine für ganz Schweden repräsentative Stichprobe[402].

---

398 Innerhalb des Individualstatistik-Projektes erklärten Intelligenzunterschiede knapp 50 % der Varianz der Schulleistungen, vergl. z. B. *Svensson, Allan* (1971), S. 54 f., table 4.9. bis 4.12. Ähnliche Resultate ließen sich auch in anderen Ländern nachweisen, s. *Lavin, David E.* (1965), The Prediction of Academic Performance, N. Y.: Russel Sage Foundation, chapt. 4. *Lavin* fand bei seiner Literaturdurchsicht, daß die Intelligenz rd. 35—45 % der Varianz der Schulleistungen zu erklären vermag.

399 Hierbei handelt es sich um *Svensson, Allan* (S 1964), Der Zusammenhang sozialer und regionaler Faktoren mit über- und unterdurchschnittlichen Schulleistungen (Individualstatistikprojekt nr. 5), Göteborg: Pedagogiska institutionen, Göteborgs univ., hekt.

400 *Svensson, Allan* (1971), S. 37.

401 S. hierzu ausführlich II.3.5. dieser Arbeit.

402 Eine kurze Zusammenfassung dieser Studie findet sich in: *Härnqvist, Kjell & Svensson, Allan* (1967), Milieu social, rendement des élèves et orientation scolaire; in: Bulletin de Psychologie 20 (1967), 257, S. 782—789.

Mit Hilfe der Daten aus dem 1961er Individualstatistik-Projektes wurde eine Regressionsgerade zwischen der Begabung als unabhängiger Variablen und den Ergebnissen der standardisierten Kenntnisprüfung konstruiert. Um den Einfluß der Begabung auf die Prüfungsergebnisse auszuschalten, wandte *Svensson* das Verfahren der Kovarianzanalyse an[403]. Die auf diese Weise korrigierten Mittelwerte der Prüfungsergebnisse in den einzelnen Sozialgruppen wurden dann daraufhin untersucht, ob sie sich systematisch voneinander unterschieden oder als zufallsbedingt anzusehen waren. Nicht auf den Zufall zurückführbare Unterschiede in den durchschnittlichen Prüfungsergebnissen der Sozialgruppen konnten dann nicht mehr durch die unterschiedliche Begabung der Kinder erklärt werden, sondern mußten jenen Faktoren zugeschrieben werden, die hinter dem Schichtbegriff stehen.

Tabelle 20[404] Schichtzugehörigkeit und durchschnittliche Ergebnisse im Kenntnistest, wenn die Begabung kontrolliert wird. Die Sozialgruppen sind gemäß den erreichten Mittelwerten in fallender Reihenfolge angeordnet; nicht gemeinsam unterstrichene Sozialgruppen unterscheiden sich signifikant in ihren Prüfungsergebnissen

Jungen						Mädchen					
A	B	C	(F)	E	D	A	B	C	D	(F)	E

Empirisches Resultat 21: Schüler aus den höheren Sozialgruppen erhielten bessere Resultate in der standardisierten Kenntnisprüfung, als man dies nach ihrer (verbalen, induktiven u. spatialen) Intelligenz erwartet hätte. Dabei zeigte sich auch hier der stärkste Zusammenhang zwischen Schichtzugehörigkeit und Leistungen in den verbal orientierten Teilen der Prüfung[405].

Mit Hilfe des gleichen statistischen Instrumentariums untersuchte *Svensson* weiterhin den Zusammenhang zwischen Schichtzugehörigkeit und Schulnoten der Kinder, wobei nun die Resultate aus der standardisierten Kenntnisprüfung kontrolliert wurden. Hierbei ist zu beachten, daß diese Resultate die Kinder aus den oberen Schichten — gemessen an ihrer Begabung — bereits begünstigten.

403 Eine ausführliche Beschreibung des Verfahrens der Kovarianzanalyse findet sich in *Lindqvist, E. F.* (1956), Design und Analysis of Experiments in Psychology and Education, Boston: Houghton, Miffling, S. 317 ff.

404 Vergl. *Svensson, Allan* (S 1964), S. 46, Tab. 39; die zugehörigen Korrelations- und Regressionskoeffizienten finden sich in Tab. 36 u. 37.

405 Ebda. S. 36, Tab. 26.

Tabelle 21[406] Vergleich der durchschnittlichen Schulnoten der einzelnen Sozialgruppen, bei Kontrolle der Ergebnisse aus der standardisierten Kenntnisprüfung

Jungen						Mädchen					
A	D	B	C	E	(F)	D	B	A	C	E	(F)

Erstaunlich sind hier die überaus guten relativen Schulleistungen der Landjugend, die im Intelligenztest knapp durchschnittliche Werte erreichte. Bei der Analyse der regionalen Unterschiede stellte sich jedoch heraus, daß die Kinder vom Lande bei der Benotung weniger strengen Maßstäben unterworfen wurden als die übrigen Schüler, so daß sich die verblüffend guten Resultate in Tabelle 21 durch regionale Unterschiede erklären lassen. Dies beruhte vor allem darauf, daß die Landschullehrer das Prinzip der relativen Noten[407] 1961 nur unzulänglich anwandten. Wenn man diese regionalen Unterschiede berücksichtigt, so kann man auch nun feststellen, daß die Kinder aus den höheren Sozialgruppen bessere Noten erhielten, als man dies nach ihren Ergebnissen aus der standardisierten Kenntnisprüfung erwartet hätte.

Zusammenfassend läßt sich sagen:

> Empirisches Resultat 22: Die Kinder aus den oberen Schichten wiesen bessere relative Schulleistungen als die Unterschichtschüler auf. Dabei war es weitgehend egal, ob die relativen Schulleistungen durch die Resultate standardisierter Kenntnisprüfungen bei kontrollierter Intelligenz oder durch die Schulnoten bei Kontrolle der Resultate aus den Kenntnisprüfungen gemessen wurden. Aufgrund dieser Ergebnisse kann man auch sagen, daß die Noten stärker sozial »geladen« waren als die Resultate aus den Kenntnisprüfungen und diese wiederum stärker als die sozial bereits stark beeinflußten Intelligenztestergebnisse.

Obwohl an dieser Stelle noch keine ausführliche Interpretation der Ergebnisse beabsichtigt wird[408], soll doch kurz auf einen für die Durchsetzung von Chancengleichheit wesentlichen Punkt hingewiesen werden. Schulreformen, die Chancengleichheit herbeiführen wollen, und das heißt in diesem Zusammenhang: die einen Abbau des sozial bedingten Schulleistungshandikaps[409] bewirken wollen, sind zu einem wesentlichen Teil auf Ein-

406 Ebda. S. 50, Tab. 43.
407 Vergl. hierzu Abschnitt II.2.1.
408 Siehe Abschnitt II.3.5.
409 Ausführlich zur Forderung nach leistungsmäßiger Chancengleichheit s. I.4.2.

stellungsänderungen der Lehrer gegenüber den Kindern aus den benachteiligten Schichten angewiesen. So bedarf es zur Realisierung eines individualisierten Unterrichts, d. h. der Ausformung des Unterrichts nach den Fähigkeiten jedes einzelnen Schülers, nicht nur neuartiger Arbeitsmaterialien — die freilich während der Schulversuche kaum vorhanden waren —, sondern auch eines Einstellungswandels der Lehrer[410]. Was diese Änderung der Arbeitsform von der Klassenunterweisung zu einem mehr individualisierten Unterricht betrifft, so äußerte sich die Zentrale Schulbehörde 1959 eher pessimistisch, weil alteingefahrene Arbeitsweisen kaum kurzfristig zu ändern seien. »Dazu bedarf es vielleicht einer neuen Lehrergeneration und vielleicht noch mehr einer neuen Elterngeneration«[411].

In diesem Zusammenhang sei noch kurz auf eine in Schweden stark diskutierte Studie aus den USA eingegangen, die den Einfluß von Lehrererwartungen auf die Intelligenzentwicklung der Schüler recht drastisch beleuchtet. In dieser Untersuchung handelte es sich nicht darum, festzustellen, wie neue Arbeitsformen oder Unterrichtsinhalte auf die Entwicklung der Schüler einwirken, sondern lediglich, ob Lehrererwartungen einen Einfluß auf die Entwicklung der Schüler ausüben können[412].

In der Oak-school, einer öffentlichen Grundschule in einer mittelgroßen amerikanischen Stadt, wurden die Kinder der Klassen 1 bis 6 einem konventionellen Intelligenztest unterworfen. Den Lehrern wurde jedoch gesagt, daß mit Hilfe dieses Tests jene Schüler identifiziert werden könnten, die eine außergewöhnlich schnelle intellektuelle Entwicklung erwarten lassen. Diese sich »schnell entwickelnden« Schüler wurden nach dem Zufallsprinzip aus der Gesamtschülerschaft ausgewählt und den Lehrern als »Schnellentwickler« bekanntgegeben.

Auf diese Art und Weise wurden bei den Lehrern positive Erwartungen erzeugt, um zu sehen, ob Erwartungen für sich bereits genügen, um die Intelligenzentwicklung der Schüler zu beeinflussen. Die Ergebnisse waren frappierend: obwohl die »Schnellentwickler« anfangs nur im Bewußtsein der Lehrer existierten, wiesen sie nach einem Jahr besonders in den unteren Klassen einen bedeutenden Entwicklungsvorsprung vor ihren Mitschülern in der Kontrollgruppe auf. Dabei erreichten die durchschnittlich begabten

---

410 S. hierzu die Ausführungen in I.2.4., wo auf die notwendige Änderung der Lehrerrolle bei der Durchführung eines individualisierten Unterrichts eingegangen wird.

411 *Skolöverstyrelsen* (S 1959), S. 172.

412 Vergl. *Rosenthal, Robert;* Jacobson, Lenore (1968); Pygmalion in the Classroom. Teachers Expectations and Pupils' Intellectual Development, N. Y.: Holt, Rinehart and Winston Inc.; mittlerweile ist auch eine deutsche Übersetzung erschienen.

Kinder, die aus der Unterschicht stammten, den größten Entwicklungsvorteil.
An Hand der Ergebnisse dieser Studie kann gefolgert werden, daß der Erfolg der angestrebten neuen inneren Arbeit der Gesamtschule nicht nur von einer erfolgreichen Revision des Curriculums abhängt, sondern ebenso auf einen Einstellungswandel der Lehrer gegenüber leistungsbenachteiligten Schülern aus den unteren Schichten angewiesen ist.

2.6. Der Einfluß von Schichtzugehörigkeit und Leistungsniveau auf die Wahl einer weiterführenden Ausbildung

Im vorhergehenden Abschnitt wurde der Einfluß der sozialen Faktoren auf die Schulleistung nachgewiesen, um das sozial bedingte Leistungshandikap der Unterschichtkinder zu beleuchten. Im folgenden soll von der Frage ausgegangen werden, welchen Einfluß das Zusammenwirken von Schichtzugehörigkeit *und* — sozial beeinflußtem — Leistungsniveau auf die Ausbildungswahl der Schüler hatte, um so die selektiven Effekte unterschiedlicher Differenzierungsformen deutlich zu machen.
Da wir den Einfluß verschiedener Differenzierungsstrukturen herausarbeiten wollen, werden wir im folgenden nur die Jungen in die Analyse einbeziehen. Die Mädchen befanden sich nämlich im traditionellen System in der besonderen Situation, auch mit unterdurchschnittlichen Schulleistungen auf sog. Mädchenschulen (flickskolor) übergehen zu können, die einen späteren Übertritt auf das Gymnasium erlaubten.
Wie wirkte sich nun der Übergang von der Auslese- zur Zuwahlschule auf die Ausbildungsentscheidungen der Schüler aus?[413]
Während die Anteile von Schülern, die auch bei einem geringen Leistungsniveau den Übergang auf die Realschule schafften, sehr gering war, entschied sich ein großer Teil der enhetsskola-Schüler bereits auf den unteren Notenniveaus für eine theoretische Ausbildung. Die niedrigen Anteile der Realschule sind dadurch erklärbar, daß die Aufnahmegrenze üblicherweise bei 13 bis 14 Punkten lag, die nur in Ausnahmefällen unterschritten werden konnte.
Damit hatte sich bereits 1961 eine der angestrebten Zielsetzungen verwirklicht, nämlich mittels einer durchlässigen Differenzierungsstruktur einem größeren Anteil von Jugendlichen den Zugang zu den weiterführenden Linien des Schulsystems zu ermöglichen.
Eine weitere Zielsetzung war es, durch diese quantitative Steigerung vor allem den bisher benachteiligten Unterschichtkindern zusätzliche Ausbil-

413 S. Tab. 22.

Tabelle 22[414] Prozentanteile von männlichen Schülern mit einer studienbezogenen Ausbildungswahl auf den unteren Notenniveaus

Notensumme[415]	Trad. Schule	enhetsskola
9	0,0	8,6
10	0,5	21,9
11	3,7	40,1
12	14,3	59,3

Empirisches Resultat 23: Die in der Zuwahlsschule gegebene Möglichkeit, unabhängig von den durch die Noten gemessenen Leistungen auf die studienbezogenen Linien überzuwechseln, wurde auf den unteren Notenniveaus in der enhetsskola in beträchtlichem Umfang ausgenutzt. Hierdurch verringerte sich der Zusammenhang zwischen Noten und Ausbildungswahl in der enhetsskola verglichen mit dem traditionellen Schulsystem[416].

dungsmöglichkeiten zu schaffen. Auf den obersten Leistungsniveaus entschieden sich bereits Mitte der 50er Jahre fast alle Schüler für einen studienbezogenen Ausbildungsweg[417]. Eine Verminderung der sozialen Auslese in der enhetsskola hätte nun nur dadurch zustande kommen können, daß sich überproportional viele Kinder aus Arbeiter- und Bauernfamilien auf den unteren Notenniveaus für eine theoretische Ausbildung entschieden.

Tabelle 23[418] Prozentanteile von Jungen in den jeweiligen Sozialgruppen, die in der enhetsskola auf den unteren Notenniveaus eine theoretische Ausbildung wählten

Notensumme	Sozialgruppen			
	A+B	C	D+F	E
9—10	48	21	10	10
11—12	76	63	33	36

414 *Reuterberg* (S 1968), Bilaga 4. Es handelt sich hier um von Zufallsschwankungen bereinigte Anteile.

415 Die Noten wurden 1961 nach einem Buchstabensystem gegeben, das in Punkte umgerechnet wurde. Höheren Punktsummen entsprachen bessere Noten.

416 *Reuterberg* (S 1968), S. 41, Tab. 22.

417 Vergl. z.B. *Boalt, Gunnar & Husén, Torsten* (1968), S. 107, Tab. 19, wo eine empirische Erhebung aus dem Jahre 1955 referiert wird.

418 *Reuterberg* (S 1968), Bilaga 5. Die Sozialgruppen A und B sowie D und F wurden zusammengefaßt, um ausreichende Schülerzahlen für statistische Berechnungen zu erhalten.

Auf den unteren Leistungsniveaus hatte sich durch die Abschaffung der Notenauslese kaum eine grundlegende Veränderung ergeben: Vielmehr zeigte sich hier das typische Bild einer Überrepräsentation der oberen Sozialgruppen und eine Benachteiligung der Kinder aus Bauern- und Arbeiterfamilien, während die Sozialgruppe C (mittlere Angestellte mit Volksschulbildung) nach wie vor eine Mittelstellung einnahm.
Man könnte hier folgenden Erklärungszusammenhang vermuten: In den oberen Sozialgruppen war man sich zu einem hohen Grade bewußt, daß die Schulausbildung der Kinder die spätere Berufskarriere in entscheidendem Maße beeinflußt. Man versuchte deshalb, den Kindern — wenn es nur irgend möglich war — eine qualifizierte Ausbildung zukommen zu lassen, auch wenn die durch die Noten gemessenen Leistungen der Kinder als eher unzureichend zu bezeichnen waren. Dies war in der enhetsskola, jedoch nicht im traditionellen Schulwesen möglich. Für diese Annahme spricht, daß die Eltern aus den Sozialgruppen A und B, die eine — gemessen an den Ausbildungsverhältnissen in der schwedischen Gesamtbevölkerung — überdurchschnittlich qualifizierte Ausbildung besaßen, eine wesentlich positivere Einstellung zur theoretischen Ausbildung als die anderen Sozialgruppen aufwiesen (vergl. E. R. 15).
Man wird nun aber kaum annehmen können, daß die Angehörigen der Sozialgruppen D und E sich des Zusammenhangs zwischen Ausbildung und zukünftigem sozialen Status nicht bewußt gewesen seien. Wie ist es dann aber zu erklären, daß sich auf den unteren und mittleren Notenniveaus ungleich weniger Kinder aus diesen Sozialgruppen als aus der Mittel- und Oberschicht für eine theoretische Ausbildung entschieden? Wenn man sich die formale Ausbildung der Eltern aus der Unterschicht vor Augen hält, so läßt sich sagen, daß eine studienbezogene Ausbildung noch kaum zur Selbstverständlichkeit geworden sein konnte.
Bei der Analyse der schwedischen Ausbildungsverhältnisse[419] zeigte sich, daß die Eltern aus der Unterschicht zu rund 60 % in einem Arbeiterhaushalt aufgewachsen waren (s. Tab. 7) und später einen mehr oder minder manuell betonten Beruf ergriffen. Sie haben demnach kaum je die Chance gehabt, mit den Institutionen der weiterführenden Bildung in engeren Kontakt zu kommen und haben auch durch ihren Beruf kaum ein bildungsfreundliches Milieu erleben können.
Das gleiche kann für die Sozialgruppe D (Bauern) angenommen werden, deren Ausbildungsverhältnisse annähernd denen der Unterschicht entsprachen (vergl. Tab. 4) und die sich mobilitätsmäßig eher auf die Arbeiterklasse als auf die Angestellten der Mittelschicht zubewegten (s. E. R. 3). Die

---

419 S. Abschnitt II.1.2.

Einstellung gegenüber einer qualifizierten Ausbildung war zudem in der Unterschicht weniger positiv als in den höheren Sozialgruppen (vergl. E. R. 15 u. 16).

An diese Überlegungen läßt sich nun die — ex post facto — Hypothese knüpfen, daß die Schulnoten der Kinder bei der Entscheidung über den zukünftigen Ausbildungsweg in den unteren Schichten eine ungleich stärkere *Orientierungsfunktion* besaßen als in der Ober- und Mittelschicht (Bauern hier ausgenommen), wo eine theoretische Ausbildung bereits relativ selbstverständlich war. Gestützt wird diese Hypothese ferner durch die Tatsache, daß der Nachteil der Unterschichtkinder in der Wahl einer theoretischen Ausbildung auf den unteren und mittleren Leistungsniveaus am größten war, um auf den oberen fast vollständig zu verschwinden. Bei der Analyse der enhetsskola-Oberstufe stellte sich zudem heraus, daß bereits kleine negative Veränderungen in den Schulleistungen der Arbeiterkinder genügten, um einen Wechsel von den theoretischen zu jenen Wahlfachkombinationen zu veranlassen, die dem üblichen Aspirationsniveau der Unterschicht entsprachen[420].

> Hypothese: Die Eltern und Kinder aus der Unterschicht orientieren sich bei der Wahl zwischen berufs- und studienbezogenen Ausbildungswegen stärker an den Schulleistungen als die Eltern aus den oberen Schichten.

Damit zeigte sich bereits 1961, daß das Instrument der *Selbstauslese* der Schüler nicht geeignet war, zu einer sozialen Angleichung im Bildungsverhalten zu führen. Die Abschaffung der Noten als Auslesekriterium implizierte nicht auch gleichzeitig die Aufhebung der Orientierungsfunktion bezüglich der zukünftigen Studienfähigkeit der Kinder — und auf diese Art von Information waren Kinder und Eltern aus der Unterschicht zu einem sehr viel stärkeren Grade angewiesen als die Angehörigen der höheren Sozialgruppen. Diese stärkere Orientierung an den Noten in den unteren Sozialgruppen ließ das indirekte (Leistungs-)Handikap deutlicher zur Geltung kommen. Verglichen mit dem traditionellen Schulsystem, wo alle Schüler an ihren Leistungen gemessen wurden, spielten die Noten in der enhetsskola wahrscheinlich sogar eine größere Rolle im sozialen Selektionsprozeß, da sich die Angehörigen der oberen Sozialgruppen nun relativ unabhängig von ihren Leistungen für einen qualifizierten Ausbildungsweg entscheiden konnten.

Während der Zuwahlsprozeß das indirekte soziale Handikap in der enhetsskola stärker als im traditionellen Schulwesen zur Geltung kommen ließ,

420 Vergl. *Hörlyk, Sören & Kvist, Göran* (S 1970), Geplante und tatsächliche Wahl einer studienbezogenen Ausbildung (Individualstatistikprojekt nr. 31), Göteborg: Pedagogiska institutionen, Göteborgs universitet, hekt., S. 33.

ergaben sich im direkten, also leistungsunabhängigen sozialen Handikap leichte, wenn auch nicht statistisch signifikante Vorteile zugunsten der enhetsskola (vergl. E. R. 6), was u. a. durch die starke Zunahme der Nachfrage nach qualifizierter Ausbildung im reformierten Schulsystem erklärt werden kann[421].

Hiermit deuten sich zwei Tatbestände an, die die Hauptproblematik einer auf »vermehrte Gleichheit« angelegten Ausbildungspolitik auszumachen scheinen:

(1) Die freie Zuwahl nach Anlagen und Interessen der Schüler wird solange durch latente, nämlich soziale Zuweisungskriterien gestört werden, wie sie als Selbstausleseinstrument für statusmäßig ungleich bewertete Ausbildungswege fungiert; denn *die freie Zuwahl bedeutet die Freiheit, sich schichtenspezifisch entscheiden zu können.*

(2) Schulreformen, die auf eine Verminderung der sozialen Auslese abzielen, können sich nicht allein auf schulorganisatorische Maßnahmen beschränken, wie den Abbau von Bildungssackgassen und die Einführung einer freien Zuwahl. Zu einer Durchsetzung »vermehrter (Chancen-)Gleichheit« scheint eine generelle Umorientierung der pädagogische Arbeit vonnöten zu sein, die sich innerhalb des organisatorischen Rahmens der Schule abspielt, und zwar Umorientierung im Sinne einer umfassenden kompensatorischen Ausrichtung der pädagogischen Arbeit zugunsten benachteiligter Schüler[422].

In einer Schichtengesellschaft wie der schwedischen müssen schulorganisatorische Reformmaßnahmen, die auf Betreiben egalitär eingestellter Politiker zustande kamen, durch pädagogische Maßnahmen ergänzt werden, die zielbewußt die Beseitigung sozialer Benachteiligungen anstreben — und in der Konzipierung und Durchsetzung solch einer egalitären Pädagogik scheint eines der Hauptprobleme der schwedischen Schulreformen zu liegen.

Die Analyse der sozialen Auslese Anfang der 60er Jahre zeigte, daß sie sich in beiden untersuchten Schulsystemen auf doppelte Art bemerkbar machte: zum einen durch den starken Zusammenhang zwischen Noten und Ausbildungswahl, wobei die Noten ein indirektes soziales Handikap beinhalteten; zum anderen durch die direkte (leistungsunabhängige) soziale Beeinflussung der Ausbildungsentscheidungen. Zusammenfassend läßt sich deshalb folgende Hypothese formulieren:

---

421 Je mehr Schüler sich für einen bestimmten Ausbildungsweg entscheiden, desto geringer fällt der Spielraum für soziale Unterschiede aus.

422 Einige der hiermit zusammenhängenden Probleme wurden ausführlich im Teil I behandelt, s. zum individualisierten Unterricht: I.2.4. sowie zur leistungsmäßigen Chancengleichheit: I.4.2.

Hypothese: Unabhängig von den Schulformen vollzieht sich der soziale Ausleseprozeß auf zwei Arten: (1) Bei gleicher Begabung erhalten die Schüler höherer Sozialgruppen bessere Noten als Kinder aus den unteren Schichten (indirektes soziales Handikap). Die erreichten Schulnoten bestimmen wesentlich über den zukünftigen Ausbildungsweg der Kinder.
(2) Auf den jeweiligen Leistungsniveaus entscheiden sich mehr Kinder aus den oberen als aus den unteren Sozialgruppen für die Wahl einer theoretischen Ausbildung (direktes soziales Handikap).

Der Einfluß des sozialen Hintergrundes der Kinder auf die Ausbildungswahl läßt sich also wie folgt darstellen:

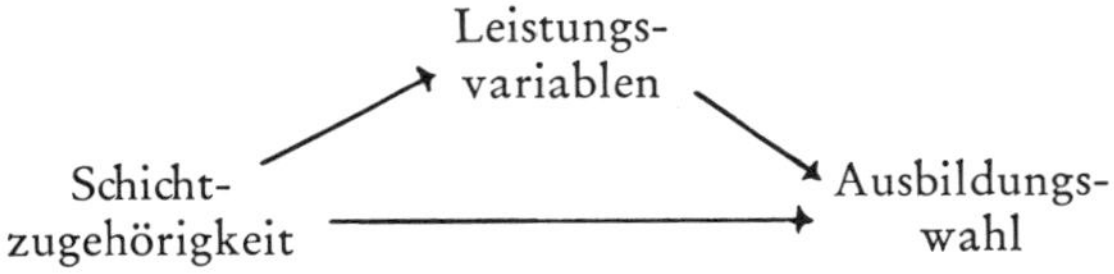

2.7. Zur Problematik von Schulsystemvergleichen

Die Gegenüberstellung von enhetsskola und traditionellem Schulwesen besaß den Vorteil, das Problem des interkulturellen Schulsystemvergleichs gar nicht erst aufzuwerfen. Dies berührt nun jedoch nicht Probleme anderer Art, die im folgenden kurz diskutiert werden sollen.
Grundsätzliche Bedenken ergeben sich, wenn Schulsysteme mit unterschiedlichen Zielsetzungen miteinander verglichen werden. Wenn z. B. untersucht wird, welches Schulsystem bessere Kenntnisse in einem Fach zu vermitteln vermag, muß nicht nur gesichert sein, daß die verwendeten Tests auch wirklich das messen, was in den Schulen gelehrt wurde — also eine hohe Inhaltsvalidität (content validity) aufweisen —, sondern es ist auch festzustellen, welcher Stellenwert diesem Fach innerhalb des Curriculums der beiden Schulsysteme zukommt. In letzter Konsequenz sind jedoch direkte Kenntnisvergleiche zwischen Schulsystemen mit völlig unterschiedlichen Zielsetzungen nicht möglich, weil dies einen Vergleich von Unvergleichbarem voraussetzen würde. Demnach bestünde nur noch die Möglichkeit, jedes der Schulsysteme an den eigenen Zielsetzungen zu messen und den Vergleich darauf zu basieren, welches Schulwesen eine effektivere Zielerreichung aufweisen kann.
Wir wollen auf diese Überlegungen jedoch nicht weiter eingehen. Es war zwar so, daß beide Schulsysteme eigene Lehrpläne hatten, die sich besonders in der Betonung der allseitigen Persönlichkeitsentwicklung sowie der Forderung nach einer Individualisierung des Unterrichts seitens der enhetsskola voneinander unterschieden. Diese Differenzen waren jedoch nicht so be-

deutend, als daß man damit einen generellen Verzicht auf direkte Schulsystemvergleiche hätte begründen können[423].

Als Argument gegen Kenntnisvergleiche zwischen traditionellem Schulwesen und enhetsskola wurde angeführt, daß die Qualität des Bildungswesens nicht allein an seinen »Endprodukten« gemessen werden könne. Vielmehr sei auch der Preis der intellektuellen Elite in Form von Schülern ohne Abschluß zu berücksichtigen[424], der einerseits eine rein quantitative Dimension, andererseits das Problem psychischer Belastungen bei den nicht erfolgreichen Schülern aufweist. Aber auch dieses spricht nicht generell gegen Vergleiche, sondern eher für eine sorgfältige Berücksichtigung der Unterschiedlichkeiten beider Systeme, wenn es um die *Bewertung* der empirischen Resultate geht. Ohne diese Überlegungen weiter fortzusetzen[425], soll im folgenden auf einige Besonderheiten des Reformverlaufes eingegangen werden, die den direkten Vergleich zwischen enhetsskola und traditioneller Schule problematisch erscheinen lassen.

Die Versuche mit der Gesamtschule wurden 1949/50 begonnen. Die ersten zehn Jahre der Versuchsperiode[426] gestalteten sich nicht nur wegen der politischen Opposition sowie des starken Widerstandes der Real- und Gymnasiallehrerverbände schwierig, sondern auch deshalb, weil Schweden bei der Durchführung der Reformen einen eigenen Weg einschlagen mußte. Man konnte während der fünfziger Jahre kaum auf Erfahrungen zurückgreifen, die mit dieser Schulform in Ländern vergleichbarer politischer und sozialer Struktur gemacht worden waren.

Während der Versuchsperiode wurden Kenntnisvergleiche zwischen den Schülern der enhetsskola und des traditionellen Schulwesens durchgeführt, die durchweg Nachteile für die enhetsskola-Schüler ergaben. Von den Argumenten, die zur Verteidigung der Versuchsschule herangezogen wurden[427], ist hier von besonderer Bedeutung, daß eine der wesentlichen Schwie-

---

423 S. hierzu z. B. den ausführlichen Lehrplanvergleich bei *Fältheim, Åke* (S 1963), Pädagogik der Grundschule, Stockholm: Natur och Kultur.

424 S. die Argumentation bei *Husén, Torsten* (1969a), Erziehungswissenschaftliche Forschung und Bildungspolitik; in: betrifft: erziehung (1969), Nr. 8, S. 16 ff. Vergl. auch *Wieser, Klaus* (1974), Teil 8, der sich allerdings auf das gymnasiale Stadium des schwedischen Schulwesens bezieht.

425 Vergl. hierzu ausführlicher *Dahllöf, Urban* (S 1967), Schuldifferenzierung und Unterrichtsverlauf. Vergleichende Ziel- und Prozeßanalysen von Schulsystemen I (Göteborg Studies in Educational Science 2) Stockholm: Almqvist & Wiksell.

426 Zur Anfangsphase der Schulversuche s. auch *Norinder, Yngve* (1957), S. 257 ff.

427 Eine Zusammenstellung dieser Argumente findet sich bei *Jüttner, Egon* (1970a), S. 211 ff.

rigkeiten darin bestand, den Unterricht in der enhetsskola in ausreichendem Maße zu individualisieren[428 429].
Dies mag nun teils mit dem häufigen Lehrerwechsel, zum überwiegenden Maße wohl aber damit zusammengehangen haben, daß es noch keine Erfahrung mit dieser neuen Unterrichtsform gab und daß die entsprechenden Unterrichtsmaterialien fehlten. Auch der Versuch, den Lehrern relativ viel Raum für eigene didaktische Experimente zu belassen, erwies sich aufgrund einer — gemessen an den veränderten Anforderungen — unzureichenden Lehrerausbildung als nicht sehr geglückt[430].
Zu diesen »inneren« Schwierigkeiten kam hinzu, daß die enhetsskola anfangs ein nur geringes soziales Prestige besaß. Die explizit egalitäre Zielsetzung dieser Schulform mag einen großen Teil der Eltern besonders aus den höheren sozialen Schichten dazu veranlaßt haben, ihre Kinder spätestens nach dem 6. Schuljahr im traditionellen Schulsystem unterrichten zu lassen[431]. Die Folge war, daß sich die Oberstufe der enhetsskola, auf die sich die Reformen ja bezogen, bis zu einem gewissen Grade aus motivations- und kenntnismäßig negativ selegierten Schülern zusammensetzte.
Dies beleuchtet die Problematik von Kenntnisvergleichen zwischen den Schulformen: Die statistische Kontrolle der Begabung bei den Kenntnisvergleichen schaffte ja nicht auch eine gleichmäßige Verteilung begabter und weniger intelligenter Kinder in den beiden Schulsystemen — ein Tatbestand, der sich sehr wohl auf die Resultate der Kenntnistests ausgewirkt haben kann.
Das geringe soziale Prestige mag auch dazu beigetragen haben, daß es der enhetsskola in einer Periode allgemeinen Lehrermangels größere Schwierigkeiten als der Realschule bereitete, akademisch ausgebildete Oberstufenlehrer zu rekrutieren[432].
Diese Probleme berühren die von uns referierten Schulsystemvergleiche jedoch nur indirekt; denn dabei ging es um die Untersuchung eines empirisch relativ unproblematisch erfaßbaren Teilaspekts der Reformen, wobei die Behauptung im Vordergrund stand, die Differenzierungsstruktur der enhetsskola werde zu einer Verminderung der sozialen Selektion führen. Die in den referierten Untersuchungen erfaßten Schüler hatten bis zum Ende des 6. Schuljahres, also dem Erhebungszeitpunkt, alle annähernd das gleiche Schulmilieu erlebt, da die Reformen vor allem die Klassen 7 bis 9

428 Vergl. die Ausführungen in SOU 1961:30, S. 259 und *Skolöverstyrelsen* (S 1959), S. 184 f.
429 Zur Problematik eines individualisierten Unterrichts s. I.2.4. dieser Arbeit.
430 Zur reformierten schwedischen Lehrerausbildung vergl. *Wieser, Klaus* (1974), Abschnitt 7.2.3.
431 Vergl. *Skolöverstyrelsen* (S 1959), S. 180, Tab. 65 u. S. 184.
432 Ebda. S. 198 ff., bes. S. 202.

betrafen. Gemessen wurde deshalb nicht der direkte Einfluß unterschiedlicher Schulsysteme auf das Ausbildungsverhalten der Schüler, sondern die Wirkung zukünftig unterschiedlicher Differenzierungsstrukturen auf die Ausbildungsentscheidungen der Schüler. Dabei wird man natürlich annehmen können, daß das Wissen um die oben behandelten Probleme der Versuchsschule zu einer Beeinflussung der Ausbildungsentscheidungen geführt hat.

Die von uns erarbeiteten Resultate müssen deshalb im folgenden Zusammenhang gesehen werden: Die Schüler beider Schulsysteme hatten bis zum Untersuchungszeitpunkt alle ungefähr das gleiche Schulmilieu erlebt. Die zu treffenden Ausbildungsentscheidungen bezogen sich dabei auf Schulformen, die sich nicht nur in ihren Differenzierungsformen unterschieden, sondern teilweise auch verschiedene Zielsetzungen verfolgten, sich unterschiedlichen Schwierigkeiten bei der Durchführung des Unterrichtsprozesses gegenüber sahen sowie auch ein unterschiedliches soziales Prestige besaßen. Wenn man sich dies vor Augen hält, können die von uns gezeigten Resultate, nämlich der überaus große Anteil von Schülern auf den theoretischen Ausbildungswegen der enhetsskola sowie die nicht verstärkte soziale Auslese nur positiv interpretiert werden.

Wir werden den Schulsystemvergleich im folgenden nicht mehr fortsetzen. Vergleicht man nämlich die Oberstufe der enhetsskola mit der Realschule, gewinnen die oben angeführten Einwände gegen Schulsystemvergleiche ihr volles Gewicht: »With other factors kept constant, therefore, a difference between the two systems may be due either to differences in the organization of students or to the goals of the school or both. The prospects of saying with any degree of certainty what factors are behind a difference are small«[433]. Die Problematik, die sich hier auftut, beruht zu einem wesentlichen Teil darauf, daß wenig über die Faktoren bekannt ist, die direkt oder indirekt einen Einfluß auf die schulische Arbeit ausüben, ganz zu schweigen von der Interaktion dieser Variablen[434].

Erst nach Erarbeitung verläßlicher Modelle kann die Wissenschaft fundierte Entscheidungshilfen bei der Durchsetzung einer Reformkonzeption geben — aber eben nur Entscheidungshilfen. Die in diesem Zusammenhang von *Marklund* und *Söderberg* gemachte Bemerkung, daß wissenschaftliche Untersuchungen weder die Überlegenheit der einen noch der anderen Diffe-

---

433 *Andersson, Bengt-Erik* (1969a), Studies in Adolescent Behaviour (Project YG: Youth in Göteborg), Stockholm: Almqvist & Wiksell, S. 357.

434 In Schweden beschäftigt sich besonders *Dahllöf* mit diesen Problemen; vergl. z. B. *Dahllöf, Urban* (S 1970a), Die Forschergruppe für Prozeßanalysen von Ausbildungssystemen. Kumulative Berichterstattung für den Zeitraum 1/1 1967—31/10 1970 (Kompassprojektet no. 32), Göteborg: Pedagogiska institutionen, Göteborgs universitet, hekt.

renzierungsform beweisen konnten[435], gilt auch generell: »Die Schulreform ist letztlich eine politische Frage«[436] — jedoch eine wissenschaftlich mehr oder minder gut fundierte Frage[437]!

3. *Veränderungen der sozialen Auslese beim Übergang auf die sekundäre Stufe nach Einführung der obligatorischen Gesamtschule im Jahre 1962 (Längsschnittuntersuchung 1961—1966)*

Dieser Abschnitt der Arbeit basiert hauptsächlich auf empirischem Material, das im Rahmen des Individualstatistik-Projektes im Jahre 1966 erhoben wurde. 1966 wurden wie bereits 1961 10 % aller dreizehnjährigen schwedischen Schüler erfaßt. Den Untersuchungen der 1966er Erhebung lagen die gleichen Variablen zugrunde, wie sie 1961 zur Anwendung kamen, wobei jedoch einige der Einstellungsskalen aufgrund der 1961 gemachten Erfahrungen teilweise modifiziert wurden. Insgesamt betrachtet liegt eine sehr große Vergleichbarkeit der Resultate vor, wie sie sich zu den beiden Erhebungszeitpunkten ergaben.
1962 faßte der schwedische Reichstag den Beschluß, die neunjährige integrierte Gesamtschule als obligatorische Schulform in ganz Schweden einzuführen. Dabei ging man davon aus, daß diese Schulform bis 1971/72 im ganzen Lande eingeführt sein sollte. Die Ablösung des traditionellen Schulsystems, die sich bereits während der Versuchsperiode von 1950 bis 1962 zunehmend beschleunigte, führte dazu, daß 1966 rund 80 % der Schüler die integrierte Gesamtschule (schwedisch: grundskola) und ca. 20 % die traditionelle Volksschule besuchten, die sich vorwiegend in ländlichen Gebieten befand. Wir werden im folgenden auf einen Vergleich der integrierten Gesamtschule mit den traditionellen Schulformen verzichten, weil die Vergleichbarkeit der beiden Schulsysteme 1966 noch problematischer erscheint als 1961. In diesem Abschnitt der Arbeit soll untersucht werden, ob sich im Zeitraum zwischen 1961 und 1966 Veränderungen im Prozeß der sozialen Auslese ergeben hatten. M. a. W.: Führte die Ersetzung der 1961 bestehenden enhetsskola durch die integrierte Gesamtschulform der grundskola bereits 1966 zu einer Verminderung der sozialen Auslese?
Da zwischen der ersten (1961) und zweiten (1966) Individualstatistik-Erhebung fünf Jahre vergangen waren, stellt sich das Problem, daß Unter-

---

435 S. *Marklund/Söderberg* (S 1964), S. 70.
436 Ebda.
437 Zum politischen Entscheidungsprozeß s. ausführlich *Wieser, Klaus* (1974), Teil 5 u. 6; eine kurze Darstellung findet sich in dieser Arbeit: I.1. Exkurs.

schiede in der sozialen Selektivität der beiden Gesamtschulformen zwar auf Schulreformmaßnahmen, ebenso gut jedoch auf andere gesellschaftliche Veränderungen zurückgehen können. Um zu einer relativ eindeutigen Beantwortung der Frage zu kommen, welche Faktoren während des untersuchten Zeitraums Einfluß auf die soziale Selektion ausübten, müßte auf Theorien des sozialen Wandels zurückgegriffen werden können, d. h. auf Theorien, in denen der Zeitfaktor explizit Berücksichtigung findet. Theorien dieses Typs liegen heute jedoch kaum in empirisch anwendbarer Form vor[438]. Die Erklärungsversuche stattgefundener Veränderungen müssen deshalb auf sehr unsicheren Grundlagen aufbauen und bestehen mehr in Vermutungen als im Wissen über Zusammenhänge zwischen den als relevant erscheinenden Variablen.

3.1. Die Differenzierungsstruktur der Gesamtschule nach dem Reichstagsbeschluß von 1962

Als die politische Kontroverse während der Schulversuche in den fünfziger Jahren immer heftigere Formen annahm, beschloß der Reichstag 1956 die Einsetzung des sog. 1957er Schulausschusses[439]. Dieses Gremium sollte auf der Grundlage einer wissenschaftlichen Analyse des Reformverlaufs einen politisch akzeptablen Vorschlag zur Einführung der Gesamtschule als obligatorische Schulform ausarbeiten.

Um zu einem für alle Mitglieder des Schulausschusses annehmbaren Kompromiß zu kommen, mußte ein Mittelweg zwischen dem Vorschlag der Sozialdemokraten, die eine fast vollständig undifferenzierte Oberstufe anstrebten, und den Vorstellungen der Oppositionsparteien gefunden werden, denen eine mehr oder weniger strenge Differenzierung der Oberstufe in praktische und theoretische Varianten vorschwebte. Als Kompromiß bot sich hier die Konzeption des Hauptsekretärs des Gremiums an, der eine Teildifferenzierung der Schüler in der 7. und 8. Klasse durch Niveaukurse und bestimmte Wahlfächerkombinationen bei im übrigen undifferenzierten Klassen vorschlug. Eine Aufteilung der Schüler auf getrennte Züge sollte erst in der 9. Klasse geschehen. Der Reichstag schloß sich diesem Vorschlag 1962 ohne wesentliche Änderung an[440].

---

438 Vergl. z. B. die Übersichtsarbeit von *Zapf, Wolfgang* (Hg.) (1970), Theorien des sozialen Wandels, 2. Aufl., Berlin: Kiepenheuer & Witsch; einer der wenigen Versuche, sozialen Wandel mit Hilfe eines Phasenmodells empirisch zu erfassen wurde von *Smelser* unterbreitet, s. *Smelser, Neil J.* (1968), Essays in sociological explanation, Englewood Cliffs/N. J.: Prentice-Hall, S. 192 ff.

439 Vergl. *Jüttner, Egon* (1970a), S. 225 ff.

440 Ausführlich hierzu die Gesetzesvorlage: Kungl. Maj:ts proposition 1962:54.

Im folgenden soll die Differenzierungsstruktur nach dem Reichstagsbeschluß von 1962 in ihren Grundzügen erläutert werden[441].
Beim Übergang auf die sekundäre Stufe des Schulsystems mußten sich die Schüler für eine der angebotenen Wahlfächergruppen der 7. Klasse sowie für den allgemeinen oder besonderen Niveaukurs in Englisch und Mathematik entscheiden; dabei war es möglich, in den Fächern unterschiedliche Niveaus zu wählen.
Beim Übergang in die 8. Klasse war zwischen insgesamt 9 Wahlfächergruppen zu entscheiden, an die die neun Züge der 9. Klasse anknüpften. Nach dem Grundsatz, sog. Bildungssackgassen soweit wie möglich zu vermeiden. diente diese sich bereits nach einem Jahr wiederholende Zuwahl als Mittel zur Problematisierung der bisher getroffenen Ausbildungsentscheidungen. Wer sich in der 7. Klasse z. B. nicht für die Wahl einer zweiten Fremdsprache entschieden hatte, konnte dies am Anfang der 8. Klasse nachholen.
Obwohl es den Schülern im Prinzip möglich sein sollte, sich während des Verlaufes der Oberstufe umzuentscheiden, waren die Anforderungen in manchen der Wahlfachkombinationen so hoch, daß ein Wechsel der Kurse nach dem 7. Schuljahr selbst bei Ausnutzung des von der Schule angebotenen Stützunterrichtes nur schwer möglich war. Den Schülern der nicht direkt auf das Gymnasium vorbereitenden Wahlfachkombinationen wurde jedoch weiterhin die Möglichkeit gegeben, sich nach Abschluß der grundskola die fehlenden Kenntnisse anzueignen.
Auch nach Einführung der grundskola durch den 1962er Reichstagsbeschluß unterschieden sich die einzelnen Wahlfächergruppen durch die Möglichkeiten, die sie nach Absolvierung der grundskola boten: Einerseits gab es eine rein studienbezogene Wahlfächergruppe, deren Besuch über den Zug 9g der neunten Klasse direkt auf das Gymnasium führte. Andererseits war der Komplettierungszwang für Schüler auf den rein praktischen Varianten (ohne Zuwahl von Fremdsprachen) so groß, daß der Übergang auf die Berufsschule oder in das Arbeitsleben zwangsläufig war. Dazwischen gab es allerdings theoretische Wahlfachkombinationen, die den Übergang auf die neugeschaffene Fachschule ermöglichten. Die Fachschule sollte eine Ausbildung vermitteln, die den mittleren Qualivikationsniveaus der Wirtschaft entsprach[442]. Diese primär auf die einzelnen Züge der Fachschule abzielenden Wahlfächergruppen erlaubten es den Schülern jedoch, ihr

441 Ausführlich hierzu *Jüttner, Egon* (1970b), S. 24 ff. sowie *Hörner, Horst* (1970), S. 156 ff. und Lehrplan für die grundskola (Lgr 62), S. 117 ff.

442 Zur Gestaltung dieser Schulform s. SOU 1961:30, S. 481 ff. sowie *Hörner* (1970), S. 211 ff., *Jüttner* (1970b), S. 55 ff. und *Wieser, Klaus* (1974), Abschnitt 4.2.2.

Wissen ohne allzu große Schwierigkeiten so zu komplettieren, daß ein Übergang auf das Gymnasium möglich wurde.
Ohne hier detailliert auf die Übergangsbestimmung für die gymnasialen Schulformen eingehen zu wollen[443], kann man sagen, daß die Absolvierung des großen Kurses in der zweiten Fremdsprache (Deutsch oder Französisch) sowie der besonderen Niveaukurse in Englisch und Mathematik den Zugang zu allen Formen des Gymnasiums erlaubte, wenn ein bestimmter Notendurchschnitt erreicht wurde. Jene Schüler, die sich bereits beim Übergang auf die Oberstufe für diese Wahlmöglichkeiten entschieden, können als direkt auf das Gymnasium ausgerichtet bezeichnet werden.
Jene Schüler, die sich im 7. Schuljahr für Wahlfächergruppen entschieden, die mindestens den kleinen Kurs in der zweiten Fremdsprache enthielten, werden im folgenden auch als »theoretisch ausgerichtet« bezeichnet, weil sie die Möglichkeit der Komplettierung in den darauffolgenden Schuljahren besaßen.
Damit verändert sich der Charakter der im vorigen Abschnitt verwendeten Variablen: Hatten wir dort nur zwischen der Wahl eines theoretischen und praktischen Ausbildungsweges unterschieden, so ergeben sich nun drei Möglichkeiten: Zum einen nämlich jene Wahlfach- und Niveaukurskombinationen, die einen direkten Übergang auf das Gymnasium ohne Komplettierungsstudien erlaubten, weiterhin Kurse, die man als »eventuell auf das Gymnasium vorbereitend« bezeichnen kann, die aber primär auf die neugeschaffene Fachschule abzielten, sowie die praktischen Kurse, die auf einen Übergang in die Berufsschulformen oder das Arbeitsleben vorbereiteten. Aus diesem Grunde werden wir im folgenden nicht nur zwischen theoretischen und praktischen Varianten, sondern auch zwischen einer *engen* und *weiten Definition* eines theoretischen Ausbildungsweges unterscheiden müssen. Die *enge* Definition theoretischer Ausbildung umfaßt jene Varianten, die direkt auf einen Übergang in das Gymnasium vorbereiten, während in der *weiten* Definition noch jene Varianten hinzukommen, die als »eventuell auf das Gymnasium vorbereitend« bezeichnet werden können.
Die schulischen Anforderungen, die der engen Definition zugrunde lagen, entsprachen ungefähr denen der Realschule des traditionellen Bildungswesens. Die weite Definition kann dagegen als Ausdruck der flexibleren Differenzierungsstruktur der grundskola interpretiert werden. Grundlegend war hier das Prinzip der *sukzessiven freien Zuwahl,* mit deren Hilfe eine stufenweise Differenzierung erreicht werden sollte, die Revisionsmöglichkeiten bisher getroffener Ausbildungsentscheidungen offenhielt.

---

443 Ausführlich hierzu z. B. *Jüttner* (1970b), S. 75 ff. sowie *Wieser, Klaus* (1974), Abschnitt 4.2.3.

Mit Hilfe dieser organisatorischen Differenzierung glaubte der 1957er Schulausschuß folgende Ziele realisieren zu können:[444]

»1. Dadurch, daß die Wahl der Fächer und Linien allein vom Interesse der Schüler abhängt und nicht von den Leistungen, erscheinen die verschiedenen Wahlpflichtfächerkombinationen und Linien den Schülern in ihrer Wertigkeit weitgehend gleich. Kein Ausbildungsweg ›scheint weniger wertvoll oder weniger wünschenswert‹. Es besteht auch nicht die Gefahr, daß sich ein schlechtbegabter Schüler wegen irgendwelchen Barrieren innerhalb des obligatorischen Schulwesens in seinen Rechten eingeschränkt fühlt.

2. Wählen ist ein demokratischer Akt. Durch eine frühe Gewöhnung an Selbstbestimmung werden die Schüler notwendigerweise gezwungen, in eigener Verantwortung Entscheidungen zu fällen, die für sie selbst unmittelbare Bedeutung haben.
Zur Entscheidung aufgerufen, wird auch das Informationsbedürfnis bei den Kindern geweckt, und alle folgenden Entscheidungen werden durch die Konsequenz der ersten Wahl mitbestimmt. So betrachtet, unterscheidet sich die Zusatzwahl nicht von der politischen Wahl und trägt insofern ihren Teil zur staatsbürgerlichen Erziehung bei.

3. Eine negative und positive Auslese bedeutet insbesondere für die Kinder aus schlechten Verhältnissen ein ›negatives Schulmilieu‹, das bewußt zu schaffen jede pädagogische Verantwortung verbietet. Durch die Zusatzwahl bilden sich Interessengemeinschaften, die sich aus Kindern aller Schichten zusammensetzen.

4. Das Angebot der Wahlfachkombinationen und Linien zeigt, daß man innerhalb eines gewissen Rahmens weder praktische noch theoretische Fächer ausschließlich wählen muß, sondern das Interesse an beiden durch die Wahl entsprechender Kombinationen huldigen kann. Das demokratische Moment liegt hier darin, daß *alle potentiellen Anlagen* der Schüler entfaltet und *alle Neigungen und Interessen* durch die Schaffung äußerer Bedingungen gepflegt werden können«.

Im folgenden wird zu untersuchen sein, inwieweit sich diese optimistischen Erwartungen über die Effekte der neuen Differenzierungsstruktur während der folgenden Jahre tatsächlich erfüllen ließen.

444 Wir zitieren hier eine Zusammenfassung der Ausführungen aus SOU 1961:30 in der Übersetzung von *Hörner* (1970), S. 316 f.

3.2. Die Wahl eines theoretischen Ausbildungsweges in der enhetsskola (1961) und der grundskola (1966)

Aufgrund des Reichstagsbeschlusses von 1962 wurden den Schülern also verbesserte Möglichkeiten geboten, qualifizierte Ausbildungswege einzuschlagen. Im folgenden soll untersucht werden, inwieweit sich die Nachfrage nach theoretischer Ausbildung von 1961 bis 1966 verändert hatte. Dabei werden wir für den Fall der grundskola von einer weiten Definition der Variablen »Wahl eines theoretischen Ausbildungsweges« ausgehen, d. h. alle hier erfaßten Schüler mußten mindestens den kleinen Kurs in der zweiten Fremdsprache belegt haben[445].
Obwohl die Definitionen der Variablen »Wahl einer theoretischen Ausbildung« zu den beiden Untersuchungszeitpunkten nicht voll vergleichbar sind, kann man doch einen deutlichen Anstieg der Nachfrage nach studienbezogenen Ausbildungswegen von Anfang bis Mitte der sechziger Jahre erkennen. Weiterhin ist festzustellen, daß die Mädchen auch 1966 in beträchtlich höherem Umfange theoretische Alternativen wählten als die Jungen.

Tabelle 24[446] Anteile von Jungen und Mädchen, die 1961 und 1966 (weite Definition) eine theoretische Ausbildung beim Übergang auf die sekundäre Stufe planten[447]

	Jungen	Mädchen
enhetsskola 1961	58,2	65,6
grundskola 1966	74,1	86,9

Dieser bemerkenswerte Anstieg in der Nachfrage nach studienbezogenen Wahlfachkombinationen läßt sich zu einem Teil durch das gestiegene Bildungsniveau der Elterngeneration erklären.

445 Zum folgenden Absatz s. Tab. 24.

446 *Carlsund, Anton* (S 1968), Wahl theoretischer Fächer durch Schüler der 6. Klasse aus unterschiedlichen Schulsystemen und Sozialgruppen (Individualstatistikprojektet nr. 23), Göteborg: Pedagogiska institutionen, Göteborgs universitet, hekt., S. 5, Tab. 4.

447 Beim Schulsystemvergleich zwischen enhetsskola und dem traditionellen Schulsystem wurde zwischen geplanter und faktischer Wahl unterschieden. Die Untersuchung von *Carlsund* baut allein auf den Plänen der Schüler auf, was jedoch insofern nicht allzu problematisch erscheint, als sich in der enhetsskola 1961 nur geringe Unterschiede zwischen Plan und faktischer Entscheidung zeigten, s. Tab. 9 dieser Arbeit.

Tabelle 25[448] Anteile der Schüler in der 1961er und 1966er Stichprobe, deren Eltern beide lediglich die 6—7jährige Volksschule besucht hatten

	1961	1966
Jungen	74,1	68,3
Mädchen	74,2	69,2

Was den Vorsprung der Mädchen auf den theoretischen Varianten beim Übergang auf die grundskola-Oberstufe betrifft, so lassen sich hierfür vor allem drei Ursachenkomplexe anführen, die an dieser Stelle jedoch nur kurz berührt werden sollen. Erstens weisen Mädchen im Alter von 13 Jahren gegenüber Jungen einen biologischen Entwicklungsvorsprung auf[449], zweitens scheint die Geschlechterrolle der Mädchen besser mit den Forderungen der Schule zu harmonieren als die der Jungen, was sich z. B. in den besseren Schulleistungen der Mädchen bemerkbar machte[450], drittens schließlich besaßen Mädchen im Alter von 13 Jahren in höherem Maße als Jungen Interessen und Berufswünsche, die mehr verbal und weniger technisch ausgerichtet waren[451]. Wenn man sich nun vor Augen hält, daß die Wahl von Fremdsprachen das eigentliche Kriterium der studienbezogenen Ausbildungsvarianten war, so mußten die Mädchen schon aus diesem Grunde eine eher theoretische Ausbildung wählen, um sich zukünftige Berufschancen offenzuhalten.

Wenn auch ein Anstieg des Bildungsniveaus in der Elterngeneration zu beobachten war, so wuchsen doch Mitte der 60er Jahre noch rd. ²/₃ der Schüler in Elternhäusern auf, in denen keiner der Eltern mehr als die 6—7jährige Volksschule besucht hatten. Wenn man sich nun den relativ starken Zusammenhang zwischen Elternausbildung und Ausbildungsentscheidung der Kinder vor Augen hält, wie er noch 1961 zu beobachten war, so wird man eigentlich keine allzu große Verminderung der sozialen Auslese im Jahre 1966 erwarten dürfen. Hierauf wird im nächsten Abschnitt einzugehen sein.

448 *Svensson, Allan* (1971), S. 68 f., Tab. 5.1 und 5.2, s. auch *Frick-Strandberg, Kajsa; Westling, Gunilla* (S 1968), Der Zusammenhang zwischen der Ausbildung der Eltern und der Begabung sowie den Schulleistungen des Dreizehnjährigen (Individualstatistikprojektet nr. 24) Göteborg: Pedagogiska institutionen, Göteborgs universitet, hekt., S. 4, Tab. 3.

449 Vergl. hierzu *Ljung, Bengt-Olov* (1965), The Adolescent Spurt in Mental Growth, Stockholm: Almqvist & Wiksell, Part IV, S. 223 ff.

450 Eine ausführliche Analyse folgt in II.3.5.

451 Zu den Berufswünschen der Mädchen s. II.4.4.

3.3. Der Zusammenhang zwischen Schichtzugehörigkeit und Ausbildungswahl 1961 und 1966

Während des Untersuchungszeitraums von fünf Jahren war es also zu einem beträchtlichem Anstieg der Nachfrage nach qualifizierter Ausbildung gekommen. Wenn man sich vor Augen hält, daß sich bereits 1961 nahezu alle Schüler aus den oberen Sozialgruppen für eine weiterführende Ausbildung entschieden, so kann man vermuten, daß der Anstieg der Nachfrage nach theoretischer Ausbildung vor allem die bisher benachteiligten Schichten begünstigte.

Tabelle 26[452] Anteile von Jungen und Mädchen innerhalb der Sozialgruppen, die 1961 (enhetsskola) bzw. 1966 (grundskola) nach der 6. Klasse den Übergang auf theoretische Alternativen planten (1966: weite Definition theoretischer Ausbildung)

Sozialgruppe des Vaters		Jungen 1961	Jungen 1966	Mädchen 1961	Mädchen 1966
SG 1	A	92	95	94	96
SG 2	B	85	93	91	96
	C	68	77	72	90
	D	43	65	72	87
SG 3	E	45	66	53	83
	F	49	71	62	80
	A—F	58	74	66	87

Die Anteile von Schülern aus den unteren, bisher am stärksten benachteiligten Schichten nahmen also 1966 am meisten zu, was eine Verringerung der sozialen Unterschiede auf den weiterführenden Linien der grundskola zur Folge hatte. Verglichen mit bundesrepublikanischen Verhältnissen war es in Schweden 1966 zu der erstaunlichen Rate von 66 % der Jungen und 83 % der Mädchen aus der Unterschicht auf den studienbezogenen Varianten gekommen; die hierbei unterstellte weite Definition theoretischer Ausbildung dürfte mit den Anteilen von Schülern in Gymnasien und Realschulen der BRD vergleichbar sein.

452 Zu den 1961er Zahlen s. *Härnqvist, Kjell* (1966), S. 92; zu den Zahlen der 1966er Stichprobe vergl. *Carlsund, Anton* (S 1968), S. 7, Tab. 8.

Wie 1961 so lag auch 1966 eine soziale Auslese beim Übergang auf die sekundäre Stufe des Schulwesens vor. Allerdings hatte sich der Zusammenhang zwischen sozialem Hintergrund der Schüler und ihren Ausbildungsentscheidungen im Verlaufe von 5 Jahren beträchtlich verringert.

Tabelle 27[453] Anteile von Jungen und Mädchen innerhalb der Sozialgruppen, die 1966 beim Übergang auf die grundskola-Oberstufe eine theoretische Ausbildung planten (weite und enge Definition)

Sozialgruppe des Vaters		Jungen weit	Jungen eng	Jungen Diff.	Mädchen weit	Mädchen eng	Mädchen Diff.
SG 1	A	95	75	20	96	74	22
SG 2	B	93	63	30	96	65	31
	C	77	40	37	90	46	54
	D	65	30	35	87	43	44
SG 3	E	66	27	39	83	32	51
	F	71	27	44	80	33	47
	A—F	74	38	36	87	43	44

Anhand der Tabelle läßt sich deutlich erkennen, daß die sozialen Unterschiede beträchtlich zunehmen, wenn man nur jene Schüler betrachtet, die sich bereits zu Beginn der Oberstufe für eine direkt auf das Gymnasium ausgerichtete Wahlfachkombination entschieden hatten.

Der Vergleich zwischen der weiten und der engen Definition theoretischer Bildung läßt insbesondere zwei Tatbestände deutlich hervortreten:

(1) Die Unterschiede zwischen den Sozialgruppen in der Wahlhäufigkeit einer studienbezogenen Ausbildung nahmen erheblich zu.

(2) Die Unterschiede zwischen den Geschlechtern sanken um die Hälfte ab, wofür jedoch allein die Mädchen aus den Sozialgruppen C, D und E verantwortlich waren.

Diese schichten- und geschlechtsspezifischen Unterschiede zwischen der weiten und engen Definition theoretischer Ausbildung lassen die Vermutung aufkommen, daß die Einführung der freien Zuwahl nach der 6. Klasse lediglich einen Aufschub der Auslese bis nach der 9. Klasse bedeutete, da sich die Auslese für das studienbezogene Gymnasium nach der engen Definition richtete. Allerdings steht dieser Vermutung die Hoffnung der Reformer entgegen, daß sich der Einfluß der sozialen Faktoren mit zu-

453 *Carlsund, Anton* (S 1968), S. 7, Tab. 8.

nehmendem Alter der Kinder verringern werde, was eine Verminderung der sozialen Auslese zur Folge gehabt hätte. Auf diese nur empirisch beantwortbare Frage wird in II.4. näher einzugehen sein.

Eine Analyse der Unterschiede zwischen der weiten und der engen Definition studienbezogener Bildung zeigt, daß die Benachteiligung der Schüler enger an die Schulbildung der Eltern als an deren Schichtzugehörigkeit geknüpft war[454]. Die Sozialgruppe 2 C, d. h. hauptsächlich mittlere Angestellte und kleine Geschäftsleute, die nur aufgrund der beruflichen Position des Vaters, nicht jedoch aufgrund seiner schulischen Bildung der Mittelschicht angehörte, verlor beim Übergang von der weiten zur engen Definition genau soviel wie die Unterschicht: Wenn man die soziale Repräsentation auf den direkt studienbezogenen Ausbildungswegen betrachtet, also jene Alternativen, die die größten zukünftigen Wahlmöglichkeiten beinhalteten, so bestand eine breite Kluft zwischen den Sozialgruppen A und B einerseits, in denen der Vater eine über die Volksschule hinausgehende Bildung besaß, und den übrigen Schichten andererseits.

Welche Gründe lassen sich nun für den vergleichsweise starken Verlust der Sozialgruppe 2 C beim Übergang von der weiten zur engen Definition anführen? Im Verlaufe der bisherigen Untersuchungen wurde festgestellt, daß die Sozialgruppe 2 C in bezug auf die Ausbildungsentscheidungen beim Übergang auf die Oberstufe eine Mittelstellung einnahm (vergl. E. R. 8). Die Angehörigen dieser Schicht rekrutierten sich zu einem wesentlichen Teil aus der Berufsgruppe der mittleren Angestellten, von denen man zu einem großen Teil annehmen kann, daß sie bestrebt waren, sozial aufzusteigen[455]. An Hand einer skandinavischen Mobilitätsstudie läßt sich ferner die Hypothese formulieren, daß aufwärts mobile Personen sich tendenziell an den Normen der erstrebten sozialen Schicht orientieren[456]. Dies bedeutet nun, daß die Entscheidung für eine theoretische Wahlfachkombination in dieser Sozialgruppe nicht nur ein Instrument des sozialen Aufstiegs der Kinder, sondern zudem noch normgerechtes Verhalten war. Für diese Hypothese spricht auch, daß die Angehörigen der Sozialgruppe 2 C eine positivere Einstellung zur weiterführenden Ausbildung als die Unterschichteltern besaßen (Vergl. E. R. 16). Dies würde den relativ großen Anteil von

454 Vergl. hierzu z. B. auch *Härnqvist, Kjell* (S 1967), Die Wahl theoretischer Ausbildungswege auf der Oberstufe der grundskola (Individualstatistikprojektet nr. 11), Göteborg: Pedagogiska institutionen, Göteborgs universitet, hekt.

455 Zur Mobilität dieser Berufsgruppe läßt sich sagen, daß die Söhne von mittleren Angestellten eine mehr als 10 %ige Chance besaßen, in die Oberschicht aufzusteigen, vergl. *Erikson, Robert* (S 1971), S. 170, Tab. 6.B.43.

456 *S. Svalastoga, Kåre* (1959), Prestige, Class and Mobility, Kopenhagen: Gyldendal, S. 385 ff.

Kindern dieser Schicht auf den studienbezogenen Varianten erklären helfen. Andererseits wird man aber davon ausgehen müssen, daß eine positive Einstellung der Eltern zur weiterführenden Ausbildung nicht bereits eine hinreichende Bedingung für ausreichende Schulleistungen der Kinder darstellt. Wenn man sich die Ausbildung der Eltern dieser Sozialgruppe vor Augen hält, von denen niemand eine über die Volksschule hinausgehende Bildung besaß, so kann nicht die Hoffnung bestanden haben, unzureichenden Schulleistungen durch eigene Hilfestellungen kompensieren zu können. Dies stützt auch die von uns formulierte Hypothese, daß die durch Noten gemessenen Schulleistungen einen stärkeren Einfluß auf die freie Zuwahl von Unterschicht- als von Oberschichtkindern ausüben: In den unteren Schichten — einschließlich SG 2 C — mußten die Eltern davon ausgehen, daß ihre Kinder sich in der Schule alleine zu behaupten hatten, wobei es nahe lag, die Noten als Indikator für entsprechende Fähigkeiten zu verwenden.

Es scheint der schwedischen Reformpolitik bis Mitte der 60er Jahre gelungen zu sein, eine Attitüdenänderung in der Bevölkerung bewirkt zu haben. Den Angehörigen aller Schichten war die Notwendigkeit einer relativ qualifizierten Ausbildung ihrer Kinder deutlich gemacht worden, so daß die Nachfrage nach im *weitesten Sinne* studienbezogener Ausbildung einen beträchtlichen Anstieg erfuhr. Allerdings führte dies nicht auch dazu, daß sich die Kinder aus den unteren Schichten im gleichen Ausmaß wie die Oberschichtkinder für die attraktivsten Wahlfachkombinationen, die die größten Zukunftsmöglichkeiten beinhalteten, entschieden. Sie tendierten vielmehr eher dazu, die nur teilweise studienbezogenen Varianten zu wählen, die auch einen Zugang zur neugeschaffenen Fachschule eröffneten; diese zogen insbesondere die Mädchen an, die z. B. zu einem wesentlichen Teil Wahlfachkombinationen mit Fremdsprachen und Maschinenschreiben wählten.

Aus diesen Mitte der 60er Jahre vorliegenden Tatbeständen könnte man folgern, daß die Schaffung vielfältiger Ausbildungsmöglichkeiten in Verbindung mit der Propagierung egalitärer Ausbildungsziele insofern zu einem Abbau der sozialen Auslese führte, als die Angehörigen der bislang unterrepräsentierten Schichten qualifiziertere Ausbildungswege als bisher einschlugen. Dabei ergab sich jedoch die Tendenz, solche Ausbildungsvarianten zu wählen, die dem vertrauten Bildungsmilieu noch relativ nahe standen. Dies kann als Bestätigung der Hypothese gewertet werden, daß die Zukunftsorientierung — die sich hier in den Ausbildungsentscheidungen der Kinder ausdrückt — je nach Schichtenlage eine bestimmte Distanz zu den bestehenden Lebensverhältnissen nicht überschreitet[457]. Diese Hypo-

---

457 Vergl. *Hyman, H. H.* (1954), The Value System of Different Classes: A Social Psychological Contribution to the Analysis of Stratification; in: *Bendix,*

these wird auch durch die Tatsache gestützt, daß sich die aufwärts gerichtete soziale Mobilität in Schweden bisher tendenziell zu den benachbarten höher bewerteten Berufen hin vollzogen hat[458], d. h. Ausbildungs- wie Berufsmobilität scheinen sich in kleinen Schritten vollzogen zu haben. An Hand der in Schweden gemachten Erfahrungen zeigt sich also, daß die subkulturellen Orientierungsmuster in bezug auf Ausbildungs- und Berufsambitionen im Zuge einer expansiven Reformpolitik nur schrittweise und zögernd aufgegeben werden.

Empirisches Resultat 24: Der Anstieg der Nachfrage nach theoretischer Ausbildung ging mit einem weitgehenden Abbau der sozialen Auslese einher, wenn von einer weiten Definition studienbezogener Bildung ausgegangen wird; dieser soziale Ausgleich löste sich jedoch nahezu vollständig auf, wenn die direkt auf das Gymnasium und die Universität führenden Ausbildungswege betrachtet werden.

Empirisches Resultat 25: Die Wahl eines direkt auf das Gymnasium vorbereitenden Ausbildungsweges wies einen stärkeren Zusammenhang mit der Ausbildung als der Schichtzugehörigkeit des Vaters auf.

3.4. Veränderungen im direkten sozialen Handikap von 1961 bis 1966

Bisher wurde festgestellt, daß die Kinder aus Arbeiter- und Bauernfamilien auch 1966 in geringerem Ausmaß als die Schüler aus den mittleren und oberen Sozialgruppen den Beginn einer studienbezogenen Ausbildung beim Übergang auf die Oberstufe der Gesamtschule planten. Dabei hatte es jedoch den Anschein, als wenn sich die sozialen Unterschiede seit 1961 verändert hätten, weil insbesondere die Kinder aus den bisher stark benachteiligten Schichten in größerem Ausmaß als bisher den Übergang auf theoretische Ausbildungsvarianten planten.
In der sog. freien Zuwahlschule sollte sich die Rekrutierung der Kinder zu den unterschiedlichen Ausbildungswegen nach ihren »Voraussetzungen und Interessen« richten[459]. Als Indikator für die »Voraussetzungen« der Schüler könnte man unterschiedliche Leistungsvariablen verwenden. Am sinnvollsten erscheint die Wahl eines Maßstabes, der nicht von vornherein bereits allzu

---

R. & Lipset, S. M. (eds.) (1954), Class, Status, and Power. A Reader in Stratification, London: Routledge & Kegan, S. 422 – 426. Die von *Hyman* angeführten Resultate wurden in der dänischen Mobilitätsstudie von *Svalastoga* (1959) weitgehend bestätigt, s. S. 373 ff.

458 Vergl. *Carlsson, Gösta* (S 1969), S. 395 ff.

459 Ausführlich hierzu I.2.2.

stark sozial beeinflußt ist. Bei der Analyse der unterschiedlichen Leistungsvariablen zeigte sich, daß dies am ehesten für den Intelligenztest zutrifft, wie er im Rahmen des Individualstatistik-Projektes zur Anwendung kam[460].

Die im folgenden zu untersuchende Frage lautet: Ergaben sich Unterschiede in der Wahlhäufigkeit eines theoretischen Ausbildungsweges bei Kindern gleicher gemessener Intelligenz, jedoch mit unterschiedlichem sozialen Hintergrund? M. a. W.: Bestand auch 1966 noch ein *direktes* soziales Handikap der Unterschichtkinder beim Übergang auf die sekundäre Stufe des Schulsystems?

Es sei hier kurz daran erinnert, daß die im folgenden verwendeten Indizes[461] die Wahlhäufigkeit einer theoretischen Ausbildung in einer Sozialgruppe im Vergleich zur Gesamtstichprobe ausdrücken, wobei die Intelligenz der Schüler einer statistischen Kontrolle unterliegt. Es handelt sich hier also um ein relatives Maß: Liegt eine Sozialgruppe über dem Durchschnitt der Gesamtstichprobe, muß eine andere Sozialgruppe notwendig darunter liegen.

Die Streuung der Indizes mißt den Einfluß der Schichtzugehörigkeit auf die Ausbildungsentscheidungen der Kinder. Sie erfaßt jedoch nicht die gesamte Wirkung sozialer Faktoren, da auch die statistisch kontrollierte Intelligenz bereits sozial beeinflußt ist.

Der Vergleich der 1961er mit der 1966er Erhebung baute auf dem Gesamtmaterial beider Stichproben auf, was insofern problematisch ist, als sich das Verhältnis der unterschiedlichen Schulformen während des Untersuchungszeitraums stark veränderte[462]. Aus diesem Grunde wurden den Berechnungen jeweils die ungewogenen Durchschnitte der Häufigkeiten der theoretischen Ausbildung in den Schulformen zugrunde gelegt, was u. a. impliziert, daß der Gesamtindex von 100 abweicht.

Für die 1966er Stichprobe ergab sich weiterhin die Schwierigkeit, daß nun zwei »Arten« theoretischer Ausbildung gegeben waren. Die Indizes wurden auf der Basis der weiten Definition konstruiert, so daß sie für die enge Definition in jedem Fall weit unter 100 liegen werden. Da es sich hier um ein relatives Maß handelt, beeinflußt dies die Ergebnisse nicht.

Die Indizes in Tabelle 28 verdeutlichen die im vorigen Abschnitt gezeigten Resultate. Legt man den Betrachtungen die weite Definition theoretischer Ausbildung zugrunde, so war es im Zeitraum zwischen 1961 und 1966 zu einem weitgehenden Abbau des direkten sozialen Handikaps gekommen: Im Fall der Mädchen ergaben sich praktisch *keine* sozialen Unterschiede

460 Vergl. E. R. 22.
461 Ausführlich zur Indexkonstruktion s. II.2.4. dieser Arbeit.
462 Die Relation zwischen integrierter Gesamtschule und traditionellem Schulwesen verschob sich von 1961 bis 1966 von 35:65 auf 80:20.

Tabelle 28[463] Über- bzw. Unterrepräsentation von 13jährigen Jungen und Mädchen aus unterschiedlichen Sozialgruppen, die 1961 und 1966 eine theoretische Wahlfachkombination auf der Gesamtschuloberstufe belegen wollten, bei statistisch kontrollierter Intelligenz der Schüler (Index)

Sozialgruppe des Vaters		Jungen 1961 Einh. Schule	Jungen 1966 weite Def.	Jungen 1966 enge Def.	Mädchen 1961 Einh. Schule	Mädchen 1966 weite Def.	Mädchen 1966 enge Def.
SG 1	A	126	115	91	148	122	94
	B	134	120	81	147	128	87
SG 2	C	114	106	55	134	125	64
	D	84	92	42	127	122	61
SG 3	E	83	97	39	108	123	47
	F	84	104	39	118	123	50
	A—F	101	104	53	123	124	61
Streuung		23	11	23	16	2	19

bei der Wahl der Ausbildungsvarianten (Streuung = 2), bei den Jungen war es zu einer starken Reduktion der sozialen Beeinflussung der Ausbildungsentscheidungen gekommen.

Ein völlig anderes Bild zeigt sich allerdings, wenn nur jene Ausbildungswege betrachtet werden, die als direkt gymnasiumsvorbereitend bezeichnet werden können: Hier bestimmte sich die Zuweisung der Schüler sowohl 1961 als auch 1966 in beträchtlichem Ausmaß durch Faktoren, die mit der Schichtzugehörigkeit der Schüler in Zusammenhang stehen.

Hiermit deutete sich bereits beim Übergang auf die grundskola-Oberstufe das an, was man als »unsichtbare Schichtung« auf den höheren Ausbildungsstufen bezeichnet hat[464], und die man vor allem als Folge einer expansiven Bildungspolitik interpretierte: In dem Augenblick, da die Anhebung des Bildungsniveaus der Gesamtbevölkerung angestrebt wird, garantiert der Besuch des Gymnasiums und der Universität nicht von vornherein das Erreichen bestimmter sozialer Positionen. Aus diesem Grunde suchen die

463 *Carlsund* (S 1968), S. 11 f., Tab. 10 u. 11.

464 Vergl. *Perrucci, Robert* (1967), Education, Stratification and Mobility; in: *Hansen, Donald, Gerstl, Joel E.* (eds.), On Education — Sociological Perspecitves, N. Y./London/Sydney: Wiley and sons, S. 143 ff.

Kinder der bisher privilegierten Schichten auf jene Ausbildungsvarianten zu gelangen, die nach wie vor die besten status- und einkommensmäßigen Zukunftsmöglichkeiten zu bieten scheinen[465]. So betrachtet sagt die Tatsache, daß sich die Schüler aufgrund ihrer Begabung und nicht ihrer Schichtzugehörigkeit für im weitesten Sinne theoretische Ausbildungswege entschieden, noch nichts über ihre künftigen Arbeitsmarktmöglichkeiten aus. Die Tendenzen auf den direkt studienbezogenen Ausbildungsvarianten deuten vielmehr die Problematik einer auf Abbau der sozialen Auslese und Herbeiführung von »mehr Gleichheit« angelegten Bildungspolitik unmißverständlich an. Hierauf wird am Ende der Untersuchung zurückzukommen sein.

Abschließend noch eine methodische Anmerkung. Bei der Bearbeitung des hier verwendeten empirischen Materials versuchte man, durch statistische Verfahren experimentähnliche Situationen zu schaffen, d. h. miteinander verglichene Gruppen sollten sich möglichst nur in wenigen Eigenschaften voneinander unterscheiden. So wurde z. B. bisher angenommen, daß die untersuchten Schüler nur aufgrund ihrer Schichtzugehörigkeit, nicht jedoch ihrer Begabung differieren. Diese statistische Gleichsetzung der Schüler wirft jedoch Probleme auf. »But can they really be made perfectly comparable? Does one act, for example, in the same way if one is weakly gifted and belongs to a type of school in which most of the students are of high or average intelligence and if one belongs to a school in which many students belong to the same intelligence group? The methods of control assume that it is so, but our results suggest that it ist not«[466]. Hieraus ist die Schlußfolgerung zu ziehen, daß Forschungen durchzuführen sind, in denen Klassen, jedoch nicht ganze Schulsysteme Bezugspunkte der Analyse sind. Wie sich z. B. in Abschnitt II.4.3. zeigen wird, besteht Anlaß zu der Vermutung, daß die soziale Zusammensetzung der Klasse Auswirkungen auf die Ausbildungsentscheidungen der Schüler auszuüben vermag. Hieraus kann gefolgert werden, daß auch die begabungsmäßige Zusammensetzung der Klassen Einfluß auf die Ausbildungsentscheidungen der Schüler ausüben könnte, da Schichtzugehörigkeit und Intelligenz miteinander korrelieren. Dies kann wegen fehlenden empirischen Materials nur eine erste Vermutung sein. Festzuhalten ist jedoch, daß die bei statistischer Kontrolle der Intelligenz feststellbaren Unterschiede im Ausbildungsverhalten der Schüler nicht

465 Zur unsichtbaren Schichtung auf schwedischen Universitäten vergl. *Gesser, Bengt* u. a. (S 1968), Untersuchung zur wirtschaftlichen Situation der Studenten 1968, Lund: Sociologiska institutionen, Lunds universitet sowie *Gesser, Bengt* (S 1971), Rekrutierung von Universität und Hochschulen in Schweden; in: SOU 1971:61, S. 126 ff.

466 *Andersson, Bengt-Erik* (1969a), S. 355.

unbedingt allein auf die Sozialgruppenzugehörigkeit zurückgeführt werden müssen, sondern teilweise auch auf besonderen Gegebenheiten in den Schulen oder Klassen beruhen können.

Empirisches Resultat 26: Zwischen 1961 und 1966 kam es zu einer starken Verminderung des direkten sozialen Handikaps beim Übergang auf die sekundäre Stufe des Bildungswesens, wenn von einer relativ weiten Definition studienbezogener Ausbildung ausgegangen wird. Legt man der Analyse dagegen nur die direkt studienbezogenen Ausbildungsvarianten zugrunde, so ergaben sich zwischen 1961 und 1966 keine nennenswerten Veränderungen.

3.5. Analyse des indirekten sozialen Handikaps: Verbale und mathemathische relative Schulleistungen

Im Abschnitt II.2.5. wurde anhand der 1961er Stichprobe des Individualstatistik-Projektes untersucht, inwieweit Schüler mit gleicher gemessener Intelligenz unterschiedliche Schulresultate erzielten und inwiefern diese relativen Schulleistungen auf soziale Faktoren zurückzuführen waren.
Innerhalb des 1966er Individualstatistik-Projektes kamen die gleichen Intelligenztests wie 1961 zur Anwendung. Die standardisierten Kenntnisprüfungen waren jedoch aufgrund teilweise geänderter Lerninhalte modifiziert worden, so daß keine volle Vergleichbarkeit gegeben war; ferner wurden auch nun wieder die Noten der Schüler erhoben.
Ein weiterer Unterschied zur Erhebung des Jahres 1961 bestand darin, daß die Operationalisierung des sozialen Hintergrundes nicht mehr ausschließlich durch die Schichtzugehörigkeit des Vaters geschah, sondern primär vom Ausbildungsstand der *Eltern* bestimmt wurde, zu dem Angaben über den Beruf des Vaters gefügt wurden.

Ausbildungsgruppe 1 (AG 1)	Vater und/oder Mutter besitzt Abitur
Ausbildungsgruppe 2 (AG 2)	Vater und/oder Mutter hat das Realschulexamen abgelegt
Ausbildungsgruppe 3 (AG 3)	Vater und Mutter besitzen nicht mehr als eine Volksschulausbildung

Da die der Ausbildungsgruppe 3 zuzurechnenden Schüler ungefähr 3/4 der Gesamtstichprobe ausmachten, wurde der Beruf des Vaters als weiteres Differenzierungsmerkmal verwendet, und zwar wurde danach unterschieden, ob der Vater als Angestellter oder Arbeiter zu bezeichnen war.

AG 3.1. Vater und Mutter besitzen nicht mehr als eine Volksschulausbildung, der Vater ist Angestellter

AG 3.2. Vater und Mutter besitzen nicht mehr als eine Volksschulausbildung, der Vater ist Arbeiter

Die Ausbildungsgruppe 3.2. stimmt annähernd mit der bisher verwendeten Sozialgruppe 3 (Unterschicht) überein[467]. Die Unterschiedlichkeiten in der Operationalisierung des sozialen Hintergrundes der Schüler zu den beiden Erhebungszeitpunkten erlauben die Formulierung differenzierterer Hypothesen als dies bei Beibehaltung der üblichen Sozialgruppeneinteilung möglich gewesen wäre.
Die Bearbeitung des statistischen Materials der 1966er Stichprobe geschah mit gegenüber 1961 verfeinerten statistischen Methoden. Zur Untersuchung der relativen Schulleistungen wurden bei der Bearbeitung der 1961er Stichprobe auf die Kovarianzanalyse, wie sie üblicherweise angewendet wird[468], zurückgegriffen. Das traditionelle Verfahren berücksichtigt jedoch nicht, daß die innerhalb des Verfahrens zu kontrollierende Variable Meßfehler aufweist[469]. *Härnqvist* unterbreitet 1968 einen Vorschlag zur Verbesserung der Kovarianzanalyse[470]. *Svensson* bediente sich bei der Bearbeitung des empirischen Materials dieser verfeinerten Version der Kovarianzanalyse[471], was zuverlässigere Ergebnisse mit sich brachte.
Im Abschnitt II.2.5. wurde die Intelligenz der Schüler durch einen Gesamtindex aus den verbalen, induktiven und spatialen Teiltests ausgedrückt. Im folgenden wird dagegen an die Vorstellung der Mehrdimensionalität der Begabung angeknüpft. Bei der faktorenanalytischen Behandlung des 1961er und 1966er Individualstatistik-Materials zeigte sich, daß der verbale Intelligenztest den engsten Zusammenhang mit jenen Teilen der standardisierten Kenntnisprüfung aufwies, die sich auf Lesen und Schreiben bezogen, sowie mit den Noten in diesen Fächern. Die induktive (mathematische) Teilkomponente des Testes zeigte dagegen die größten Kor-

---

467 Zu beachten ist, daß 25 % der Schüler in der Ausbildungsgruppe 2 einen Arbeiter zum Vater hatten. Hierbei handelte es sich jedoch nur um 4 % der Schüler in der Gesamtstichprobe, vergl. *Svensson, Allan* (1971), S. 69, Tab. 5.2.

468 S. hierzu II.2.5. sowie die dort angeführte Literatur.

469 Vergl. hierzu *Berglund, Gösta* (S 1970), Kovarianzanalyse und Quasi-Experiment (Pedagogiska rapporter nr. 11), Umeå: Universitetet och Lärarhögskolan, hekt.

470 S. *Härnqvist, Kjell* (1968), Relative Changes in Intelligence from 13 to 18; in: Scandinavian Journal of Psychology 9 (1968), S. 50—64.

471 Vergl. *Svensson, Allan* (1971), Appendix 5: Correcting Analysis of Covariance for Unreliability of the Control Variable, S. 153 ff.

relationen mit den mathematischen Teilen der standardisierten Kenntnisprüfung sowie den Mathematiknoten. Ferner stellte sich heraus, daß der spatiale Teiltest keinen eindeutigen Zusammenhang mit den Teilen der Kenntnisprüfung sowie den Noten aufwies. Aus diesem Grunde wird im folgenden auf diesen Teiltest verzichtet werden.
Die relativen Schulleistungen und das heißt in diesem Zusammenhang: das indirekte soziale Handikap wird im folgenden für die verbale und induktive (mathematische) Begabungsdimension je für sich untersucht werden. Dabei wird methodisch wie im Abschnitt II.2.5. vorgegangen, indem geprüft wird, ob Schüler gleicher verbaler bzw. mathematischer Intelligenz, jedoch mit unterschiedlichem sozialen Hintergrund verschiedene Resultate in den entsprechenden Teilen der Kenntnisprüfung erreichten und ferner, ob Schüler mit gleichen Ergebnissen in den Teilen der Kenntnisprüfung unterschiedliche Noten in den verbal betonten Fächern (Schreiben, Lesen) bzw. dem Fach Mathematik erhielten.
Die folgende Untersuchung hat das Ziel, zu analysieren, inwieweit es den Schülern aus den unterschiedlichen sozialen Milieus gelang, ihre generelle verbale und mathematische Intelligenz auf die spezifischen Anforderungen des Lehrplans — operationalisiert durch die standardisierten Kenntnistests — anzuwenden, sowie festzustellen, ob sich soziale Unterschiede zeigten, als es galt, diese Fähigkeiten im Rahmen der Klasse in entsprechende Noten umzusetzen[472].

Intelligenzentwicklung und sozialer Wandel

Die Gründe dafür, daß Kinder mit verschiedenem sozialen Hintergrund unterschiedliche Resultate in Intelligenztests erhalten, wurden bereits in Abschnitt II.2.5. ausführlich behandelt. Im folgenden soll einleitend das Augenmerk darauf gerichtet werden, wie sich die Intelligenztestresultate dreizehnjähriger Kinder zwischen 1961 und 1966 veränderten, wobei der soziale Hintergrund der Kinder kontrolliert werden soll. Wir werden aus Gründen des Vergleichs hier die Sozialgruppeneinteilung des Individualstatistik-Projektes beibehalten[473].
Bei einer genauen Analyse der Teiltests je für sich zeigte sich, daß die Unterschiede zwischen den Sozialgruppen in der verbalen Intelligenz beträchtlich waren, während im induktiven (mathematischen) Test nur geringe Differenzen auftraten[474].

---

472 Ausführlich zum Konzept der relativen Schulleistungen vergl. Abschnitt II.2.5.
473 Zum folgenden s. Tabelle 29.
474 Vergl. *Svensson, Allan* (1971), Appendix 2.

Tabelle 29[475] Veränderung der Intelligenztestergebnisse zwischen 1961 und 1966 bei Kindern aus unterschiedlichen sozialen Milieus (Summe aus dem verbalen, induktiven und spatialen Teiltest)

Sozialgruppe des Vaters		1961	1966	Diff.
SG 1	A	75,9	77,4	1,5
	B	71,4	72,7	1,3
SG 2	C	66,2	68,2	2,0
	D	63,1	65,9	2,8
SG 3	E	61,0	63,6	2,6
	F	62,8	62,1	−0,7
	A—F	64,2	66,8	2,6

Der stärkste Anstieg innerhalb der Fünfjahresperiode ergab sich bei der verbalen Intelligenz: Hier kam es zu einer Erhöhung von rd. $^1/_4$ der Streuung berechnet auf der Basis aller während des Zeitraums untersuchten Schüler, hingegen hielten sich die Steigerungen der induktiven (mathematischen) Begabung in engeren Grenzen. *Svensson* erklärte diese Erhöhung der Intelligenztestresultate als verursacht durch »the rise in the parent's education, increased exposure to mass media and other factors related to the general development of society during the five-year period«[476]. Dies stützt die These, daß die Entwicklung der kognitiven Fähigkeiten der Kinder nicht nur von Faktoren abhängt, die in direktem Zusammenhang mit der Erziehung stehen, sondern daß auch die *gesamtgesellschaftliche Entwicklung* als generelles Anregungspotential zur Entwicklung der Fähigkeiten angesehen werden muß: ». . . a process of economic and social development is a process of creating ability«[477].
Ferner läßt sich auch denken, daß die Verbesserung des Schulwesens besonders in den schwach besiedelten Gebieten zu einer Annäherung der Begabung von Kindern mit unterschiedlichem sozialen Hintergrund beigetragen haben kann, da in diesen Gebieten die Kinder aus den Sozialgruppen D und E überrepräsentiert waren[478].

475 *Carlsund, Anton* (S 1968), S. 8, Tab. 9; zum Aufbau des Tests s. Abschnitt II.2.5.
476 *Svensson, Allan* (1971), S. 72.
477 *Halsey, A. H.* (ed.) (1961), Ability and educational opportunity. Paris: OECD, S. 24.
478 Vergl. *Carlsund, Anton* (S 1968), S. 8.

Weiterhin kann folgender Zusammenhang vermutet werden: Das Ansteigen des Bildungsniveaus der Elterngeneration während der fünf Jahre (Vergl. Tab. 25) führte mit großer Sicherheit zu einer positiveren Einstellung der Eltern zu einer weiterführenden Ausbildung der Kinder (vergl. E. R.15), was als Indikator für ein bildungsfreundlicheres Sozialisationsmilieu der Kinder interpretiert werden kann. Nach E. R. 17 kann diese bildungsfreundlichere Einstellung einen positiven Effekt auf die Intelligenzentwicklung der Kinder gehabt haben[479].

Empirisches Resultat 27: von 1961 bis 1966 kam es zu einer allgemeinen Erhöhung des Begabungsniveaus dreizehnjähriger Schüler, die insbesondere mit einer Verminderung der großen verbalen Intelligenzunterschiede zwischen Kindern mit unterschiedlichem sozialen Hintergrund einherging.

Verbale relative Schulleistungen

Geschlechterunterschiede

Bei der Analyse der relativen Schulleistungen stellte *Svensson* fest, daß die verbalen Fähigkeiten in ungleich stärkerem Maße von dem Geschlecht als dem sozialen Hintergrund der Schüler beeinflußt wurden: Bei gleicher gemessener Intelligenz erhielten Mädchen durchschnittlich um 0,4 Streuungseinheiten bessere Noten im Fach Schwedisch als Jungen[480]. Zur Erklärung hierfür können folgende Tatbestände angeführt werden. Die Mädchen waren in beträchtlich höherem Grade daran interessiert, in der Freizeit verbal betonte Tätigkeiten auszuüben wie z. B. Lesen, Briefeschreiben, Lösen von Kreuzworträtseln u. ä.[481]. Als das Interesse an verbal betonten Freizeitbeschäftigungen kontrolliert wurde, nahmen die geschlechtsspezifischen Unterschiede ab[482]. Ferner genossen die Sprachfächer bei den Mädchen eine größere Popularität als bei den Jungen[483], was sich auch in den Berufswünschen der Mädchen widerspiegelte, die mehr als die Jungen Tätigkeiten ausüben wollten, die einen Umgang mit Menschen beinhalten[484] und damit eine vergleichsweise starke verbale Ausrichtung erfordern.

---

479 Die Gründe dieser allgemeinen Intelligenzerhöhung werden ausführlich von *Stahle* untersucht; bisher nicht publiziertes Manuskript der Pedagogiska institutionen der Göteborger Universität.

480 Vergl. *Svensson, Allan* (1971), S. 101.

481 Ebda. Appendix 4, table IV:2.

482 Ebda. S. 123.

483 Vergl. *Andersson, Bengt-Erik* (1969a), S. 302 auf der Basis einer Untersuchung von 6000 Schülern im Rahmen des Projektes »Jugend in Göteborg«.

484 Ausführlich hierzu II.4.4. dieser Arbeit.

Die Tatsache, daß die Mädchen bessere Noten sowohl in Schwedisch als auch Mathematik als die Jungen erhielten, kann ferner dadurch bedingt worden sein, daß die Mädchen mehr Zeit für die Hausaufgaben aufwendeten und generell mehr an den Schulaktivitäten interessiert waren als die Jungen[485]. Wenn man die Noten als Ausdruck einer Interaktion zwischen Schüler und Lehrer betrachtet, so scheinen die Mädchen in höherem Maße als die Jungen die Fähigkeit zu besitzen, »to satisfy the teacher's expectation of a gifted pupil«[486]. Zur Erklärung hierfür kann der Entwicklungsvorsprung der Mädchen vor den Jungen in diesem Alter angeführt werden, der sich nicht nur in der psychischen Entwicklung, sondern auch der sozialen Orientierung bemerkbar macht. Was den letzteren Aspekt betrifft, so ist folgender Erklärungszusammenhang denkbar[487].
Die sozio-strukturell bedingten Probleme der Identitätsfindung stellen sich den Jungen ungleich schärfer als den Mädchen. Die familiäre Arbeitsteilung, die auch im Schweden der 60er Jahre der Mutter primär eine Erzieherfunktion und dem Vater die Sicherung der ökonomischen Lage der Familie zuschrieb[488], erleichterte es den Mädchen, ihre Geschlechterrolle durch Identifizierung mit der Mutter relativ unproblematisch zu stabilisieren. Den Jungen dagegen blieb der produktive Vater weitgehend verborgen, der seiner Arbeit außerhalb der Familie nachgeht. Den Jungen stellt sich deshalb das doppelte Problem, die anfängliche Identifizierung mit der Mutter aufgeben zu müssen, ohne gleichzeitig einen eindeutigen Ersatz in der »Männerwelt« zu finden[489]. Die hierbei auftretenden Spannungen, so läßt sich vermuten, drücken sich u. a. in einer verglichen mit den Mädchen schlechten Schulanpassung aus. Wie sich im folgenden jedoch sehr deutlich zeigen wird, verwandelten sich die auf die Geschlechterrolle der Mädchen zurückführbaren schulischen Vorteile mit zunehmendem Alter in Nachteile: Je mehr sich die Ausbildungsentscheidungen auf die zukünftige berufliche Position der Mädchen bezogen, desto mehr senkten sie ihr anfänglich hohes

485 Vergl. *Svensson, Allan* (1971), S. 124.
486 Ebda.
487 Zum folgenden s. die ausführliche Darstellung bei *Liebel, Manfred; Wellendorf, Franz* (1971), Schülerselbstbefreiung. Voraussetzungen und Chancen der Schülerrebellion, Frankfurt/M.: Suhrkamp, S. 13 ff.
488 Als Beispiele politischer Programme zur Veränderung dieser Geschlechterrollenfixierung s. z. B. TCO (1970), Familie und Gesellschaft. Bericht der familienpolitischen Studiengruppe der Angestelltengewerkschaft, Stockholm: Prisma sowie *Jämlikhet* (S 1969) bzw. *Menningen, Walter* (Hg.), (1971), Ungleichheit im Wohlfahrtsstaat, Reinbek: Rowohlt, S. 64 ff., S. 94 ff.
489 Vergl. *Mitscherlich, Alexander* (1963), Auf dem Wege zur vaterlosen Gesellschaft. Ideen zur Sozialpsychologie, München: Piper, S. 214 ff.

Ambitionsniveau, das durch die Schulleistungen durchaus gerechtfertigt war[490].

Empirisches Resultat 28: Die Mädchen wiesen im Alter von 13 Jahren ungleich bessere verbale relative Schulleistungen auf als die Jungen: Bei gleicher verbaler Intelligenz erhielten sie durchschnittlich um 0,4 Streuungseinheiten bessere Noten als die Jungen.

Der Einfluß des sozialen Milieus

Als die großen Unterschiede in der verbalen Intelligenz von Schülern aus unterschiedlichen sozialen Milieus kontrolliert wurden, zeigten sich kaum noch Differenzen — zumindest keine statistisch signifikanten — in den Resultaten der standardisierten Kenntnisprüfung[491]. Dieses Bild erfuhr allerdings eine beträchtliche Veränderung, als man die Ergebnisse aus der Kenntnisprüfung konstant hielt und die Schulnoten im Fach Schwedisch betrachtete. Nun traten zwischen den Ausbildungsgruppen 1 und 2 sowie zwischen AG 1 und AG 3 beträchtliche Unterschiede auf[492].
Den Kindern aus den unteren Schichten gelang es also, ihre verbale Begabung (gemessen durch den verbalen Intelligenztest) in den standardisierten Kenntnistests zum Ausdruck zu bringen. Als dann allerdings die Resultate aus dieser Kenntnisprüfung kontrolliert wurden, so zeigte sich, daß Kinder aus Elternhäusern mit nur geringer schulischer Bildung ungleich schlechtere Noten erhielten, als man dies nach ihren Prüfungsresultaten erwartet hätte. Dieser Tatbestand kann in gewisser Weise als eine Bestätigung neuerer Forschung interpretiert werden, wo gezeigt wird, daß der Unterschied zwischen ›linguistic competence‹ (die z. B. durch die Kenntnisprüfung und den Intelligenztest gemessen werden könnte) und tatsächlich artikuliertem Sprachstil im Rahmen der Klasse (gemessen durch die Schulnoten im Fach Schwedisch) auf der Strategie der Minimierung verbaler Äußerungen in der »öffentlichen Sprache[493]« nicht jedoch auf einem generellen Mangel an verbaler Begabung beruht[494]; hierauf wird im folgenden Abschnitt näher einzugehen sein.

---

490 Vergl. II.4.4.

491 Vergl. *Svensson, Allan* (1971), S. 100, table 8:14.

492 Vergl. ebda.

493 Zu den Begriffen der öffentlichen und formalen Sprache s. *Bernstein, Basil* (1961), Social Structure, Language and Learning, in: Educational Research 3 (1961), S. 163—176.

494 Vergl. hierzu z. B. *Oevermann, Ulrich* (1969), Schichtenspezifische Formen des Sprachverhaltens und ihr Einfluß auf die kognitiven Prozesse; in: Deutscher Bildungsrat (1969), Begabung und Lernen, Stuttgart: Klett, S. 330 ff.

Empirisches Resultat 29: Unterschichtkinder erhielten schlechtere Noten in den Sprachfächern, als man dies aufgrund ihrer verbalen Intelligenz erwartet hätte. Dabei entsprachen die Resultate aus der standardisierten Kenntnisprüfung der verbalen Begabung der Unterschichtkinder, nicht jedoch die Schulnoten diesen Prüfungsergebnissen. Das soziale Leistungshandikap zeigte sich also erst dann, als es galt, das verbale Vermögen im sozialen Rahmen der Klasse zur Anwendung zu bringen.

Mathematische relative Schulleistungen

Geschlechterunterschiede

Im Gegensatz zum verbalen waren im mathematischen (induktiven) Bereich nur geringe Vorteile der Mädchen zu verzeichnen. Dies könnte u. a. darauf zurückzuführen sein, daß die gute Schulanpassung der Mädchen, die in besseren Noten resultierte, als man es aufgrund der Ergebnisse der Kenntnisprüfung erwartet hätte[495], durch das große Interesse der Jungen am Fach Mathematik[496] teilweise ausgeglichen wurde.

Eine Erklärung könnte auch hier wieder in den geschlechterspezifischen Problemen der Identitätsfindung gesehen werden. *Lynn* argumentiert z. B.[497], daß sich nur den Jungen *Probleme* bei der Geschlechterrollenidentifikation stellen. Den Mädchen dagegen biete sich in der Mutter das adäquate Rollenmodell konkret an, das deshalb relativ »problemlos« übernommen werden könne. Hieran knüpft *Lynn* die Vermutung, daß mit den geschlechtsspezifischen Schwierigkeiten der Rollenfindung zugleich eine bestimmte Form des Problemlösungsverhaltens entstehe: Während es bei den Jungen um die Lösung eines echten Problems gehe, müßten die Mädchen lediglich ein in der Mutter konkretisiertes Rollenmodell lernen, was sich allgemein auf ihr späteres Problemlösungsverhalten auswirke. Hiermit ist nun eine mögliche Erklärung der unterschiedlichen Einschätzung des Faches Mathematik durch Jungen und Mädchen sowie auch der geschlechtsspezifischen Einstellung zu den technischen Berufen angesprochen[498].

---

495 S. *Svensson, Allan* (1971), S. 108, Tab. 8.27.

496 Vergl. *Andersson, Bengt-Erik* (1969a), S. 302.

497 S. *Lynn, David B.* (1962), Sex-role and Parental Identification; in: Child Development (1962), S. 559.

498 Ausführlich hierzu ebda. S. 555 ff. sowie die dort angegebene Literatur.

Während das soziale Leistungshandikap im verbalen Bereich erst auftrat, als es darum ging, die linguistische Kompetenz im Rahmen der Klasse in entsprechende Noten umzusetzen, machte es sich im mathematischen Bereich bereits bemerkbar, als es darum ging, die induktive Begabung (gemessen durch den induktiven Intelligenztest) in der standardisierten Mathematikprüfung anzuwenden[499].
Es ergaben sich hingegen keine signifikanten Unterschiede zwischen den Schulnoten von Kindern aus verschiedenen sozialen Milieus, als man die Resultate aus der Kenntnisprüfung statistisch kontrollierte. Wir werden im folgenden Abschnitt auf diese Resultate zurückkommen.

> Empirisches Resultat 30: Unterschichtkinder erhielten schlechtere Mathematiknoten, als man dies nach ihrer mathematischen Intelligenz erwartet hätte. Dabei trat das soziale Leistungshandikap auf, als es galt, die mathematische Intelligenz im Rahmen standardisierter Mathematikprüfungen anzuwenden. Keine soziale Benachteiligung war mehr festzustellen, als es darum ging, die in den Prüfungen dokumentierten Kenntnisse in entsprechende Schulnoten umzusetzen.

3.6. Zusammenfassung: Direktes und indirektes soziales Handikap nach Einführung der integrierten Gesamtschulform in Schweden

In diesem Abschnitt soll eine kurze Zusammenfassung der bisherigen Ergebnisse gegeben werden, an die sich einige Überlegungen zur Realisierung leistungsmäßiger Chancengleichheit anschließen werden.
Was das direkte soziale Handikap betrifft, in dem das Problem der sozialen Selektion am deutlichsten zum Ausdruck kommt, so ließen sich beim Vergleich zwischen der versuchsweise eingeführten Gesamtschule, der enhetsskola, und dem traditionellen Schulsystem zwar keine statistisch signifikanten Unterschiede feststellen, wohl aber im Anteil jener Schüler, die studienbezogene Ausbildungswege besuchten. Es war in der enhetsskola, also einer Schulform, die sich einer Reihe innerer und äußerer Schwierigkeiten gegenüber sah[500], insofern zu einem Mehr an Chancengleichheit gekommen, als einem — verglichen mit dem traditionellen Schulwesen — beträchtlich höheren Anteil von Kindern aus allen Schichten die Möglichkeit des Besuches studienbezogener Varianten geboten wurde.
Im Zeitraum von 1961 bis 1966 ließ sich eine weitere Erhöhung des Anteils von Schülern auf den theoretischen Ausbildungswegen beobachten. Zudem

499 Vergl. *Svensson, Allan* (1971), S. 107, Tab. 8.26.
500 Vergl. II.2.7.: Zur Problematik von Schulsystemvergleichen.

war es zu einem weitgehenden Abbau des direkten sozialen Handikaps gekommen, wenn man von einer relativ weiten Definition theoretischer Ausbildung ausgeht. Dies deutet auf einen Erfolg der Reformmaßnahmen hin: Ein immer geringerer Teil der Schüler entschied sich bereits zu Beginn der grundskola-Oberstufe gegen eine weiterführende Ausbildung, d. h. die faktische Wahlfreiheit nach Abschluß dieser Schulform war gestiegen.
Andererseits machte die Analyse jedoch auch die Problematik einer Politik deutlich, die durch Schulreformmaßnahmen einen sozialen Ausgleich in der Gesellschaft anstrebt: Auf den direkt zum Gymnasium und der Universität hinführenden Varianten, die Zugang zu den am höchsten bewerteten Berufen eröffneten, hatte sich von 1961 bis 1966 keine Verringerung des direkten sozialen Handikaps ergeben. Hieraus kann die Schlußfolgerung gezogen werden, daß Schulreformen durch gesellschaftspolitische Maßnahmen im weitesten Sinne unterstützt werden müssen, soll auch nur schulische Chancengleichheit erzielt werden. Hierauf wird am Ende der Arbeit zurückzukommen sein.
Anknüpfend an die Vorstellung, daß schulorganisatorischen pädagogische Veränderungen folgen müssen, soll eine auf Chancengleichheit abzielende Reformkonzeption durchgesetzt werden, wurde eine ausführliche Analyse der relativen Schulleistungen von Kindern aus unterschiedlichen Schichten durchgeführt. Das Instrument der relativen Schulleistungen gab dabei an, inwieweit es den Kindern in der Schule gelang, ihre Lernfähigkeit in entsprechende Schulleistungen umzusetzen, d. h. es maß ein sozial bedingtes Leistungshandikap.
Trotz der Bemühungen um die Realisierung eines individualisierten Unterrichts, der von den Fähigkeiten und Interessen jedes einzelnen Schülers ausgehen sollte, war es während des Untersuchungszeitraumes zu keiner Veränderung des sozialen Leistungshandikaps gekommen[501]. Hieran sollen einige Überlegungen zum Problem leistungsmäßiger Chancengleichheit geknüpft werden[502].
Was den Vorsprung der Mädchen in den verbalen und auch mathematischen (induktiven) relativen Schulleistungen betrifft, die das erstaunlich geringe direkte soziale Handikap der Mädchen zu Beginn der grundskola-Oberstufe zu einem wesentlichen Teil erklären dürften, so besteht kaum Anlaß zu kompensatorischen Maßnahmen zugunsten der Jungen: Die zu Beginn der Oberstufe zu beobachtende Überrepräsentation der Mädchen auf den studienbezogenen Varianten verwandelte sich nämlich bislang auf den höheren

501 »... the relation between relativ achievement, sex and home background seems to be rather insensitive to the changes in the school systems, etc. in Sweden during the 1960's« (*Svensson, Allan* (1971), S. 110).
502 Ausführlich zur Problematik der Forderung nach Leistungsmäßiger Chancengleichheit s. I.4.2. dieser Arbeit.

Stufen des Bildungswesens regelmäßig in eine bedeutende Unterrepräsentation[503].

Völlig andere Schlußfolgerungen drängen sich dagegen im Falle des schichtenspezifischen Leistungshandikaps auf, das neben dem direkten sozialen Handikap für Chancenungleichheit in der Gesamtschule verantwortlich war. Hierzu bemerkte der Ausbildungsminister Anfang der 70er Jahre, daß kompensatorische Bemühungen bisher vor allem den physisch und psychisch gehandikapten Kindern gegolten hätten. »Now we must make *special efforts* within school also for other pupils with difficulties for instance caused by social handicaps«[504].

Bei der Analyse der relativen Schulleistungen wurde deutlich, daß die sozial bedingten Benachteiligungen je nach Fähigkeitsdimension auf verschiedenen Ebenen auftraten. Im verbalen Bereich zeigten sich sozial bedingte Leistungsnachteile erst, als es galt, das verbale Vermögen im Rahmen der Klasse zur Anwendung zu bringen.

Aus diesem Grunde müßten sich kompensatorische Bemühungen vor allem auf das Aufsatzschreiben und die mündliche Darstellung konzentrieren, in denen die eigentlichen Nachteile der Unterschichtkinder liegen. Hierbei stellt sich dann allerdings die grundsätzliche Frage, ob eine durch kompensatorischen Unterricht bewirkte Anpassung der Noten in den Sprachfächern an das verbale Vermögen der Kinder von den Zielsetzungen der schwedischen Gesamtschule her überhaupt als wünschbar anzusehen ist. Obwohl Schulnoten z. Z. noch das sicherste Prognoseinstrument für einen zukünftigen Studienerfolg darstellen, so begünstigen sie in ihrer gegenwärtigen Ausgestaltung jedoch gutangepaßte Schüler mit rezeptiver Begabung[505].

Obwohl man annehmen kann, daß die Noten als Auslesekriterium mit dem weiteren Ausbau des schwedischen Bildungswesens und insbesondere mit der Realisierung einer »recurrent education« an Bedeutung stark verlieren werden[506], beinhalten sie gegenwärtig doch starke Benachteiligungen für die Unterschichtkinder. Kompensatorische Bemühungen im verbalen Bereich erscheinen deshalb angebracht — wobei jedoch festzuhalten ist, daß dies u. U. um den Preis einer Anpassung an die Mittelschichtsprache und -normen geschehen wird.

Weniger problematisch stellen sich kompensatorische Bemühungen für den mathematischen Bereich dar. Hier trat das soziale Leistungshandikap auf,

---

503 Vergl. hierzu II.4.2. und II.4.4.

504 *Carlsson, Ingvar* (1971), S. 72, Hervorhebung im Orig.

505 Vergl. SOU 1968:25, Studienprognose und Studienfortschritt. Kompetensutredningen. III. Stockholm: Utbildningsdepartementet, S. 32.

506 Zur Zeit (1973) arbeitet ein besonderes Komitee an einer Umgestaltung der Notengebung und wird voraussichtlich 1975 einen Reformvorschlag unterbreiten.

als es galt, die mathematische (induktive) Intelligenz in der Kenntnisprüfung zur Anwendung zu bringen, nicht jedoch bei dem Bestreben, den Prüfungsresultaten entsprechende Noten zu erhalten. Hieraus ergibt sich, daß den Kindern aus den unteren Schichten bei der Erarbeitung grundlegender mathematischer Kenntnisse zu helfen wäre, die in den Kenntnisprüfungen gemessen wurden — ein Problem, das insbesondere mit der Fertigstellung des vorprogrammierten IMU-Materials[507] einer Lösung näher gekommen zu sein scheint. Allerdings muß die Höhe des sozialen Leistungshandikaps im mathematischen Bereich als überraschend hoch angesehen werden: So wie die Mädchen im verbalen Bereich bei kontrollierter Intelligenz 0.4 Streuungseinheiten bessere Noten als die Jungen erhielten, genau so groß war der Unterschied in den relativen Schulleistungen des mathematischen Bereichs zwischen Kindern aus der Ober- und Unterschicht. Dies sollte, so meinte *Svensson,* ein »starting point for further research« sein[508].

Kinder aus den oberen Schichten erhielten also sowohl im Fach Schwedisch als auch Mathematik bessere Noten, als man es nach ihren Intelligenztestergebnissen erwartet hätte. Dies kann zu einem Teil damit erklärt werden, daß Oberschichtkinder eine größere Sicherheit in der Klasse aufwiesen und Eltern mit einer ungleich positiveren Einstellung zur weiterführenden Ausbildung besaßen als Schüler aus den unteren Sozialgruppen[509].

Unterschichtkinder, die ebenfalls diese Merkmale aufwiesen, erzielten bessere relative Schulleistungen als die übrigen Schüler ihrer Sozialgruppe[510].

Die Vermutung *Oevermanns,* daß »das Erziehungsinteresse der Eltern einer der wichtigsten ursächlichen Faktoren für den positiven Zusammenhang der Ausbildungschancen mit dem sozioökonomischen Status (ist)«[511], wird durch die schwedischen Untersuchungen gestützt. Die Elterneinstellung wies nicht nur einen Zusammenhang mit der Intelligenz der Kinder auf (vergl. E. R. 17), sie variierte zudem mit den relativen Schulleistungen der Kinder, d. h. als die Intelligenz der Kinder statistisch kontrolliert wurde[512].

Die Tabelle beleuchtet die außerordentliche Bedeutung des Bildungsinteresses der Eltern, das über Intelligenz und Schulleistungen auf die Ausbildungsentscheidungen einwirkte. Wenn nur jene Schüler betrachtet werden, deren Eltern ein hohes Bildungsinteresse aufwiesen, so entschieden sich

---

507 Näheres zu diesem *I*ndividualisierten *M*athematik-*U*nterricht in Abschnitt I.2.4. dieser Arbeit.

508 *Svensson, Allan* (1971), S. 131.

509 Vergl. ebda. S. 118; die Sicherheit des Schülers in der Klasse wurde durch eine Skala gemessen, s. Appendix 3, scale 2.

510 Vergl. ebda. S. 126.

511 *Oevermann, Ulrich* (1966), S. 169.

512 s. Tabelle 30.

nahezu alle für die Zuwahl einer direkt oder doch indirekt auf das Gymnasium führenden Wahlfachkombination[513].

Dieser starke Zusammenhang des Bildungsinteresses der Eltern mit den Bildungschancen der Kinder zeigt zwar einerseits die Notwendigkeit einer generellen pädagogischen Umorientierung zur Realisierung einer leistungsmäßigen Chancengleichheit wie auch des Abbaus der sozialen Selektion an, läßt aber doch andererseits einen Zusammenhang zwischen einer stetigen Anhebung des Bildungsniveaus der Elterngenerationen, wie sie durch die Gesamtschulreformen angestrebt wird, und verbesserten Ausbildungschancen der Kinder erwarten. Hierauf wird am Ende der Arbeit zurückzukommen sein.

Tabelle 30[514] Durchschnittsnoten in Mathematik von Jungen unterschiedlicher Intelligenz, aus verschiedenen Ausbildungsgruppen (AG)[515] und aus Elternhäusern mit unterschiedlicher Einstellung zur weiterführenden Ausbildung[516]

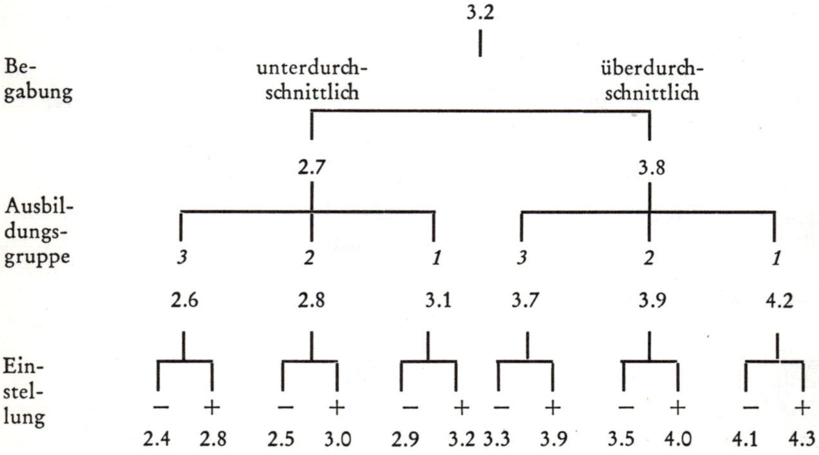

513 Vergl. *Rovio-Johansson, Airi* (S 1972), Die Individualstatistik-Untersuchung II (Individualstatistikprojektet nr. 39), Göteborg: Pedagogiska institutionen, Göteborgs universitet, hekt., S. 113 f., Figur 7a; dieser Gruppe wurden jene Schüler zugerechnet, deren Eltern ein Bildungsinteresse aufwiesen, das eine Streuungseinheit über dem Mittelwert der Einstellungsskala 1 lag.

514 Vergl. *Svensson, Allan* (S 1972), Elternhaus und Leistungsniveau (Individualstatistikprojektet nr. 40), Göteborg: Pedagogiska institutionen, Göteborgs universitet, hekt., S. 33, Fig. 6, wobei die 1966er Stichprobe zugrunde lag. Das Bild dieser Tabelle entspricht im großen und ganzen den Mathematiknoten der Mädchen sowie auch den Schwedischnoten von Jungen und Mädchen.

4. *Die zweite Selektionsstufe: Der Übergang auf die gymnasialen Schulformen*[517]

Im folgenden wird insofern an die bisherigen Untersuchungen angeknüpft, als der weitere Bildungsgang der im Rahmen des 1966er Individualstatistik-Projektes erfaßten Schüler analysiert werden soll. Dabei wird insbesondere eine Panelstudie im Mittelpunkt stehen, die vom 1966er Individualstatistik-Projekt ausgehend die Bildungsentscheidungen auf der Oberstufe bis zum Übergang auf die gymnasialen Schulformen untersuchte. Da sich die Schüler am Ende der Grundschulzeit zwischen Berufstätigkeit und Weiterbildung entscheiden mußten, wird einleitend kurz auf den Aufbau sowie wesentliche Entwicklungstendenzen der gymnasialen Schulformen eingegangen werden.

Sah man in der frühen Auslese der Schüler auf organisatorisch streng voneinander getrennte Schulformen einen Mechanismus zur Reproduktion der Klassengesellschaft, so glaubte man durch die Einführung der freien Zuwahl im Rahmen zusammengehaltener Klassen ein Instrument zur Brechung dieses Mechanismusses gefunden zu haben. Man hoffte, die Schüler würden die durchlässige Differenzierungsstruktur der Gesamtschule dazu benutzen, mit zunehmendem Alter Ausbildungsentscheidungen zu treffen, die mehr von den »Interessen« als dem sozialen Hintergrund beeinflußt würden[518].

In einem ersten Schritt der Analyse der sozialen Auslese soll deshalb geprüft werden, inwieweit es im Verlauf der Oberstufe zu einer Mobilität zwischen den einzelnen Ausbildungsvarianten kam.

Der Prozeß der sozialen Auslese machte sich natürlich nicht nur beim Übergang auf die gymnasialen Schulformen, sondern auch während des Verlaufs der Oberstufe bemerkbar. Der wesentliche Unterschied zum traditionellen Schulsystem bestand jedoch darin, daß er sich nicht mehr so sehr in der Form von Sitzenbleiben und vorzeitigem Abgang[519], sondern als Wechsel zwischen den einzelnen Wahlfachkombinationen vollzog.

---

515 Zur Einteilung der Ausbildungsgruppen s. II.3.5.

516 Die Einstellung der Eltern zur weiterführenden Ausbildung wurde durch Skala 1 erhoben, die im Anhang 3 abgedruckt ist; mit + wurden jene Eltern ausgezeichnet, deren Einstellungswert über dem Mittelwert der Skala lag, während jene Eltern mit – bezeichnet wurden, die sich unter dem Mittelwert der Skala befanden.

517 Der Begriff der »gymnasialen Schulformen« bezieht sich in Schweden auf jene Ausbildungseinrichtungen, die auf die Grundschule aufbauen, vergl. SOU 1963:42, Ein neues Gymnasium. 1960 års gymnasieutredning IV. Stockholm: Ecklesiastikdepartementet, S. 87.

518 S. z. B. *Husén, Torsten* (S 1963), Die Schule in einer sich wandelnden Gesellschaft, Stockholm: Almqvist & Wiksell, S. 84.

519 Der vorzeitige Abgang besaß im traditionellen Schulwesen einen beträchtlichen

In einem zweiten Schritt ist dann zu untersuchen, wie sich die soziale Selektion im Verlaufe der Oberstufe gestaltete, wobei von zwei Aspekten ausgegangen wird: zum einen werden geschlechtsspezifische Ausbildungsunterschiede analysiert werden, da diese zum großen Teil auf die Geschlechterrolle der Kinder zurückgeführt werden können, somit also einen Aspekt der sozialen Auslese darstellen. Zum anderen soll eingehend untersucht werden, inwieweit sich die Faktoren des sozialen Hintergrundes der Kinder auch im Verlauf der Oberstufe auf die Ausbildungsentscheidungen auswirkten.

Bei der Interpretation sozialer Ausbildungsunterschiede auf der Oberstufe sind insbesondere zwei Tatbestände zu beachten, die mit der Altersentwicklung der Schüler zusammenhängen. Zum einen stellt sich in diesem Alter aufgrund der psychischen Entwicklung sowie sozialen Orientierung der Schüler die Frage nach neuen Referenzgruppen, die das Elternhaus verdrängen oder doch teilweise ersetzen könnten. Hierbei spielt insbesondere die Gruppe der Gleichaltrigen eine Rolle, deren Bedeutung durch die Einführung zusammengehaltener, d. h. unselegierter Klassen vermutlich noch gestiegen ist. Aus diesem Grunde soll eine Analyse des Einflusses der Kameradengruppe auf die Ausbildungsentscheidungen durchgeführt werden.

Am Ende der Grundschulzeit mußten sich die Schüler zwischen der Fortsetzung der Ausbildung und der Aufnahme einer Berufstätigkeit entscheiden. Die hierbei zutage tretende soziale Selektion spiegelt sich in den Berufsplänen der Jugendlichen wider. Die Berufsvorstellungen der Jugendlichen spielen im Rahmen dieser Untersuchung auch insofern eine wesentliche Rolle, als sie einerseits die fortgesetzte Wirkung des sozialen Hintergrundes der Kinder aufzeigen, andererseits Hinweise auf die zukünftige soziale Position der Schüler geben. Diese Verknüpfung der »älteren« mit der »zukünftigen« Sozialstruktur in den Berufsplänen der Schüler kann als Grundlage für eine Diskussion des Zusammenhanges zwischen sozialer Auslese und sozialer Schichtung oder anders ausgedrückt: für die gesellschaftlichen Folgen der Schulpolitik verwendet werden. Aus diesem Grunde wird eine ausführliche Analyse der Berufsvorstellungen durchgeführt werden.

Umfang: So erreichten auf den Realschulen rd. 1/5 bis 1/3 der Schüler keinen Abschluß, vergl. *Orring, Jonas* (S 1959), Der Zusammenhang von Versetzung, Sitzenbleiben und vorzeitigem Abgang auf den höheren Schulen mit der Notengebung der Volksschule, SOU 1959:35, Stockholm: Ecklesiastikdepartementet; eine Zusammenfassung der Ergebnisse dieser Studie findet sich in *Boalt/Husen* (1968), S. 100 f.

4.1. Die organisatorische Differenzierung der gymnasialen Stufe Ende der 60er Jahre

Wie die Grundstufe des schwedischen Bildungswesens, so wurde auch das gymnasiale Niveau einer intensiven Reformtätigkeit unterworfen. Die Schüler, die von 1966 bis 1969 die Oberstufe der grundskola besuchten, konnten sich nach Abschluß der Gesamtschule für eine der im folgenden kurz beschriebenen Schulformen oder den direkten Übergang ins Arbeitsleben entscheiden[520].

Das Gymnasium umfaßte im Regelfall 3, für die technische Variante jedoch 4 Jahre und bereitete auf den Übergang in den Hochschulbereich vor. Diese direkt studienbezogene Variante unter den gymnasialen Schulformen war nach der Reform von 1964 entstanden, als eine Vielfalt allgemeiner sowie fachlich gebundener Gymnasien in einer einzigen Schulform mit 5 Zügen aufgingen[521] [522]. Während der 60er Jahre, in deren Verlauf eine ständige Zunahme theoretischer Bildung auf der Grundstufe zu verzeichnen war, überstieg die Zahl der Bewerber die vorhandenen Gymnasiumplätze, so daß eine nach dem Notendurchschnitt der letzten grundskola-Klasse ausgerichtete Auslese durchgeführt werden mußte.

Mit der Einführung der obligatorischen Gesamtschule auf der Grundstufe im Jahre 1962 wurde zugleich die Einrichtung sog. Fachschulen gefordert, die eine zwischen dem Qualifikationsniveau des Gymnasiums und der Berufsschulen liegende Ausbildung vermitteln sollten. Damit wurde eine neue Schulform vorgeschlagen, deren Besuch im Regelfalle an die Absolvierung der ebenfalls neu geschaffenen halb-theoretischen Wahlfachkombinationen der grundskola gebunden sein sollte. Nach dem Reichstagsbeschluß von 1964 wurde die Einführung *einer* Fachschulform mit drei Zügen beschlossen[523]. Die Fachschule baute auf einem relativ stark allgemeinbildenden Curriculum auf, das jedoch — verglichen mit dem Gymnasium — eine eher praktische Ausrichtung aufwies. Diese neue Schulform wies anfangs eine nur geringe Attraktivität auf, was wohl vor allem darauf zurückzuführen war, daß über die von ihr vermittelten Qualifikationen weder

---

520 Zu der Reformentwicklung auf der gymnasialen Stufe bis Anfang der 70er Jahre vergl. vor allem *Dahllöf, Urban* (S 1971a) sowie *Wieser, Klaus* (1974); mehr deskriptive Studien wurden von *Jüttner, Egon* (1970b), *Hörner, Horst* (1970) sowie *Orring, Jonas* (1968b), School in Sweden. A survey of primary, middle and secondary education Stockholm: SÖ geschrieben.

521 Es handelt sich hier um den humanistischen, den gesellschaftswissenschaftlichen, den ökonomischen, den naturwissenschaftlichen sowie den technischen Zug.

522 Vergl. *Wieser, Klaus* (1974), Abschnitt 4.2.1.

523 Es handelt sich um den sozialen, den ökonomischen und den technischen Zug; ausführlich *Wieser, Klaus* (1974), Abschnitt 4.2.1. und Teil 8.

bei den Arbeitgebern noch bei den Schülern volle Klarheit bestand. Mit der ständigen Zunahme theoretischer Ausbildung, die sich Ende der 60er Jahre bereits auf dem Hochschulniveau bemerkbar zu machen begann und eine gewisse Sättigung des Arbeitsmarktes mit Akademikern wahrscheinlich werden ließ, stieg auch die Attraktivität der Fachschule: Von 1968/69 bis 1969/70 sank die Zahl der sich in erster Wahl[524] um eine Aufnahme ins Gymnasium bewerbenden Schüler von 41 083 auf 38 921, während die Nachfrage nach Fachschulplätzen von 20 120 auf 25 991 stieg[525]. Den Schülern, die 1969 nach Abschluß der obligatorischen grundskola eine Entscheidung über ihren weiteren Lebensweg treffen mußten, stellte sich die Fachschule als eine Schulform auf mittlerem Qualifikationsniveau dar, die eine zwar relativ allgemeine, jedoch auf praktische Anwendbarkeit abgestellte Bildung vermittelte.

Neben Gymnasium und Fachschule stand den Schülern nach beendeter Schulpflichtzeit der Eintritt in eine Berufsschule oder der direkte Übergang ins Arbeitsleben offen.

Die Reformmaßnahmen auf der Grundschulstufe sowie dem gymnasialen Niveau legten eine Veränderung der Berufsausbildung nahe, sollte das Bemühen um einen Abbau bildungsmäßiger Sackgassen Erfolg haben. Die vom 1963er Berufsbildungskomitee vorgeschlagenen Reformmaßnahmen zur Eingliederung der Berufsschulen in die neue additive Gesamtschule der gymnasialen Stufe[526] traten jedoch erst Mitte 1971 in Kraft, so daß sie den von uns im folgenden untersuchten Schülerjahrgang noch nicht betrafen. Dieser sah sich 1969 vielmehr noch einer Vielfalt unterschiedlicher Berufsschulformen gegenüber, die im Gegensatz zur BRD Vollzeitschulen waren. Daneben gab es jedoch auch eine Reihe von Teilzeitkursen. Die überwiegende Mehrzahl der Schulen wurde in öffentlicher Regie betrieben, es gab jedoch auch privatbetrieblich gebundene Berufsausbildungsstätten[527]. Ende der 60er Jahre war der Zugang zu den meisten berufsbildenden Institutionen ohne Auswahlverfahren möglich, da diesem Bereich ausreichende Kapazitäten zur Verfügung standen.

---

524 Bei der Bewerbung um die Aufnahme in eine Schulform mit unzureichenden Kapazitäten müssen die Schüler mehrere Wünsche (1., 2. Wahl) angeben, da sich erst nach Vorliegen aller Bewerbungen herausstellt, welcher Notendurchschnitt mindestens zur Aufnahme benötigt wird; genügt der Notendurchschnitt eines Schülers nicht für die Schulform der 1. Wahl, so wiederholt sich das Auswahlverfahren bei der Schulform der 2. Wahl.

525 Vergl. Aktuellt från Skolöverstyrelsen (S 1969), specialnummer augusti 1969, Stockholm: SÖ-Förlaget, S. 69.

526 Vergl. SOU 1966:3, Die berufliche Ausbildung. Der Berufsbildungsausschuß. I. Stockholm: Ecklesiastikdepartementet sowie *Wieser* (1974).

527 Eine ausführlichere Darstellung der Berufsbildungsinstitutionen würde hier zu weit gehen, s. zu den neueren Entwicklungen *Wieser* (1974).

Außer für das Gymnasium, die Fachschule oder die Berufsschulen konnten sich die Schüler für den direkten Übergang ins Arbeitsleben oder auch für den Besuch komplettierender Kurse entscheiden, wenn die Aufnahme in eine gewünschte gymnasiale Schulform an mangelnden Kenntnissen scheiterte.
Trotz des Ausbaus der gymnasialen Schulformen führte die stark zunehmende Nachfrage nach studienbezogenen Ausbildungsplätzen in Verbindung mit der Abschaffung der vorselegierenden realskola zu einer harten Konkurrenz der Schüler auf der grundskola-Oberstufe um gute Noten, um die spätere Aufnahme ins Gymnasium oder doch zumindest die Fachschule zu sichern. Diese durch die unzureichenden Kapazitäten der folgenden Stufe bedingte Konkurrenz stand in klarem Gegensatz zu den Zielen der Solidarität und sozialen Erziehung in der integrierten Gesamtschule der Grundstufe.

4.2. Der soziale Selektionsprozeß im Verlauf der Oberstufe der Gesamtschule

Differenzierungsstruktur und Kursmobilität

Gegen das traditionelle Schulsystem wurde angeführt, daß die Auslese nach 4 bzw. 6 Schuljahren die Schüler auf Ausbildungswege festlege, da eine Änderung der Ausbildungsentscheidung aufgrund der strengen organisatorischen Trennung der studien- und berufsbezogenen Schulformen nur schwer möglich sei. Demgegenüber sollte die Einführung der stufenweisen Differenzierung durch Zuwahl von Wahlfächern und Niveaukursen im Rahmen zusammengehaltener Klassen es den Schülern ermöglichen, einmal getroffene Ausbildungsentscheidungen relativ unproblematisch revidieren zu können. Dies wurde u. a. mit der teilweise instabilen Interessenausprägung der Heranwachsenden begründet, die eine relativ starke Festlegung der Schüler bereits nach dem 6. Schuljahr verbiete[528].
Während der Versuchsperiode mit der enhetsskola in den fünfziger Jahren war eine nur »minimale« Mobilität zwischen den einzelnen Ausbildungsvarianten auf der Oberstufe zu verzeichnen gewesen[529], die sich zudem fast ausschließlich von den theoretischen zu den praktischen Varianten vollzog. Während dieser Zeit war das Prinzip der zusammengehaltenen Klassen jedoch kaum zur Anwendung gekommen.
Anfang der 60er Jahre hatte sich hieran nicht allzu viel geändert. Eine

528 Ausführlicher hierzu s. Abschnitt I.2.1. dieser Arbeit.
529 Vergl. *Skolöverstyrelsen* (S 1959), S. 97 ff.

Panelstudie, die an das 1961er Individualstatistik-Projekt anknüpfte und sich nur auf die männlichen Schüler bezog, ergab folgende Mobilitätsziffern:

Tabelle 31[530] Anteile männlicher Schüler, die im Alter von 13 Jahren
a) das Abitur machen wollten, ohne diesen Plan später zu realisieren,
b) zu Beginn der Oberstufe keine Gymnasiumpläne besaßen, später jedoch das Abitur ablegten

Abiturpläne, ohne Abitur abzulegen	Keine Abiturpläne, legten es später jedoch ab
27 %	4 %

Die sich hinter diesen Zahlen verbergende »negative« Mobilität, die bei den Mädchen sogar noch höher gelegen haben dürfte, verringerte den Vorsprung der enhetsskola gegenüber der realskola auf den studienbezogenen Ausbildungswegen von 20 % zu Beginn der Oberstufe auf 5 % an deren Ende[531].

Hatte sich an diesem einseitigen Bild durch Einführung der grundskola mit ihrer flexibleren Differenzierungsstruktur — neben den rein studien- und berufsbezogenen Varianten gab es nun eventuell auf das Gymnasium führende Ausbildungsvarianten — etwas geändert?

Tabelle 32[532] Ausbildungsentscheidungen von Schülern, die zu Beginn der Oberstufe 1961 und 1966 keine Gymnasiumpläne besaßen

Ausbildungsentscheidungen am Ende der Oberstufe	Beginn der Oberstufe 1961	1966
Gymnasium	4	5
Fachschule	—	22
Berufsschule oder Berufstätigkeit	96	73
	100	100

530 *Hörlyk, Sören & Kvist, Göran* (S 1970), S. 26.

531 Vergl. *Reuterberg* (S 1968), S. 78.

532 1961er Zahlen: *Hörlyk/Kvist* (S 1970), S. 26; 1966er Zahlen: *Bengtsson, Jarl* (S 1971), S. 40, Figur 9a. Dieser Vergleich ist jedoch insofern ein wenig problematisch, als es sich bei den 1961er Zahlen lediglich um männliche Schüler handelt, die tatsächlich das Abitur ablegten, während die 1966er Zahlen sich auf Jungen und Mädchen beziehen, die nach Abschluß der Ge-

Diese Zahlen zeigen, daß der Anteil jener Schüler, die sich nicht bereits zu Beginn, sondern erst im Verlauf der Oberstufe für den Besuch des Gymnasiums entschieden, keine wesentlichen Veränderungen im Laufe von 5 Jahren erfuhr: der spätere Besuch des Gymnasiums schien bereits durch die Zuwahl zu Beginn der Oberstufe weitgehend entschieden zu sein.
Der Unterschied zwischen den Gesamtschultypen der enhetsskola und der grundskola tritt jedoch deutlich hervor, wenn die neugebildete Fachschule betrachtet wird, die eine Entsprechung in den halb-theoretischen Varianten der grundskola besaß: Von allen Schülern, die im Alter von 13 Jahren nicht planten, das Gymnasium zu besuchen, hatten rd. 1/5 später die Absicht, die Fachschule zu absolvieren. Obwohl sich hieraus keine sicheren Schlüsse auf die Kursmobilität der grundskola ziehen lassen, weil nicht auf das Gymnasium gehen zu wollen ja auch bedeuten kann, von vornherein die Fachschule besuchen zu wollen, so zeigt sich doch eine deutliche Anhebung des Bildungsniveaus im Verlaufe von 5 Jahren. Nähere Aufschlüsse zur Kursmobilität der grundskola wird Tabelle 33 geben.
Die Analyse der sozialen Auslese beim Übergang auf die Oberstufe zeigte die stärksten sozialen Unterschiede auf den direkt studienbezogenen Ausbildungswegen auf, während sich bei Berücksichtigung der »eventuell gymnasiumvorbereitenden Varianten« ein weitgehender sozialer Ausgleich ergab. Inwiefern änderten nun jene Schüler, die zu Anfang der Oberstufe einen mehr oder minder studienbezogenen Ausbildungsweg gewählt hatten, ihre Entscheidung im Verlauf der Oberstufe?

Tabelle 33[533] Ausbildungswahl zu Beginn (1966) und am Ende (1969) der Gesamtschuloberstufe

Pläne am Ende der Oberstufe	Ausbildungsentscheidungen zu Beginn der Oberstufe	
	direkt studienbezogen	indirekt studienbezogen
Gymnasium	71	18
Fachschule	16	30
Berufsschule, Arbeit	10	45
Unbestimmt	3	7
	100	100

samtschule Pläne für den Besuch des Gymnasiums hatten, d. h. nicht unbedingt später auch das Abitur abgelegt haben müssen. Wir sind hier jedoch mehr an Tendenzen interessiert und die treten deutlich zutage.

533 *Bengtsson* (S 1971), S. 41, Figur 10.

Rund die Hälfte der Schüler mit eventuell studienbezogenen Wahlfachkombinationen entschieden sich also für einen Übergang auf das Gymnasium oder die Fachschule, davon ungefähr $^1/_5$ für das Gymnasium, also Schüler, die von der Möglichkeit der Komplettierungsstudien Gebrauch gemacht hatten oder Gebrauch machen wollten. Wenn man sich diese Zahlen vor Augen hält, so kann gesagt werden, daß sich die Durchlässigkeit der Differenzierungsstruktur seit Einführung der grundskola erhöht hatte. Dieses Mobilitätsmuster zeigt zugleich die Konsequenzen des traditionellen Auslesesystems mit seiner strengen organisatorischen Trennung studien- und berufsbezogener Schulformen auf.
Es stellt sich nun die Frage, ob diese verbesserte Mobilität zwischen den Ausbildungsvarianten der Oberstufe durch eine bessere Einschätzung der eigenen Anlagen und Interessen verursacht wurde, wie dies von den Reformern beabsichtigt war, oder ob die stärkere faktische Durchlässigkeit der Differenzierungsstruktur nicht auch an andere Faktoren gekoppelt war. Wir werden diese Frage in den folgenden Abschnitten unter dem Gesichtspunkt geschlechter- sowie schichtenspezifischen Ausbildungsverhaltens zu beantworten suchen — zwei Aspekte der sozialen Auslese mit unmittelbarer Relevanz für eine auf »vermehrte Gleichheit« abzielende Bildungs- und Gesellschaftspolitik.

Ausbildungspläne und Geschlechtszugehörigkeit von Oberstufenschülern

Bei der Analyse der Ausbildungspläne zu Beginn der Oberstufe zeigte sich, daß Mädchen häufiger als Jungen eine theoretische Ausbildung planten. Dieser Vorsprung der Mädchen wurde teils mit der größeren physischen und psychischen Reife 13jähriger Mädchen erklärt, teils jedoch auch als Wirkung der weiblichen Geschlechterrolle interpretiert. Damit wären diese geschlechtsspezifischen Unterschiede zumindest teilweise als Ausdruck einer sozialen Selektion anzusehen. Im folgenden soll untersucht werden, ob es im Verlaufe der Oberstufe zu einer Veränderung dieses Bildes kam.

Tabelle 34 Pläne, das Gymnasium zu besuchen, zu Beginn (1966) und am Ende der Oberstufe[534] sowie Wahl einer direkt studienbezogenen Ausbildungsvariante am Anfang der Oberstufe[535]

	Gymnasiumpläne 1966	Wahl einer direkt studienbezogenen Variante	Gymnasiumpläne 1969
Mädchen	37 %	43 %	36 %
Jungen	34 %	38 %	40 %

Obwohl mehr Mädchen als Jungen das Gymnasium besuchen wollten und sich auch häufiger für einen direkt studienbezogenen Ausbildungsweg entschieden, so planten sie am Ende der grundskola-Zeit doch in geringerem Ausmaß als die Jungen, auf das Gymnasium überzugehen. Die gesteigerte Mobilität zwischen den Ausbildungsvarianten wirkte sich also zuungunsten der Mädchen aus, während sich die Jungen auch noch im Verlauf der Oberstufe für einen Übergang auf das Gymnasium entschieden. Bedeutete nun der Verlust des Vorsprungs auf den direkt studienbezogenen Ausbildungswegen zugleich eine stärkere Orientierung der Mädchen auf ein mittleres Ausbildungsniveau hin?

Tabelle 35[536] Zukunftspläne von Jungen und Mädchen nach Abschluß der grundskola (1969)

	Jungen	Mädchen
Gymnasium	40	36
Fachschule	15	26
Berufsschule, Arbeit	39	31
Unbestimmt	6	7
	100	100

Diesen Zahlen ist hinzuzufügen, daß 83 % der Schüler 1969 irgendeine Form der schulischen Weiterbildung (Gymnasium, Fachschule, Berufsschule) nach Abschluß der Gesamtschule planten[537].

Bereits beim Übergang auf die gymnasialen Schulformen zeigten also die Mädchen eine Tendenz zu einem mittleren Qualifikationsniveau hin, ein Muster, das auch bereits in der Elterngeneration zutage trat. Im Unterschied zu den Eltern hatte sich Ende der 60er Jahre jedoch eine beträchtliche Erhöhung des Bildungsniveaus ergeben. Besaßen noch rd. 80 % der Eltern eine Ausbildung, die den Alternativen Berufsschule oder Volksschule ohne besondere Berufsausbildung entsprach[538], entschieden sich 1969 nur noch 35 % des Schülerjahrgangs für diese Möglichkeiten[539]. Man kann aber konstatieren, daß die beträchtliche quantitative Steigerung theoretischer

534 *Bengtsson, Jarl* (S 1971), S. 40, Figur 9b.
535 *Carlsund, Anton* (S 1968), S. 5, Tab. 4.
536 *Bengtsson, Jarl* (S 1971), S. 40, Figur 9b.
537 Ebda. S. 33, Figur 1a.
538 Vergl. *Frick-Strandberg, Kajsa; Westling, Gunilla* (S 1968) S. 4, Tab. 3.
539 S. *Bengtsson, Jarl* (S 1971), S. 33, Figur 1a.

Ausbildung nicht auch gleichzeitig zu einer Durchbrechung geschlechtsspezifischer Ausbildungsmuster führte[540].

Diese geschlechtsspezifischen Veränderungen im Verlauf der Oberstufe könnten auf der Änderung der Auswahlkriterien beruhen: Während die Wahlfachkombinationen zu Beginn der Oberstufe durch freie Zuwahl bestimmt wurden, kam es beim Übertritt auf die gymnasialen Schulformen zu einer an den Durchschnittsnoten des 9. Schuljahres orientierten Auslese der Schüler. Dies galt für das Gymnasium und die Fachschule, in denen die Zahl der Bewerber die Anzahl vorhandener Plätze überstieg. Man könnte also vermuten, daß die Mädchen ihren Vorsprung auf den studienbezogenen Varianten deshalb verloren, weil sie schlechtere Noten als die Jungen aufwiesen. Wenn man sich jedoch den großen Vorsprung der Mädchen in der 6. Klasse vor Augen hält (vergl. E. R. 28), scheint dies wenig wahrscheinlich. Tatsächlich behielten die Mädchen im Verlauf der Oberstufe ihren notenmäßigen Vorsprung, der allerdings abzunehmen schien:

Tabelle 36[541] Noten von Jungen und Mädchen zu Beginn und am Ende der Oberstufe

		6. Klasse		9. Klasse
	Schwedisch	Mathematik	Englisch	Durchschnitt
Mädchen	3,49	3,27	3,46	3,12
Jungen	3,03	3,24	3,05	2,98

Man wird die geschlechtsspezifischen Veränderungen der Ausbildungspläne also kaum auf das manifeste Auswahlkriterium zurückführen können, obwohl es zu einer entwicklungspsychologisch erklärbaren Verminderung der Notenunterschiede kam[542].

Wenn man annimmt, daß das Selbstbild des Jugendlichen einen Einfluß auf seine Attitüden und sein Verhalten ausübt, so könnten Untersuchungen der Selbsteinschätzung der Schüler zur Erklärung unterschiedlichen Ausbildungsverhaltens beitragen. Es sei deshalb kurz auf einen Tatbestand eingegangen, der sich in skandinavischen Untersuchungen immer wieder

540 Gemessen an den starken Geschlechterunterschieden, die *Härnqvist/Grahm* (S 1963) noch Anfang der 60er Jahre feststellten, war es 1969 jedoch zu einer Reduzierung des geschlechtsspezifischen Handikaps beim Übergang auf das Gymnasium gekommen.

541 *Bengtsson, Jarl* (S 1971), S. 43, Figur 12a.

542 Ausführlich hierzu: *Ljung, Bengt-Olov* (1965).

zeigte, nämlich die relativ niedrige Selbsteinschätzung von Mädchen. So wurde z. B. untersucht, welchen Leistungsrangplatz die Kameraden einem Schüler gaben; der Schüler selbst sollte angeben, wie seine Mitschüler ihn wahrscheinlich bewertet hatten. Dabei zeigte sich durchgehend eine niedrigere Selbsteinschätzung der Mädchen als der Jungen[543]. *Magnusson*[544] und *Andersson*[545] kamen zu gleichlautenden Ergebnissen.

Diese geringe Selbsteinschätzung drückte sich auch im schulischen Verhalten der Schülerinnen aus. So fragten *Lindell* u. a. Schüler der 9. Klasse in Malmö, ob sie sich nun besser behaupten könnten als in der 8. Klasse. Dabei zeigten die Mädchen eine signifikant größere Skepsis als die Jungen, obwohl die Noten keinen Anlaß dazu boten[546]. Das gleiche Bild erbrachte eine norwegische Untersuchung, wo Mädchen öfter als Jungen angaben, aufgrund mangelnder Begabung die Ausbildung nicht fortsetzen zu können, obwohl notenmäßig hierzu kein Grund gegeben war[547]. *Jansson* und *Ljung* stellten fest, daß Mädchen mit durchschnittlichen oder knapp darunter liegenden Noten seltener als Jungen auf das Gymnasium übergingen, wenn sie aus der Unterschicht kamen[548].

War die gute Schulanpassung der Mädchen zu Beginn der Oberstufe noch ein Faktor, der die starke Repräsentation der Mädchen auf den theoretischen Ausbildungswegen erklären konnte, so galt dies beim Übertritt auf das Gymnasium nicht mehr im gleichen Maße.

Der Hinweis auf die geringe Selbsteinschätzung der Mädchen, die die Wirkung der guten Schulanpassung vermindert haben könnte, erscheint für sich jedoch unbefriedigend. Wenn diese These richtig sein sollte, stellt sich sofort die Frage nach den sozio-strukturellen Bedingungen des weiblichen Selbstbildes. Dies kann im Rahmen dieser Arbeit allerdings nicht beant-

---

543 S. hierzu *Johannesson, Ingvar* (S 1967), Teenager in der Schule. Schulanpassung der Oberstufenschüler in unterschiedlichen Schulmilieus. Teilbericht III. Stockholm: Pedagogisk-psykologiska institutionen, Lärarhögskolan, hekt.

544 S. *Magnusson, David* (S 1960), Selbsteinschätzung und Schulmilieu; in: SOU 1960:42, Stockholm: Ecklesiastikdepartementet.

545 Vergl. *Andersson, Bengt-Erik* (1969a), S. 298 f.

546 Vergl. *Lindell, Ebbe* u. a. (S 1966), Schülerattitüden in der 9. Klasse der grundskola (Pedagogisk-psykologiska problem nr. 28), Malmö: Lärarhögskolan, hekt., S. 24.

547 S. hierzu *Sem, Tove* (S 1967), Geschlechterrollen und Studienmotivationen, zitiert nach TCO (S 1970), S. 146.

548 Vergl. *Jansson, Sven & Ljung, Bengt-Olov* (S 1970), Der Weg durch die Oberstufe zum Gymnasium. Eine Untersuchung der Bedeutung sozio-ökonomischer Faktoren für die Rekrutierung des Gymnasiums an Hand eines Schülerjahrgangs in Västmanlandslän (Rapport 45), Stockholm: Lärarhögskolan, S. 10, Tab. 10; eine engl. Version findet sich in Pedagogisk Forskning, Scandinavian Journal of Educational Research (1970), no. 1., S. 1—14.

wortet werden. Die Untersuchung des Zusammenhangs zwischen Ausbildungs- und Berufsplänen (Abschnitt 4.4.) wird jedoch den starken Einfluß der Arbeits- und Berufswelt auf das Ausbildungsverhalten der Mädchen deutlich machen und so einen Hinweis auf die relativ geringe Selbsteinschätzung der Mädchen geben.

Empirisches Resultat 31: Im Verlaufe der grundskola-Oberstufe (von 13 bis 16 Jahren) verwandelte sich die anfängliche Überrepräsentation der Mädchen auf den studienbezogenen Ausbildungsvarianten in eine Unterrepräsentation beim Übergang auf die gymnasialen Schulformen.

Der Einfluß des sozialen Hintergrundes der Schüler auf die Änderung von Ausbildungsentscheidungen

Bevor die Veränderung der sozialen Auslese auf der grundskola-Oberstufe von 1966 bis 1969 untersucht wird, soll kurz auf die sozialen Unterschiede zu Beginn und am Ende der 60er Jahre eingegangen werden. Ein solcher Zeitvergleich erscheint jedoch insofern problematisch, als es im Verlaufe des Jahrzehntes zu einer weitgehenden Vereinheitlichung des Bildungswesens gekommen war. Das noch Anfang der 60er Jahre vorherrschende traditionelle Schulsystem zeichnete sich durch eine Vielzahl studienbezogener Schulformen (Realschulen) aus, von denen der Übergang auf das Gymnasium zudem noch zu unterschiedlichen Zeitpunkten möglich war[549]. Ein Zeitvergleich mit den Ausbildungsplänen von Schülern, die bis 1969 die grundskola besucht hatten, ist deshalb am ehesten mit jenen Schülern sinnvoll, die 1961 in der letzten Realschulklasse Pläne für einen Besuch des Gymnasiums hatten[550] [551].
Während der 60er Jahre hatte sich also der Anteil der Unterschichtkinder mit Plänen für den Besuch des Gymnasiums beträchtlich erhöht, während der der Oberschichtkinder zurückgegangen war. Die große Steigerung des Gymnasiumsbesuches in diesem Jahrzehnt — von ca. 20 auf 30 % — hatte also zwar eine Verminderung, jedoch bei weitem keinen Abbau der sozialen Auslese beim Übergang auf die gymnasialen Schulformen mit sich gebracht.

---

549 Ausführlicher hierzu z. B. *Jüttner, Egon* (1970a), S. 72 ff.

550 Teilweise war auch ein Übergang auf das Gymnasium aus der vorletzten Realschulklasse möglich; hiervon machten jedoch vor allem die Kinder aus den oberen Schichten Gebrauch, so daß sich hier beträchtliche soziale Unterschiede ergaben, vergl. z. B. *Härnqvist, Kjell & Grahm, Åke* (S 1963), Der Weg durch das Gymnasium, SOU 1963:15, Stockholm: Ecklesiastikdepartementet, S. 94; wir werden deshalb diese Realschulklasse nicht einbeziehen.

551 Zum folgenden siehe Tab. 37.

Tabelle 37 Pläne, das Gymnasium zu besuchen, von Jungen, die sich 1961 in der letzten Realschulklasse befanden[552], sowie von Schülern, die 1969 die letzte Klasse der Gesamtschule besuchten[553] aufgeteilt nach Schichtzugehörigkeit[554]

Sozialgruppe des Vaters	Jungen 1961	Jungen u. Mädchen 1969
SG 1	28	17
SG 2	48	51
SG 3	20	32
Unbestimmt	4	—
	100	100

Wie verhielt es sich nun mit dem sozialen Ausleseprozeß im Verlauf der Oberstufe der Gesamtschule in den Jahren 1966 bis 1969? Nach Untersuchungen, die Anfang der 50er und 60er Jahre durchgeführt wurden, sollte man eine Verschärfung der sozialen Auslese beim Übergang auf das Gymnasium erwarten[555].

Inwieweit hatte sich hieran etwas bis Ende der 60er Jahre geändert? Diese Frage gewinnt besonders aufgrund der 1962 reformierten Differenzierungsstruktur der Gesamtschule Bedeutung, die u. a. eine erhöhte Mobilität zwischen den Wahlfachkombinationen mit sich gebracht hatte. Hierbei ist jedoch auch zu bedenken, daß rd. 80 % der Schüler ihre Pläne für den Besuch des Gymnasiums im Verlauf der Oberstufe nicht mehr änderten.

Zur Beleuchtung der im Verlauf der Oberstufe eingetretenen Veränderungen soll im folgenden gezeigt werden, wieviele Schüler zu Beginn der Oberstufe Pläne für einen späteren Gymnasiumbesuch hatten, welche Anteile der Jugendlichen dann einen direkt auf das Gymnasium führenden

552 S. hierzu *Härnqvist/Grahm* (S 1963), S. 94, Tab. 29; bei Einbeziehung der Mädchen ergaben sich keine nennenswerten Veränderungen.

553 Vergl. *Bengtsson, Jarl* (S 1971), S. 37, Figur 4b.

554 In der Panelstudie des 1966er Individualstatistikprojektes wurde mit einer undifferenzierten Mittelschicht gearbeitet, was zwar die Vergleichbarkeit mit Untersuchungen aus anderen Projekten erhöhte, jedoch auch eine Verminderung des Informationsgehaltes bedeutete. Im folgenden werden wir uns besonders auf die Ober- und Unterschicht konzentrieren, weil die Entwicklungen in der Mittelschicht u. U. mehr verdecken als erhellen können, vergl. hierzu Empirisches Resultat 2.

555 Vergl. hierzu z. B. *Boalt, Gunnar* (S 1947), *Härnqvist, Kjell* (S 1958), *Härnqvist, Kjell & Grahm, Åke* (S 1963); *Reuterberg,* (S 1968).

Ausbildungsweg wählten, und wieviele Schüler in den einzelnen Sozialgruppen am Ende der Oberstufe noch auf das Gymnasium übergehen wollten.

Tabelle 38 Anteile der Jugendlichen in den einzelnen Sozialgruppen, die zu Beginn der Oberstufe (1966) einerseits den späteren Übergang auf das Gymnasium, andererseits den Besuch einer direkt auf das Gymnasium führenden Ausbildungslinie planten, sowie Anteile von Schülern mit unterschiedlichem sozialen Hintergrund, die am Ende der Oberstufe (1969) Pläne für den Besuch des Gymnasiums hatten

Sozialgruppe des Vaters	Pläne für das Gymnasium 1966[556]	Wahl einer theor. Linie 1966[557]	Pläne für das Gymnasium 1969[556]
SG 1	71	75	81
SG 2	45	54	46
SG 3	23	29	25

Diese Zahlen lassen insbesondere zwei Tendenzen erkennen:
(1) Im Verlauf der Oberstufe kam es zu einer generellen Zunahme der Gymnasiumpläne, die sich jedoch insbesondere in der Oberschicht bemerkbar machte.
(2) Wenn man den Besuch direkt studienbezogener Ausbildungsvarianten auf der Oberstufe mit den Gymnasiumplänen am Ende der Grundschulzeit vergleicht, so zeigt sich, daß lediglich die Oberschicht ihren Anteil erhöhte. Damit war es also im Verlauf der Oberstufe zu einer Verschärfung der sozialen Auslese gekommen, eine Entwicklung, die sich auch im traditionellen Schulwesen bemerkbar gemacht hatte.

Die Zunahme der Mobilität zwischen den einzelnen Ausbildungsvarianten ging also mit einer Begünstigung der Oberschichtkinder einher, die in einem relativ hohem Maße von den Komplettierungsmöglichkeiten auf den »eventuell studienbezogenen Ausbildungswegen« Gebrauch gemacht haben müssen oder noch Gebrauch machen wollten. Nur in dieser Schicht wollten mehr Schüler das Gymnasium besuchen als zuvor direkt auf das Gymnasium führende Wahlfachkombinationen belegt hatten.

Damit zeigt sich, daß das Instrument einer flexibleren Differenzierungsstruktur, das zu einer Verminderung der sozialen Auslese beitragen sollte, eher im Sinne der Verhinderung eines sozialen Abstiegs der Oberschicht-

556 *Bengtsson* (S 1971), S. 40, Figur 9b.
557 Berechnet nach statistischem Material von *Carlsund* (S 1968).

kinder als der Realisierung eines ausbildungsmäßigen Aufstiegs der Unterschichtkinder diente.

Wenn man nach Erklärungen für diese Entwicklungen sucht, die statt auf eine Verminderung auf eine Verschärfung der sozialen Auslese hinwirkten, ist einmal davon auszugehen, daß der Übergang auf das Gymnasium sich in Form einer Notenauslese vollzog. Kann nun die Verschärfung der sozialen Auslese durch leistungsmäßige Faktoren, also das manifeste Auswahlkriterium erklärt werden? Die Beantwortung dieser Frage kann — im Gegensatz zu den Untersuchungen beim Übergang auf die sekundäre Stufe — nur mit Hilfe eines sehr groben Instrumentes versucht werden. Wenn man analysiert, wieviele Schüler aus den einzelnen Sozialgruppen, die einen Notendurchschnitt von 3,5 bis 5[558] in der 9. Klasse erreicht hatten, auf das Gymnasium übergehen wollten, so ergibt sich folgendes Bild:

Tabelle 39[559] Anteile Jugendlicher in den einzelnen Sozialgruppen, die bei einem Notendurchschnitt von 3,5 bis 5 den Übergang auf das Gymnasium planten. Zum Vergleich die Zahlen der Gesamtschülerschaft

Sozialgruppe des Vaters	Noten: 3,5—5	Noten nicht kontrolliert
SG 1	96	82
SG 2	77	46
SG 3	58	25

Anhand dieser — wenn auch unzureichenden — Kontrolle der Noten kann man sagen, daß die Schulleistungen zwar einen Teil der Unterschiede zwischen den Schichten zu erklären vermögen, daß jedoch auch beim Übergang auf das Gymnasium ein beträchtliches direktes, d. h. leistungsunabhängiges soziales Handikap gegeben war.

Die Untersuchungen der sozialen Auslese zu Beginn der Oberstufe ließen die Vermutung aufkommen, daß die Noten eine Orientierungsfunktion für die Kinder aus den unteren Schichten besaßen, während sich die Oberschichtkinder relativ unabhängig von ihren Schulleistungen für eine qualifizierte Ausbildung entschieden. Aufgrund der Zahlen aus Tabelle 39 scheint die Annahme gerechtfertigt, daß dies auch beim Übergang auf das Gymnasium am Ende der 60er Jahre galt.

---

558 Die Notenskala verlief in den 60er Jahren von 5 bis 1 mit 5 als bester Note.
559 *Bengtsson, Jarl* (S 1971), S. 39 u. S. 37.

Als Beleg für diese Hypothese können die Ergebnisse von *Hörlyk* und *Kvist* angeführt werden, die nach einer Paneluntersuchung der Jungen des 1961er Individualstatistik-Projektes feststellten, daß bei einem Großteil der Arbeiterkinder bereits kleine negative Veränderungen in den Schulleistungen genügten, um eine Anpassung der Ausbildungspläne an das »in der Gruppe übliche Aspirationsniveau« zu bewirken[560]. Die Eltern dieser Kinder wiesen durchgehend eine weniger positive Einstellung zur theoretischen Ausbildung auf als die Eltern der Kinder, die ihre theoretische Ausbildung fortsetzten[561]. An diesen Gegebenheiten dürfte sich auch Ende der 60er Jahre noch nicht allzu viel geändert haben.

Wenn man auch annehmen kann, daß ein Teil der sozialen Auslese sich durch eine Verschlechterung der Schulleistungen auf der Oberstufe erklären läßt[562], so vermögen sie die soziale Auslese doch bei weitem nicht ganz zu erklären. Dies wird vollends deutlich, wenn man sich vor Augen hält, daß Mädchen zwar bessere Noten als Jungen aufwiesen, jedoch in geringerem Ausmaß auf das Gymnasium übergehen wollten, während Oberschichtkinder sowohl bessere Schulleistungen als auch höhere Übergangsfrequenzen auf das Gymnasium vorweisen konnten. Neben den manifesten traten also mit zunehmender Schulzeit verstärkt latente Auswahlkriterien in Erscheinung. Dies kann teilweise auf das relativ geringe Ambitionsniveau der unteren Schichten zurückgeführt werden. So stellte z. B. *Husén* Anfang der fünfziger Jahre fest, daß sich die Unterschichtkinder im traditionellen Schulsystem eher mit einem Realschulabschluß zufrieden gaben als die Schüler aus den oberen Sozialgruppen[563], ein Resultat, das sich auch später immer wieder zeigte[564]. Hierfür lassen sich auch im Rahmen der Paneluntersuchung des 1966er Individualstatistik-Projektes Belege anführen.

Als die Schüler sich im Alter von 16 Jahren allein aufgrund ihrer Interessen für eine weiterführende Ausbildung entscheiden sollten, zeigte sich überaus deutlich das vergleichsweise geringe Ambitionsniveau der Unterschichtkinder.

---

560 *Hörlyk/Kvist* (S 1970), S. 33.

561 Ebda. S. 34.

562 Innerhalb des Individualstatistik-Projektes liegt hierzu nur eine Untersuchung der Intelligenzentwicklung von Schülern im Alter von 13 bis 18 Jahren vor, die einen Zusammenhang mit den Noten aufweist, s. *Härnqvist, Kjell* (1968), Relative changes in intelligence from 13 to 18 (Individualstatistik-Projekt Nr. 15); in: Scandinavian Journal of Psychology 9 (1968), S. 65—83, wo ein — wenn auch nur geringer — Zusammenhang zwischen Intelligenzentwicklung und sozialem Hintergrund der Kinder festzustellen war.

563 Vergl. *Husén, Torsten* (S 1950), Die Prognosefähigkeit von Testresultaten, Stockholm: Gebers, S. 169.

564 S. z. B. *Härnqvist/Grahm* (S 1963), *Reuterberg* (S 1968).

Tabelle 40[565] Anteile von Schülern in den Sozialgruppen, die sich nach Abschluß der Gesamtschule für das Gymnasium entschieden hätten, wenn sie keine Rücksicht auf bisherige Ausbildungsentscheidungen, Noten, Meinungen der Eltern sowie finanzielle Schwierigkeiten zu nehmen brauchten (= freie Wahl); zum Vergleich die tatsächlichen Wahlentscheidungen (= faktische Wahl)

Sozialgruppe des Vaters	freie Wahl	faktische Wahl
SG 1	83	81
SG 2	59	45
SG 3	40	25

Hieraus ist der für die schwedische Reformkonzeption wesentliche Schluß zu ziehen, daß selbst eine Verwirklichung der angestrebten Interessensteuerung der Ausbildungsentscheidungen nicht auch gleichzeitig einen Abbau der sozialen Auslese nach sich ziehen wird. *Durch organisatorische und pädagogische Reformmaßnahmen allein wird Chancengleichheit in der Schule nicht realisiert werden können.*

Das vergleichsweise geringe Ambitionsniveau der Unterschichtkinder führte im traditionellen schwedischen Schulwesen dazu, daß sie im Anschluß an die ja bereits selektiven Realschulen — verglichen mit den Schülern aus den höheren Sozialgruppen — eher auf die Berufsschulen übergingen oder eine Berufstätigkeit aufnahmen. Im reformierten Bildungswesen planten dagegen rd. 1/5 aller Unterschichtkinder nach Abschluß der Gesamtschule auf die neugeschaffene Fachschule überzugehen[566]

Zusammenfassend kann man sagen, daß nach der Durchführung tiefgreifender Reformen sowohl der soziale Hintergrund als auch die Geschlechterzugehörigkeit als latentes Auswahlkriterium beim Übergang auf die gymnasialen Schulformen wirksam blieben. Dieses Resultat ist in zweifacher Weise zu interpretieren: Verglichen mit den Ausbildungsverhältnissen zu Beginn der 60er Jahre war die Nachfrage nach weiterführender Ausbildung am Ende der Pflichtschulzeit stark gestiegen, was zwar mit einer Vermin-

565 *Bengtsson* (S 1971), S. 48, Figur 17b.

566 Ebda. S. 37, Figur 4c; auch dies kann als Ausdruck des geringeren Ambitionsniveaus der Unterschichtkinder interpretiert werden; in einer regional gebundenen Studie wählten vergleichsweise viele Kinder aus den Sozialgruppen 2 und 3 auch bei guten Schulleistungen die Fachschule, während Oberschichtkinder erst bei relativ schlechten Noten von dieser Möglichkeit Gebrauch machten; vergl. *Henrysson, Sten & Åsemar, Carl-Georg* (S 1970), Rekrutierung von Fachschule und Gymnasium; in: SOU 1970:20, S. 175 ff.

derung, nicht jedoch einem Abbau der sozialen Auslese einherging; insofern kann man durchaus von einem Erfolg der Reformpolitik sprechen. Wenn man dagegen die Entwicklung im Verlaufe der grundskola-Oberstufe von 1966 bis 1969 betrachtet, so gewannen die latenten Auswahlkriterien Geschlechterzugehörigkeit und sozialer Hintergrund wie bereits auch im traditionellen Schulwesen zunehmendes Gewicht: Während die Benachteiligungen zu Beginn der Oberstufe noch zu einem großen Teil durch unterschiedliche Schulleistungen erklärbar waren, galt dies am Ende der Oberstufe offensichtlich nicht mehr im gleichen Maße.
Wir werden deshalb in den folgenden Abschnitten von Variablen ausgehen, deren Einfluß als relativ unabhängig vom schulischen Bereich gedacht werden kann: Zum einen die Gruppe der Gleichaltrigen, deren Einwirkung auf Attitüden und Verhalten der Jugendlichen in einer Reihe von Studien nachgewiesen wurde. Es soll untersucht werden, ob sie einen Einfluß auf die Ausbildungsentscheidungen der Schüler auszuüben vermochte. Andererseits gewinnen im Alter von 13 bis 16 Jahren die Berufsvorstellungen zunehmendes Gewicht für die Ausbildungsentscheidungen der Schüler; sie verweisen zudem auf die zukünftige soziale Position der Kinder und ermöglichen so Reflexionen über einen weiter gefaßten Begriff von Chancengleichheit.

Empirisches Resultat 32: Während der 60er Jahre verminderte sich der Einfluß der Geschlechtszugehörigkeit und des sozialen Hintergrundes auf die Ausbildungsentscheidungen beim Übergang auf die gymnasialen Schulformen.

Empirisches Resultat 33: Wie bereits zu Beginn der 60er Jahre kam es auch am Ende des Jahrzehntes im Verlaufe der Gesamtschul-Oberstufe zu einer Verschärfung der sozialen Unterschiede in der Wahl der Ausbildungswege.

Empirisches Resultat 34: Zwischen den Schichten zeigten sich beträchtliche Unterschiede in den Ausbildungsambitionen: 8 von 10 Oberschichtkindern, jedoch nur 4 von 10 Schülern der Unterschicht entschieden sich bei einer reinen »Wunschwahl« für einen Übergang auf das Gymnasium.

4.3. Das soziale Milieu der Klasse — Zum Einfluß der Kameradengruppe auf die Ausbildungsentscheidungen

Im folgenden kommt es zu einer Verschiebung der Untersuchungsebene: Stand bisher der Vergleich zwischen Schulsystemen im Vordergrund – enhetsskola/traditionelles Schulwesen und enhetsskola/grundskola —, so bilden in diesem Abschnitt Schulklassen die Einheiten der Analyse.
Bei den Untersuchungen der sozialen Auslese wurde die Intelligenz der Kinder statistisch kontrolliert, um den Einfluß der Schichtzugehörigkeit auf

die Ausbildungsentscheidungen, d. h. das direkte soziale Handikap bestimmen zu können. Dabei ergab sich jedoch der Verdacht, daß Kinder gleicher Intelligenz sich in unterschiedlichen sozialen Klassenmilieus durchaus verschieden verhalten könnten. Aus diesem Grunde soll im folgenden untersucht werden, ob die soziale Zusammensetzung der Klasse einen Einfluß auf die Ausbildungsentscheidungen der Schüler auszuüben vermochte.

In der schwedischen Gesamtschulkonzeption kam dem sog. Prinzip der zusammengehaltenen, d. h. unselegierten Klasse wesentliche Bedeutung zu. Insbesondere wollte man die in selektiven Schulsystemen immer wieder zu beobachtende soziale Entmischung auf den unterschiedlichen Ausbildungsvarianten verhindern, der man einen negativen Einfluß auf die soziale Erziehung der Schüler zuschrieb[567]. Damit sich nun jedoch das Prinzip der zusammengehaltenen Klasse im angestrebten Sinne auswirken kann, muß für eine soziale Mischung der Klassen vom ersten Gesamtschuljahr an gesorgt sein — eine Forderung, die nicht immer erfüllt wurde. Wie bereits im Abschnitt I.2.3. gezeigt wurde, führte die Rekrutierung der Gesamtschulen aus den umliegenden Wohngebieten teilweise zu sozial differenzierten oder, wie es auch ausgedrückt wurde, zu sozial segregierten Klassen. Diesem Umstand wurde Anfang der 70er Jahre insofern Rechnung getragen, als den Rektoren der Schulen Umgruppierungen zwischen den Klassen erlaubt wurden, wenn dies aus Gründen einer angemessenen sozialen Mischung notwendig erscheinen sollte. Diese Regelung galt jedoch für das im folgenden verwendete empirische Material, das im Herbst 1965 erhoben wurde, noch nicht. Aus diesem Grunde können im folgenden Klassen miteinander verglichen werden, die eine sehr unterschiedliche soziale Zusammensetzung aufwiesen und so Aussagen über die Wirkungen des sozialen Milieus der Klasse auf die Ausbildungsentscheidungen ermöglichen.

Die Vermutung eines Zusammenhanges zwischen sozialem Klassenmilieu und Ausbildungsentscheidungen basiert auf Studien über den Einfluß der Gruppe Gleichaltriger auf die Attitüden und das Verhalten von Jugendlichen. In der unter dem Schlagwort einer »Jugendkultur« geführten Diskussion über den Einfluß von Kameraden kam man zu teilweise unterschiedlichen Schlußfolgerungen, was u. a. durch uneinheitliche Definitionen des Begriffes »Jugendkultur« verursacht worden sein mag[568]. Legt man

567 Ausführlich zum Prinzip der zusammengehaltenen Klasse s. Abschnitt I.2.3. dieser Arbeit.

568 Vergl. hierzu die Diskussion der bisherigen Forschungsarbeit bei *Andersson, Bengt-Erik* (1969a), chapt. 2 sowie *Andersson, Bengt-Eric & Wallin, Erik* (S 1971), Die Teenager und die Umwelt, Stockholm: Almqvist & Wiksell, S. 16 ff.

die schwedischen Forschungsergebnisse zugrunde, so kann die These einer durch eigene Werte und Normen von der Erwachsenenwelt getrennten Jugendkultur nicht aufrechterhalten werden. Je nach dem Bereich sozialen Handelns übten Kameraden, Eltern oder auch die Schule den stärksten Einfluß aus[569]. »Die Billigung der Kameraden besitzt, insbesondere bei bestimmten Jugendlichen, große Bedeutung, in gewissen Situationen ist man jedoch auch bereit, die Autorität der Eltern zu akzeptieren. Man ist auch nicht bereit, die Schule als Institution zu verwerfen«[570].

Die im folgenden referierte Untersuchung basiert auf empirischem Material aus dem Projekt »Jugend in Göteborg«, das im Herbst 1965 erhoben wurde. Es handelte sich hierbei um eine Totalerhebung jener 5 198 Schüler (Kinder in Hilfsklassen waren von der Untersuchung ausgenommen), die 1965 die 8. Klasse in Göteborg besuchten[571]. Dieses Material stellt also nicht wie das Individualstatistik-Projekt eine für ganz Schweden repräsentative Erhebung dar. Trotzdem wird man den Untersuchungen des Projektes »Jugend in Göteborg« eine gewisse Repräsentativität zusprechen können, da Vergleiche mit den Ergebnissen des Individualstatistik-Projektes erstaunliche Übereinstimmungen aufzeigten[572].

Aus dieser Totalerhebung wählte *Hallborg* 3 unterschiedliche Klassenmilieus aus, wobei sie die Schichtzugehörigkeit der Kinder als hoch (Sozialgruppe 1+2) oder niedrig (SG 3) einstufte: Klassen, die 75 % Schüler aus den Sozialgruppen 1+2 enthielten, wurden als Hochstatusklassen, jene mit einem 50 %igen Anteil von Ober- und Mittelschichtkindern als Klassen mittleren Status' und Klassen mit 25 % Schülern aus den Sozialgruppen 1+2 als Klassen niedrigen Status' bezeichnet. Zwei Klassentypen wiesen also eine soziale Differenzierung auf, während der mittlere Typ der Lehrplanforderung nach einem gemischten sozialen Milieu entsprach. Um eine möglichst große Anzahl von Klassen zu erhalten, wurden Abweichungen von ± 5 % zugelassen, so daß 1 708 Schüler in

569 S. *Andersson, Bengt-Erik* (1969a), chapt. 7 sowie *Andersson/Wallin* (S 1971), S. 41 ff.

570 *Andersson/Wallin* (S 1971), S. 60.

571 Ausführliche Beschreibungen dieses Projektes finden sich in *Andersson, Bengt-Erik* (1969b), 9. Project YG (Youth in Göteborg). A presentation of background, design, instruments, and population, Göteborg: The Institute of Education, University of Göteborg, mimeo., sowie *Andersson, Bengt-Erik* (1969a), chapt. 3 und speziell *Hallborg, Monica* (S 1973), Soziales Milieu der Klasse und Kameradenstruktur, Göteborg: Pedagogiska institutionen, Göteborgs universitet, hekt., S. 22 ff.

572 Vergl. *Härnqvist, Kjell* (S 1967), Die Wahl theoretischer Ausbildungswege auf der Oberstufe der grundskola (Individualstatistikprojektet nr. 11), Göteborg: Pedagogiska institutionen, Göteborgs universitet, hekt.

70 Klassen untersucht werden konnten. Im folgenden soll geprüft werden, welche Schüler nach Abschluß der grundskola auf das Gymnasium übergehen wollten.

Stellt man die unterschiedlichen Klassenmilieus den Ausbildungsplänen gegenüber, so zeigt sich insofern ein klarer Zusammenhang, als die Schüler in den Hochstatusklassen den höchsten Anteil Gymnasiumpläne, die Schüler in den überwiegend von Unterschichtkindern besuchten Klassen den niedrigsten Anteil aufwiesen[573]. Dieses Ergebnis kann nicht überraschen, wenn man sich den starken Zusammenhang zwischen Schichtzugehörigkeit und Ausbildungsplänen vor Augen hält. Aus diesem Grunde soll im folgenden der soziale Hintergrund der Kinder statistisch kontrolliert werden, wobei jedoch zu beachten ist, daß die als hoch eingestuften Schüler (SG 1+2) eine bildungsmäßig gesehen relativ heterogene Gruppe darstellen (s. E. R. 2).

Tabelle 41[574] Anteile von Schülern der 8. Klasse, die nach Abschluß der grundskola auf das Gymnasium übergehen wollten, mit unterschiedlichem sozialen Hintergrund und in unterschiedlichen Klassenmilieus

		SG 1+2	
Status der Klasse	hoch	mittel	niedrig
	50	39	31
		SG 3	
	hoch	mittel	niedrig
	22	25	21

Hier zeigt sich, daß die Schüler aus den oberen Sozialgruppen in ihren Ausbildungsplänen vom Klassenmilieu beeinflußt wurden, während dies für die Unterschichtkinder nicht zu gelten schien. Die These, daß sich soziale Minoritätsgruppen in ihren Ausbildungsentscheidungen generell an die Majoritätsgruppe anpassen, ist demnach nicht bestätigt worden. Dabei muß jedoch berücksichtigt werden, daß die Sozialgruppe 1+2 eine sehr heterogene Gruppe darstellte, so daß nähere Untersuchungen notwendig sind, will man zu differenzierteren Ergebnissen kommen.

Ein Anhaltspunkt ist, daß die Einstellungen von Schülern und Eltern zur Schule wie auch die Ausbildungspläne zwischen den Sozialgruppen stark differierten. Diese Unterschiede nahmen jedoch beträchtlich ab, als die Art

573 Vergl. *Hallborg, Monica* (S 1973), S. 115, Tab. 13:1.
574 *Ebda.*, S. 116, Tab. 13:2.

der von den Schülern in der 8. Klasse besuchten Ausbildungsvarianten (theoretisch, halb-theoretisch, praktisch) statistisch kontrolliert wurde[575]. An diese Verminderung schichtspezifischer Unterschiede in den Einstellungen zur Schule sowie den Ausbildungsplänen kann die Vermutung geknüpft werden, daß sich das familiäre Sozialisationsmilieu am stärksten zum Zeitpunkt der Ausbildungsentscheidung auswirkte[576], d. h. also zu Beginn der grundskola-Oberstufe.

Wenn also die von den Schülern im 8. Schuljahr belegten Wahlfachkombinationen statistisch kontrolliert werden, so wäre damit der Einfluß des familiären Sozialisationsmilieus auf die Ausbildungsentscheidungen als weitgehend ausgeschaltet zu betrachten. Ein Zusammenhang zwischen sozialem Milieu der Klasse und den Ausbildungsentscheidungen der Schüler könnte dann auf den Einfluß der Kameradengruppe zurückgeführt werden. Gegen diese Schlußfolgerung könnte eingewendet werden, daß die Intelligenz der Schüler nicht in die Analyse einbezogen wurde, was jedoch insofern nicht allzu problematisch erscheint, als die Intelligenz einen starken Zusammenhang mit der Art der in der 8. Klasse belegten Wahlfachkombinationen aufwies[577], die im folgenden statistisch kontrolliert werden.

Die auf der grundskola-Oberstufe getroffenen Ausbildungsentscheidungen (theoretisch, halb-theoretisch, praktisch) wurden durch eine sog. Standardisierung konstant gehalten[578]. Diese Methode geht von der Häufigkeit der theoretischen, halb-theoretischen und praktischen Wahlfachkombinationen (zu kontrollierende Variablen) in der Grundgesamtheit aus und nimmt an, daß diese durchschnittlichen Häufigkeiten in allen Klassenmilieus und Sozialgruppen (unabhängige Variablen) gegeben seien. Auf diese Art und Weise wird eine Korrektur der abhängigen Variablen »Pläne für das Gymnasium« vorgenommen, da die Standardisierung eine Art Durchschnittswert über die Ausprägungen der zu kontrollierenden Variablen darstellt[578a]. Auch in diesen Zahlen tritt das soziale Handikap deutlich zutage: Unabhängig von dem Geschlecht, vom Klassenmilieu sowie der in der 8. Klasse belegten Wahlfachkombination planten Schüler aus den oberen Sozialgruppen häufiger einen Übergang auf das Gymnasium als die Unterschichtkinder (vergl. E. R. 33); ferner ergab sich auch hier, daß Mädchen in geringerem Maße als Jungen auf das Gymnasium übergehen wollten (vergl. E. R. 31). Damit zeigen sich nun am empirischen Material des Projektes »Jugend in Göteborg« die gleichen Tendenzen, die bereits anhand des

575 Vergl. *Andersson/Wallin* (S 1971), S. 162 ff.

576 S. ebda. S. 164.

577 S. *Hallborg, Monica* (S 1973), S. 47, Tab. 7:4.

578 Ausführlich zu diesem Verfahren *Rosenberg, M.* (1962), Test Factor Standardization as a Method of Interpretation; in: Social Forces 41 (1962), S. 53 ff.

578a S. Tabelle 42.

Individualstatistik-Projektes festgestellt wurden: Die — verglichen mit der enhetsskola — gestiegene Kursmobilität wirkte sich vor allem zugunsten der oberen Sozialgruppe aus.

Tabelle 42[579] Häufigkeit der Pläne von Jungen und Mädchen, nach Abschluß der Gesamtschule das Gymnasium zu besuchen, die aus unterschiedlichen Sozialgruppen kamen und verschiedene Wahlfachkombinationen auf der grundskola-Oberstufe belegt hatten

	Jungen					
Status der Klasse	hoch		mittel		niedrig	
	SG 1+2	SG 3	SG 1+2	SG 3	SG 1+2	SG 3
	40	30	42	35	37	34
	Mädchen					
Status der Klasse	hoch		mittel		niedrig	
	SG 1+2	SG 3	SG 1+2	SG 3	SG 1+2	SG 3
	36	22	30	28	33	27

Was nun den Einfluß des sozialen Milieus der Klasse auf die Ausbildungspläne der Schüler betrifft, so brachte die statistische Kontrolle der von den Schülern belegten Wahlfächer eine Verminderung der sozialen Unterschiede in den einzelnen Klassenmilieus mit sich (vergl. Tab. 41 u. 42). Da die Wahlfachkombinationen der grundskola-Oberstufe auf unterschiedliche Schulformen des gymnasialen Niveaus abzielten, war dieses Resultat zu erwarten.
Man kann, wie bereits gezeigt wurde, annehmen, daß die statistische Kontrolle der von den Schülern der 8. Klasse belegten Wahlfachkombinationen den Einfluß des familiären Sozialisationsmilieus auf die Ausbildungspläne weitgehend ausgeschaltet hatte. Demnach könnten die Unterschiede zwischen den einzelnen Klassenmilieus auf den Einfluß der Gruppe Gleichaltriger zurückgeführt werden. Hierzu bedarf es allerdings noch der Annahme, daß sich der Unterrichtsprozeß in den unterschiedlichen Klassenmilieus ungefähr gleich auswirkte — eine Unterstellung, die aufgrund fehlender empirischer Belege nicht diskutiert werden kann.
Aus den Zahlen der Tabelle 42 läßt sich folgendes ersehen:

Empirisches Resultat 35: Sowohl Jungen als auch Mädchen planten häufiger den Besuch des Gymnasiums, wenn sie der sozialen Majorität der Klasse angehörten.

579 *Hallborg, Monica* (S 1973), S. 120, Tab. 13:4.

Damit wird die These, daß Schüler ihre Ausbildungspläne tendenziell an die Normen der Majoritätsgruppe anpassen, nicht bestätigt. Vielmehr ergab sich der doch recht erstaunliche Tatbestand, daß Unterschichtkinder sich in den Hochstatusklassen seltener für den Besuch des Gymnasiums entschieden als in einem durch Schüler der Arbeiterklasse geprägten Klassenmilieu. Zur Erklärung kann angeführt werden, daß Schüler, die der sozialen Majorität einer Klasse angehörten, eine höhere globale Selbstbewertung besaßen[580] als die Mitglieder der sozialen Minorität, die die gleichen Ausbildungsvarianten besuchten[581]. Ferner erzielten jene Unterschichtkinder, die die theoretischen und halb-theoretischen Wahlfachkombinationen belegt hatten, ihre besten Schulnoten in den durch Arbeiterkinder geprägten Klassen[582]. Hierfür lassen sich eine Reihe von post factum-Erklärungen denken: So könnte z. B. die Zugehörigkeit zur sozialen Majorität ein positives Selbstbild der Schüler nach sich ziehen, das zur Erzielung guter Noten motiviert und sich auf die Zukunftspläne der Schüler auswirkt. Andererseits könnte man auch vermuten, daß die Anforderungen in den Klassen mit niedrigem Status geringer als in den anderen Klassenmilieus waren, so daß gute Noten eher erzielt werden konnten, was sich im Falle der Kinder, die der sozialen Majorität angehörten, positiv auf die Selbstbewertung und die Zukunftspläne auswirkte.

Welche Zusammenhänge aber auch immer faktisch vorgelegen haben mögen, fest steht, daß die soziale Zusammensetzung der Klasse, und das heißt hier mit großer Wahrscheinlichkeit: die Gruppe Gleichaltriger einen Einfluß auf die Ausbildungsentscheidungen ausübte. Damit könnte ein Teil der Kursmobilität auf der grundskola-Oberstufe, die sich letztlich zugunsten der Oberschichtkinder auswirkte (vergl. E. R. 33) auf den Einfluß der Kameraden zurückgeführt werden.

Wichtig ist insbesondere die Tatsache, daß sich das sozial gemischte Klassenmilieu, dessen soziale Zusammensetzung den Intentionen der Reformer entsprach, am günstigsten auf die Ausbildungspläne der Unterschichtkinder auswirkte: Dies galt sowohl vor als auch nach der statistischen Kontrolle der Wahlfachkombinationen, d. h. vor und nach der Ausschaltung des Einflusses des familiären Sozialisationsmilieus.

> Empirisches Resultat 36: Unterschichtkinder planten in sozial gemischten Klassenmilieus häufiger auf das Gymnasium überzugehen als in sozial differenzierten Klassen.

---

580 Die globale Selbstbewertung der Schüler wurde durch folgende Frage gemessen: »Wenn Du die Möglichkeit hättest zu wählen, würdest Du dann am liebsten Du selber oder jemand anderes sein?« s. *Hallborg, Monica* (S 1973), S. 61, Frage 27.

581 Vergl. *Hallborg, Monica* (S 1973), S. 67, Tab. 9:4.

582 S. ebda. S. 110, Tab. 12:4.

Damit könnte man von der Durchsetzung sozial gemischter Klassen in ganz Schweden eine — wenn auch nicht große — Verringerung der sozialen Auslese beim Übergang auf die gymnasialen Schulformen und damit ein Mehr an Chancengleichheit erwarten.

4.4. Zum Einfluß sozialer Faktoren auf die zukünftige soziale Position der Oberschüler: Untersuchungen zum Zusammenhang zwischen instabilen Berufsplänen, veränderten Ausbildungsentscheidungen und sozialem Hintergrund

Die Analyse der Beziehungen zwischen Schichtzugehörigkeit, Berufsplänen und Ausbildungsentscheidungen beinhaltet zugleich einen Einblick in den Zusammenhang zwischen Sozialisationsmilieu und zukünftiger sozialer Position des Schülers und weist so über den Bereich der Schule hinaus. Die Annahme, daß sich in den Berufswünschen der Kinder ihre zukünftige soziale Position spiegele, setzt einen gewissen Realismus der Berufspläne voraus. Im folgenden sollen deshalb einige Bemerkungen zum Prozeß der Berufswahl bei Jugendlichen gemacht werden.

Bemerkungen zum Prozeß der Berufswahl bei 13- bis 16jährigen Jugendlichen

Man kann davon ausgehen, daß die Berufswünsche der Jugendlichen stark von ihrem Interessenprofil beeinflußt werden[583]. In einer Reihe schwedischer Untersuchungen zeigte sich eine verstärkte Interessenausprägung der Jugendlichen mit zunehmendem Alter[584]. Da in diesen Studien jedoch mit relativ weit definierten Interessenbereichen gearbeitet wurde, kann die sich mit zunehmendem Alter zeigende Abnahme gewählter Interessenbereiche weniger als positive Entscheidung für bestimmte Interessen, sondern muß vielmehr als Entscheidung *gegen* nicht erwünschte Aktivitäten inter-

---

583 Vergl. hierzu z. B. *Neymark, Ejnar* (S 1968), Internationale Forschung auf dem Gebiet der Berufsberatung; in: Nordisk Yrkesvägledning (1968), Nr. 1, S. 33 ff.

584 S. hierzu *Härnqvist, Kjell* (S 1960), Individuelle Unterschiede und Schuldifferenzierung, SOU 1960:13, Stockholm: Ecklesiastikdepartementet; *Neymark, Ejnar* (S 1945), Anleitung der Schuljugend für Ausbildung und Beruf, in: SOU 1945:43; Bilage V; *Henricson, Sven Eric* (S 1961), Die Einstellung der Oberstufenschüler zu Berufen, Fächern und Fachwahl, Stockholm: im Auftrag des 1957er Schulausschusses; s. auch den Literaturbericht von *Rovio-Johansson, Airi* (S 1972), S. 27 ff.

pretiert werden. Wie man diese Resultate aber auch immer deutet, festzustehen scheint, daß sich die Interessen der Schüler im Verlaufe der Oberstufe deutlicher ausprägten, was den Realismus in den Berufsvorstellungen erhöht haben mag.
In diesem Zusammenhang sind insbesondere die entwicklungspsychologisch orientierten Berufswahltheorien von Bedeutung. Wurde die *Ginzberg*sche Hypothese von der Phasenentwicklung der Berufswünsche (Phantasiephase von 6 bis ungefähr 11 Jahren; tentative Phase von 11 bis ca. 17 Jahren sowie die realistische Phase ab ungefähr 18 Jahren)[585] auch durchgehend stark kritisch beurteilt[586], so fand sie in einer empirischen Studie von *Hollender* doch insoweit Bestätigung, als auch er eine Phasenentwicklung zunehmenden Realismusses in der Berufswahl konstatieren konnte, wobei »... these data indicate that the period of realistic choice begins between the ages of 14 and 16 in the ninth grade«[587]. Demnach wird man also mit zunehmendem Alter der Schüler einerseits einen stärker werdenden Zusammenhang zwischen Berufsplänen und zukünftigem Beruf, andererseits zwischen Berufsvorstellungen und Ausbildungsentscheidungen erwarten können.
Bedeutsam ist in diesem Zusammenhang auch, daß die Schüler sowohl am Ende des 6. als auch des 9. Schuljahres in Wahlsituationen gestellt wurden, in denen eine Entscheidung über den künftigen Ausbildungsweg und damit in gewisser Weise über die zukünftige berufliche Stellung getroffen werden mußte. *Crites* fand in einer empirischen Erhebung, daß die Berufsreife der Kinder in solchen Situationen anstieg, in denen Entscheidungen nicht mehr zu umgehen waren[588]. Auch dies wird zu realistischeren Berufsplänen der Schüler geführt haben.
Wir werden uns im folgenden auf zwei Studien stützen, die im Rahmen der Paneluntersuchung des 1966er Individualstatistik-Projektes entstanden und für jeweils eine Geschlechtsgruppe durchgeführt wurden[589]. Zu Beginn der Oberstufe, also 1966, wurden die Schüler gefragt, welchen Beruf sie

585 Vergl. *Ginzberg, Eli* and associates (1951), Occupational Choice. An Approach to a General Theory, N. Y.: Columbia University Press, besonders S. 59 ff.
586 S. z. B. *Darley, J. G.* (1960), The Theoretical Basis of Interests; in: *Layton, W. L.* (1960), The Strong Vocational Interest Blanc. Research and Uses, Minneapolis: University of Minnesota Press, insbesondere S. 128 ff.
587 Vergl. *Hollender, John W.* (1967), Development of a Realistic Vocational Choice; in: Journal of Counseling Psychology 14 (1967), S. 317.
588 Vergl. *Crites, John O.* (1965), Measurement of Vocational Maturity in Adolescence: I. Attitude Test of the Vocational Development Inventory; in: Psychological Monographs: General and Applied, vol. 79 (1965), nr. 2, S. 22.
589 S. *Hammarström, Margareta & Hjalmarsson, Lennart* (S 1970), Wie stabil sind die Ausbildungs- und Berufspläne 13- bis 16jähriger Mädchen? (Individualstatistikprojektet nr. 33), Göteborg: Pedagogiska institutionen, Göte-

wahrscheinlich zukünftig ausüben wollten[590]; am Ende der grundskola-Zeit, also 1969, wurden ihnen zwei Fragen vorgelegt: (1) »Was für einen Beruf wirst Du wahrscheinlich erhalten, wenn Du Deine Ausbildung abgeschlossen hast? (= wahrscheinlicher Beruf)[591]; und (2) »Welchen Beruf würdest Du am liebsten ergreifen?« (= gewünschter Beruf)[592].

Hierzu ist zu sagen, daß die mittels Befragung erfaßten Berufswünsche eine genauere Prognose der zukünftigen Tätigkeit erlauben, als dies mit Hilfe der gegenwärtig vorhandenen, auf bestimmten Persönlichkeitsmerkmalen und sozialen Variablen aufbauenden Berufswahltheorien möglich ist[593]; festzuhalten ist jedoch auch, daß die »Form der Frage den Grad des Realismusses in der Antwort der Jugendlichen bestimmte«[594].

Die durch diese Fragen erfaßten Berufswünsche wurden dreifach klassifiziert:

(1) als Einzelberuf,

(2) innerhalb von Berufsbereichen, die nach gemeinsamen Tätigkeitsmerkmalen definiert wurden,

(3) durch Qualifikationsniveaus, die durch die erforderliche Schulausbildung operationalisiert wurden.

Klassifiziert man die Antworten auf die 1966 und 1969 gestellten Fragen nach dem obigen Schema und definiert eine gleiche Kategorisierung zu beiden Zeitpunkten als Stabilität in den Berufswünschen, so ergab sich folgendes Bild[595].

---

borgs universitet, hekt.; *Nordenberg, Lisbeth & Orstadius, Lennart* (S 1970), Die Stabilität in den Berufsplänen 13- bis 16jähriger Jungen (Individualstatistikprojektet nr. 34), Göteborg: Pedagogiska institutionen, Göteborgs universitet, hekt.; aufgrund der teilweise unterschiedlichen Abgrenzung des empirischen Materials erschien die Vergleichbarkeit beider Studien manchmal problematisch, so daß teilweise Umrechnungen vorgenommen werden mußten.

590 Original: »Vilket yrke siktar Du på att så småningom komma till? Tvekar Du mellan flera så ange vilka«.

591 Original: »Vilket yrke tror Du att Du kan få när Du är klar med Din utbildning?«.

592 Original: »Vilket yrke skulle Du helst vilja ägna dig åt?«.

593 Vergl. hierzu *Holland, John L.* (1968), Explorations of a Theory of Vocational Choice: VI. A Longitudinal Study Using a Sample of Typical College Students; in: Journal of Applied Psychology, Monograph Supplement, vol 52, nr. 1, part 2, 1968, S. 23, der bei einer empirischen Überprüfung seines auf Persönlichkeitstypen aufbauenden Berufswahlmodells zu dieser Schlußfolgerung kam.

594 *Hammarström/Hjalmarsson* (S 1970), S. 1. So antworteten z. B. bei den Mädchen 39 % beim wahrscheinlichen, aber nur 7 % beim gewünschten Beruf mit »Weiß nicht«, ebda. S. 15, Tab. 6.

595 Aus der 1969er Erhebung wurde nur der »gewünschte Beruf« verwendet, weil sich hier eine vergleichsweise geringe Zahl von Schülern der Antwort enthielt.

Tabelle 43 Anteile von Jungen und Mädchen, deren Berufswünsche 1966 und 1969 die gleiche Klassifizierung nach
a) Einzelberuf,
b) Berufsbereich,
c) Qualifikationsniveau erfuhren

	Jungen[596]	Mädchen[597]
a) Einzelberuf	15	19
b) Berufsbereich	—*	42
c) Qualifikationsniveau	60	55

* keine Angaben

Die Tatsache, daß die Stabilität in den Berufswünschen 13- bis 16jähriger Schüler bei den Einzelberufen am geringsten war, kann kaum überraschen: Man muß sich vor Augen halten, daß die mangelnden Erfahrungen der Jugendlichen die Berufswahl in diesem Alter eher zu einer Berufsbereichs- sowie Ausbildungswahl werden lassen. Interessant ist aber, daß sich die Wahl weniger von Berufsbereichen zu Einzelberufen hin zu vollziehen scheint, sondern daß vielmehr in der Mehrzahl der Fälle die Qualifikationsniveauwahl und damit die Statuswahl der Berufe zuerst erfolgt. Die erste ernstgemeinte, weil eben stabile Wahl gilt also der Festlegung des Qualifikationsniveaus, das in engem Zusammenhang mit der künftigen sozialen Position des Schülers steht. Man kann bereits hier den Einfluß des sozialen Hintergrundes auf die Berufswahl der Kinder ahnen.
Aufgrund dieses empirischen Tatbestandes kann vermutet werden, daß die Berufswahl als Prozeß zunehmender Konkretisierung zu deuten ist, die sich über die Festlegung des Ausbildungs- und damit Statusniveaus zur Bestimmung des Berufsbereiches und schließlich des Einzelberufes vollzieht.
Ohne auf diese doch stark spekulative Argumentation weiter einzugehen, soll im folgenden kurz gezeigt werden, daß die zunehmende Nachfrage nach theoretischer Ausbildung während der 60er Jahre eine Entsprechung in den Berufswünschen der Jugendlichen besaß. Mit der steigenden Nachfrage nach studienbezogener Ausbildung ging eine Erhöhung des Statusniveaus der Berufswünsche einher, die sich auf zwei Arten vollzog: Einerseits wiesen die Schüler Mitte und Ende der 60er Jahre mehr akademische Berufswünsche auf als am Anfang des Jahrzehnts[598], andererseits bevor-

596 *Nordenberg/Orstadius* (S 1970), S. 13, hierbei handelt es sich um Berechnungen des Verf. aus dem Material dieser Studie.
597 *Hammarström/Hjalmarsson* (S 1970), S. 24.
598 Die 13jährigen Schüler wiesen 1966 ein höheres Ambitionsniveau auf als 1961, vergl. *Josefsson, Sture & Rudander, Per-Olof* (S 1968), Welche Berufe locken

zugten die Schüler nach Absolvierung der Gesamtschule bzw. des Gymnasiums ein höheres Berufsniveau als am Anfang der Ausbildung[599]. Man könnte demnach eine gegenseitige Beeinflussung vermuten: Auf der einen Seite führte die Erhöhung der Berufsambitionen zu einer Steigerung der Nachfrage nach theoretischer Ausbildung, andererseits wirkte die starke Expansion der studienbezogenen Ausbildung auf das Ambitionsniveau der Schüler zurück. Auch hier zeigt sich also eine starke Koppelung von Berufs- und Ausbildungswünschen, die auf eine realistische Einschätzung der Schüler hindeuten.

Berufspläne und Geschlechtszugehörigkeit

Die Analyse der Ausbildungsentscheidungen im Verlauf der Oberstufe von 1966 bis 1969 zeigte, daß die Jungen sich verstärkt für die direkt studienbezogenen Ausbildungsmöglichkeiten entschieden, während die Mädchen sich eher auf die Fachschule hin orientierten. Diese Entwicklung fand nun eine Entsprechung in den Berufswünschen der Jugendlichen, was besonders deutlich wird, wenn die von den Schülern genannten Berufe nach Qualifikationsniveaus klassifiziert werden. Dabei wurde die erforderliche Ausbildungszeit als Differenzierungskriterium verwendet, so daß sich folgendes, der Struktur des Bildungswesens entsprechende Schema ergab:

Niveau 1: Berufe, die eine Ausbildung an der Universität oder Hochschule erfordern.

Niveau 2: Berufe, die die Absolvierung des Gymnasiums oder der Fachschule voraussetzen.

Niveau 3: Berufe, die dem Grund- und Berufsschulniveau entsprechen.

Anhand dieses Schemas konnten die von den Schülern zu Beginn und am Ende der Oberstufe geäußerten Berufswünsche wie folgt klassifiziert werden[600].

Obwohl also die Mädchen ihren Anteil auf dem höchsten Qualifikationsniveau mehr als die Jungen steigerten, zeigte sich im Verlauf der Oberstufe doch zunehmend das typische Muster. Wiesen nämlich Jungen und Mädchen zu Beginn der Oberstufe, also im Alter von 13 Jahren noch

---

13jährige Jungen in den 60er Jahren? (Individualstatistikprojektet nr. 20), Göteborg: Pedagogiska institutionen, Göteborgs universitet, hekt., S. 26; jene Schüler, die sich am Ende der grundskola für das Gymnasium entschieden, strebten 1969 ein höheres Berufsniveau an als die Gymnasiasten in der Mitte der 60er Jahre, vergl. *Bengtsson, Jarl* (S 1971), S. 79 f.

599 Vergl. *Hammarström/Hjalmarsson* (S 1970), S. 15 sowie *Bengtsson, Jarl* (S 1971), S. 80.

600 S. Tabelle 44.

gleich viele Berufswünsche auf dem mittleren Qualifikationsniveau auf, so hatte sich am Ende der Grundschulzeit bereits ein 10%iger Unterschied ergeben.

Tabelle 44 Berufswünsche von Jungen und Mädchen 1966 und 1969 (gewünschter Beruf) aufgeteilt nach Qualifikationsniveaus[601]

Qualifikations- bzw. Ausbildungsniveau	Jungen[602]		Mädchen[603]	
	1966	1969	1966	1969
1	25	30	13	21
2	42	34	45	44
3	33	36	42	35
	100	100	100	100

Diese Orientierung auf ein mittleres Qualifikationsniveau hin, war sowohl ausbildungs- als auch berufsmäßig bereits bei den Müttern der hier untersuchten Schülerinnen festzustellen. Wenn man die Sozialgruppeneinteilung, die ja auf einer Berufsklassifizierung fußt, als groben Indikator für das Qualifikationsniveau der Berufe verwendet, zeigte sich bei der Untersuchung der Intergenerationenmobilität folgendes Bild: »Die Frauen waren nicht nur in einem höheren Maße als die Männer abwärts mobil zur zweiten Sozialgruppe hin. Sie waren auch in höherem Grade als die Männer aufwärts mobil zur Sozialgruppe 2 ausgerichtet«[604].
Mit zunehmendem Alter der Mädchen kam es also zu einer Angleichung an die Berufs- und Ausbildungsstruktur der Elterngeneration, deren Änderung eines der Ziele der Gleichheitspolitik war und ist.
Geschlechterspezifische Unterschiede treten jedoch noch deutlicher hervor, wenn die Berufswahl der Jungen und Mädchen auf den einzelnen Qualifikationsniveaus betrachtet wird. Nun zeigt sich nämlich, daß die Berufs-

601 Zur Berechnung der Prozentzahlen ist anzumerken, daß von uns die »Weiß-nicht«-Antworten ausgeschlossen wurden, um eine Vergleichbarkeit der im folgenden genannten Studien zu erhalten; ferner wurden nur die Antworten auf den »gewünschten Beruf« berücksichtigt; Berechnungen auf der Basis des »wahrscheinlichen Berufs« mit einer ungleich größeren Anzahl von »Weiß-nicht«-Antworten ergaben jedoch erstaunlich übereinstimmende Resultate.
602 *Nordenberg/Orstadius* (S 1970), S. 13, Tab. III:5b. 25% der Schüler antworteten mit »Weiß nicht«.
603 *Hammarström/Hjalmarsson* (S 1970), S. 22, berechnet nach matris 4; 12% der Mädchen antworteten mit »Weiß nicht«.
604 *Erikson, Robert* (S 1971), S. 80, s. auch Tab. 6:36. Die Frauen wurden hier nach ihrem eigenen Beruf und nicht nach dem ihres Mannes klassifiziert.

wünsche der Mädchen zum überwiegenden Maße auf Pflege-, Lehr- und Büroberufe bezogen waren. Die Jungen wiesen dagegen eine stärkere Streuung in den Berufsvorstellungen auf, konzentrierten sich allerdings zu rund $^2/_5$ auf technische Berufe[605].
Diese Geschlechtergebundenheit kann zusätzlich durch eine Untersuchung der Motive der Berufswahl beleuchtet werden. Diese wurden durch 10 vorformulierte Stellungnahmen gemessen, zu denen sich die Schüler auf einer Skala (sehr wichtig ... sehr unwichtig) äußern sollten. Dabei wurden nur jene Antworten berücksichtigt, die eine Stellungnahme als »sehr wichtig« ansahen; die stärksten geschlechterspezifischen Unterschiede zeigten sich dabei in folgenden Stellungnahmen.

Tabelle 45[606] Anteile von Jungen und Mädchen in der letzten Klasse der grundskola, die folgende Behauptungen als »sehr wichtig« für ihre Berufswahl ansahen

	Jungen	Mädchen
Gibt mir die Möglichkeit, viel Geld zu verdienen	30	19
Gibt mir die Möglichkeit, eher mit Menschen als mit Dingen zu arbeiten	17	50
Erlaubt mir, anderen zu helfen	30	64

In diesen Zahlen spiegeln sich die traditionellen Geschlechterrollen, die den Mädchen eher soziale, den Jungen eher technische Tätigkeiten, den Mädchen eine eher expressive, den Jungen eine eher instrumentelle Ausrichtung vorschreiben[607].
Zusammenfassend läßt sich für das Ende der 60er Jahre also das gleiche sagen, was *Härnqvist & Grahm* bereits am Anfang des Jahrzehnts konsta-

605 Vergl. hierzu besonders die eingehende Analyse von *Rudemo, Lisbeth* (S 1970), Über die Berufswünsche von Teenagern (Projekt »Ungdom i Göteborg«), Göteborg: Pedagogiska institutionen, Göteborgs universitet, hekt., S. 48 ff., die im Rahmen des Projektes »Jugend in Göteborg« erstellt wurde, sowie *Bengtsson, Jarl* (S 1971), S. 74 ff., für die Panelstudie des 1966er Individualstatistik-Projektes.

606 *Bengtsson, Jarl* (S 1971), S. 73, Figur 40b.

607 S. z. B. *Zelditch, Jr., Morris* (1955), Role Differentiation in the Nuclear Family: A Comparativ Study; in: *Parsons, Talcott, Bales, R. F.* (1955), Family, Socialization and Interaction Process, Glencoe/Ill.: The Free Press, S. 307 ff.

tierten: »Zugespitzt könnte man ... sagen, daß die Jungen durch ihre Berufsambitionen zur höheren Ausbildung gezogen, jedoch teilweise durch eine unzureichende Schulanpassung behindert werden. Eine gute Schulanpassung lockt die Mädchen zur höheren Ausbildung, ihre Berufsambitionen sind jedoch so beschaffen, daß sie ebenso gut auf einem tieferen Ausbildungsniveau verbleiben können«[608].

Bemerkungen zur Gleichstellung von Mann und Frau

Trotz der Debatte über die Gleichberechtigung der Frau auf dem Arbeitsmarkt[609] und den Bemühungen der Schule um die Gleichstellung von Mann und Frau[610], zeigte sich Anfang der 70er Jahre noch annähernd die gleiche Geschlechtergebundenheit der Berufsvorstellungen, wie sie bereits in der Elterngeneration und auch noch in den 50er und 60er Jahren zu konstatieren war[611].
Dieser Tatbestand verweist auf die beschränkten Möglichkeiten der Schule, die Abschaffung geschlechterspezifischer Rollenmuster zu bewirken. Die geschlechterspezifischen Unterschiede auf den studienbezogenen Ausbildungswegen konnten vor allem auf zwei gegenläufige Faktoren zurückgeführt werden: Zum einen die gute Schulanpassung der Mädchen, die z. B. in den relativen Schulleistungen deutlich zum Ausdruck kam (vergl. E. R. 28) und zu einer anfänglichen Überrepräsentation der Mädchen auf den qualifiziertesten Ausbildungswegen führte, zum anderen die diesen Schulleistungen nicht entsprechenden Berufserwartungen, die bereits beim Übergang auf das Gymnasium ein geschlechterspezifisches Handikap bewirkten.

---

608 *Härnqvist, Kjell & Grahm, Åke* (S 1963), S. 89.

609 Vergl. hierzu z. B. den Diskussionsbeitrag der Angestelltengewerkschaft TCO (S 1970), Familie und Gesellschaft. Bericht der familienpolitischen Studiengruppe der Angestelltengewerkschaft, Stockholm: Prisma.

610 Sprach man dieses Ziel im grundskola-Lehrplan von 1962 nur implizit an, vergl. Lgr 62, S. 13 ff., so wird seine Bedeutung im Lehrplan von 1969 stark hervorgehoben, s. Lgr 69, S. 49 ff.

611 Außer den bereits angeführten Arbeiten s. vor allem *Svensson, Allan* (S 1963), Berufswünsche von Schülern im Alter von 13 Jahren (Individualstatistikprojektet nr. 3); in: Nordisk Yrkesvägledning (1963), S. 111—116; *Josefsson, Sture & Rudander, Per-Olof* (S 1968); *Berndtson, Ulla-Christina & Swerlander, Agneta* (S 1968), Welche Berufe locken in den 60er Jahren 13- bis 16jährige Mädchen? (Individualstatistikprojektet nr. 16), Göteborg: Pedagogiska institutionen, Göteborgs universitet, hekt.; sowie die Übersichtsarbeit von *Sjöstrand, Per* (S 1968), Entwicklung der Karriere — Eine sozial-psychologische Analyse der Berufswahl, Göteborg: Sociologiska institutionen, Göteborgs universitet, Hekt.

Während Schulleistungen noch durch die Schule beeinflußbar erscheinen, gehen die Berufswünsche auf Faktoren zurück, die wohl nur schwer durch Reformen des Schulbereichs modifiziert werden können. Die die Mädchen benachteiligende Geschlechterrolle wird nicht in der und nicht für die Schule gelernt, sondern durch das Sozialisationsmilieu der Kindheit sowie die aktuellen Berufs- und Arbeitsmarktverhältnisse geprägt. Gleichheitspolitik in dem hier diskutierten Sinne wird deshalb immer Gesellschaftspolitik sein müssen, zu der die Schule nach allen bisher vorliegenden empirischen Befunden nur einen kleinen Teil beitragen kann.
Die Übergangsfrequenz auf das Gymnasium spiegelt die Stärke geschlechtsspezifischer Ausbildungsentscheidungen jedoch nur unzureichend wider. Eine Analyse der Linienwahl im Herbst 1968 auf den gymnasialen Schulformen zeigte nämlich, daß die Mädchen vor allem die allgemeinen Linien des Gymnasiums und der Fachschule wählten:[612] Rund $^{2}/_{3}$ der Mädchen, jedoch nur $^{1}/_{5}$ der Jungen waren auf diesen Linien des Gymnasiums vertreten. Die geschlechterspezifischen Unterschiede verschärften sich noch in der Berufsschule[613], die die größte Nähe zum Arbeitsmarkt aufweist. Ohne hierauf näher einzugehen, werden doch zwei Tendenzen deutlich, die die Bemühungen um eine Gleichstellung von Mann und Frau erschweren. Erstens reproduziert die Vorliebe der Mädchen für Pflege-, Lehr- und Büroberufe Vorstellungen von »typischen« Frauenberufen, was die Tradierung geschlechterspezifischer Rollenmuster fördern kann. Zweitens bringt die Konzentration auf gewisse Ausbildungs- und Berufsbereiche Gefahren eines Überangebots auf dem Arbeitsmarkt mit sich, was z. B. die erstrebte Angleichung von Löhnen und Gehältern und damit auch des Statusses von weiblichen und männlichen Berufstätigen behindern könnte.
Eine mögliche Abhilfe wird in einer sog. Quotierung gesehen, d. h. den Männern wird z. B. in solchen Frauenberufen, die nur über beschränkte Ausbildungskapazitäten verfügen, eine bestimmte Aufnahmequote und damit eine gewisse Repräsentanz garantiert. Wenn man sich das Ziel der Gleichheitspolitik vor Augen hält, nämlich »daß keiner aufgrund seines Geschlechts in eine vorausbestimmte Rolle gezwungen werden kann, die ihm die Chance zur Entfaltung seiner persönlichen Anlagen nimmt«[614], so zeigt sich, daß die Durchsetzung von Wahlfreiheit und das heißt eben: die Emanzipation von traditionellen Rollenmustern deren zwangsweise Brechung vorauszusetzen scheint, z. B. durch staatliche Quotierungsmaßnahmen. Die Schule allein, und das zeigt sich hier mit aller Deutlichkeit, vermag traditionelle Rollenmuster alleine kaum entscheidend zu ändern.

---

612 S. hierzu *Bengtsson, Jarl* (S 1971), S. 55 f., Figur 23a, 24a sowie Statistiska Meddelanden U 1969:3 sowie U 1971:1.

613 Vergl. Statistiska Meddelanden U 1969:9.

614 *Menningen, Walter* (Hg.), (1971), S. 95.

Obwohl die Oberschichtkinder bereits zu Beginn der Oberstufe einen beträchtlichen Vorteil auf den direkt studienbezogenen Ausbildungswegen aufwiesen, so erhöhten sie im Verlauf der letzten drei Gesamtschuljahre noch ihren Anteil an Gymnasiumswählern. Da in den übrigen Schichten keine entsprechenden Entwicklungen zu beobachten waren, kam es im Verlauf der Oberstufe zu einer Verschärfung der sozialen Auslese, die nur zum Teil durch unterschiedliche Schulleistungen zu erklären war. Im folgenden soll nun untersucht werden, ob diese Veränderung der sozialen Auslese durch instabile Berufspläne der Jugendlichen erklärt werden kann, wie dies im Fall der geschlechterspezifischen Ausbildungsunterschiede möglich war.
Als die im Alter von 13 und 16 Jahren geäußerten Berufswünsche der Schüler nach drei Qualifikationsniveaus klassifiziert wurden[615] und die Schichtzugehörigkeit als hoch (= Sozialgruppe 1) und niedrig (= Sozialgruppe 2 u. 3) bezeichnet wurde, ergaben sich anhand der Panelstudien des 1966er Individualstatistikprojektes folgende empirische Resultate. Hierbei ist jedoch zu beachten, daß rd. 60 % der Jungen und Mädchen keine Veränderungen des Qualifikationsniveaus ihrer Berufspläne im Verlaufe der Oberstufe mehr vornahmen (vergl. Tab. 43).

Empirisches Resultat 37: Es bestand eine klare, wenn auch statistisch nicht signifikante Tendenz, daß Jungen aus der Oberschicht in einem stärkeren Maße als die übrigen bestrebt waren, hochqualifizierte Berufswünsche auf der Oberstufe der Gesamtschule beizubehalten[616].

Empirisches Resultat 38: Im Alter von 13 bis 16 Jahren wechselten Schüler aus der Oberschicht eher auf höhere Berufsniveaus, Schüler aus den mittleren und unteren Sozialgruppen eher auf die niedrigeren Qualifikationsniveaus über[617].

Der Verstärkung der sozialen Auslese im Verlaufe der Oberstufe entsprach also eine Verschärfung der statusmäßigen Unterschiede in den Berufswünschen der Schüler aus unterschiedlichen sozialen Schichten.
In den Untersuchungen zeigte sich weiterhin, daß die Änderung des Qualifikationsniveaus der Berufe einen stärkeren Zusammenhang mit der Begabung als der Sozialgruppenzugehörigkeit der Schüler aufwies.

---

615 S. Abschnitt 4.4. »Berufspläne und Geschlechtszugehörigkeit«.
616 Vergl. *Nordenberg/Orstadius* (S 1970), S. 15.
617 S. *Hammarström/Hjalmarsson* (S 1970), S. 26 und *Nordenberg/Orstadius* (S 1970), S. 16.

Empirisches Resultat 39: Bei den Mädchen wiesen jene Schülerinnen, die im Verlaufe der Oberstufe ihre Berufswünsche zu einem höheren Qualifikationsniveau hin veränderten, signifikant bessere Intelligenztestergebnisse auf (gemessen durch einen verbalen Test) als die »stabilen« Mädchen, während das Gegenteil im Falle der abwärts mobilen Mädchen festzustellen war[618]. Auch bei den Jungen zeigten sich signifikante Begabungsunterschiede zwischen den aufwärts und abwärts mobilen Schülern[619].

Diese starke Koppelung der Berufspläne an die verbale Begabung[620] der Kinder kann im Sinne einer zunehmenden Berufsreife interpretiert werden[621], die kennzeichnenderweise mit einer Verstärkung der sozialen Berufs- und Ausbildungsunterschiede einherging.

Dies zeigt nun aber auch den fortgesetzten starken Einfluß der Sozialisationsbedingungen der frühen Kindheitsjahre, die die späteren Intelligenzleistungen wesentlich zu bestimmen scheinen (vergl. E. R. 12—18), auf die zukünftige soziale Position der Kinder auf.

Jene Schüler der Oberschicht, die nicht bereits zu Anfang der Oberstufe auf Berufe des höchsten Qualifikationsniveaus hinstrebten, entschieden sich also beim Übergang auf das Gymnasium zu einem großen Teil für ein solches Berufsniveau. Die sich mit zunehmendem Alter verstärkende Koppelung von Berufsplänen und Ausbildungsentscheidungen spiegelte sich auch in den Motiven der Schüler wider, die den Schluß nahe legen, daß die Gymnasiumwahl vor allem eine Berufsniveauwahl darstellte[622] — und dies traf eben für rd. 80 % der Oberschichtschüler, aber nur 25 % der Kinder aus der unteren Sozialgruppe zu.

Zusammenfassend kann man sagen, daß sich die Schulleistungen — schon aufgrund der Notenauslese beim Übergang auf das Gymnasium — nach wie vor stark auf die Selektion auswirkten. Allerdings traten mit zunehmendem Alter der Schüler schulexterne Faktoren stärker in den Vordergrund und bewirkten eine Verschärfung der sozialen Auslese. Konnten nämlich die geschlechtsspezifischen und sozialen Unterschiede zu Anfang der Oberstufe noch zu einem wesentlichen Teil durch die Schulleistungen

---

618 Vergl. *Hammarström/Hjalmarsson* (S 1970), S. 28.

619 Dazu *Nordenberg/Orstadius* (S 1970), S. 17.

620 Der verbale Teiltest wies im Rahmen des Projektes »Jugend in Göteborg« den stärksten Zusammenhang mit den Noten in Schwedisch, Englisch und Mathematik auf; vergl. hierzu *Andersson, Bengt-Erik & Wallin, Erik* (S 1965), UG-63: Instrumente, Grundgesamtheit, Durchführung, Projekt UG, rapport 1, Göteborg: Pedagogiska institutionen, Göteborgs universitet, hekt., Tab. 5:4 u. 5:5.

621 So *Hammarström/Hjalmarsson* (S 1970), S. 28; auch *Rudemo* (S 1970) stellte eine beträchtliche Berufsreife 14jähriger Schüler fest.

622 Vergl. *Bengtsson* (S 1971), S. 88.

erklärt werden, so galt dies für das Ende der Oberstufe nicht mehr im gleichen Maße. Die sich nun zeigenden Muster geschlechtsspezifischer und sozialer Ausbildungsungleichheiten wiesen vielmehr einen starken Zusammenhang mit den Berufsplänen der Schüler auf. Dies zeigt aber auch, daß die Ausbildungsentscheidungen in zunehmendem Maße von Faktoren beeinflußt wurden, auf die mit Mitteln der Schule kaum Einfluß zu nehmen war: Kann man sich noch vorstellen, daß eine kompensatorische Ausrichtung des Unterrichts die sozialen Nachteile in der Unterrichtssituation beseitigen könnte, so gilt dies für die ja weitgehend schulextern geprägten Berufsvorstellungen kaum noch. Die sich hieraus ergebenden Konsequenzen für eine auf Chancengleichheit abzielende Politik sollen im folgenden diskutiert werden.

5. *Zur Problematik schulischer Chancengleichheit — Eine Diskussion auf dem Hintergrund der schwedischen Reformerfahrungen*

Abschließend sollen die gesellschaftsverändernden Zielsetzungen der schwedischen Reformkonzeption, die bereits im Abschnitt I.4. angesprochen wurden, im Lichte der empirischen Resultate des II. Teils der Arbeit diskutiert werden. Dabei soll jene Klassifikation zugrunde gelegt werden, die CERI zur Charakterisierung unterschiedlicher Theorien der Chancengleichheit bzw. -ungleichheit erarbeitete:[623]

(1) *Kulturelle* Theorien gehen davon aus, daß die Grundlage der schulischen Chancenungleichheit im frühen Kindesalter gelegt wird, so daß frühzeitig einsetzende kompensatorische Maßnahmen einen entscheidenden Beitrag zur Realisierung schulischer Chancengleichheit leisten können;
(2) *Schulreform*-Theorien (educational theories), die auch als optimistische Varianten bezeichnet wurden, meinen durch eine Veränderung der Erziehungsinstitutionen selbst, z. B. durch Einführung der Gesamtschulform, eine Annäherung an schulische Chancengleichheit erreichen zu können;
(3) während die unter der Bezeichnung *strukturelle* Theorien zusammengefaßten Konzeptionen die wesentliche Ursache mangelnder Chancengleichheit in der ökonomischen und sozialen Struktur der Gesellschaft verankert sehen, die demgemäß zu verändern wäre.

Dieses Schema soll den systematischen Anknüpfungspunkt zur Diskussion der gesellschaftsverändernden Zielsetzung der Chancengleichheit bilden.

623 Vergl. CERI, Centre for Educational Research and Innovation (1971), Equal Educational Opportunity. 1. A Statement of the Problem with Special Reference to Recurrent Education, Paris: OECD, S. 19.

Was die kulturelle Theorie betrifft, so zeigten die Untersuchungen des II.Teils dieser Arbeit das Vorhandensein großer Begabungsunterschiede zwischen den Sozialgruppen sowohl im Vorschulalter als auch im Alter von 13 Jahren auf (E. R. 10, E. R. 18). Die empirischen Resultate dieser Arbeit machen nun deutlich, daß folgende Faktoren auf eine Verringerung der Begabungsunterschiede hinwirken:

Die Entwicklung der schwedischen Gesellschaft führte in dem kurzen Zeitraum von 1961 bis 1966 offenbar zu einem für alle Kinder günstigeren Sozialisationsmilieu, was sich in einer allgemeinen Anhebung des Intelligenzniveaus sowie der überproportionalen Verbesserung der Testresultate bei den Unterschichtkindern ausdrückte (E. R. 27).
Wenn man sich den engen Zusammenhang zwischen der Ausbildung der Eltern, ihrer Einstellung zu einer weiterführenden Ausbildung der Kinder sowie deren Intelligenz vor Augen hält (E. R. 12, E. R. 15), so könnten insbesondere zwei Tatbestände auf eine Verringerung der sozialen Begabungsunterschiede und damit auf ein Mehr an Chancengleichheit hinwirken: Zum einen kann die durch die Reformen bewirkte Anhebung des Bildungsniveaus der schwedischen Bevölkerung über eine positivere Einstellung zur Bildung auf das familiäre Sozialisationsmilieu und damit die Begabung der Kinder zurückwirken. Andererseits besaßen die Angestellten, die lediglich die Volksschule des traditionellen Schulsystems besucht hatten, eine positivere Einstellung zur Bildung als Arbeiter des gleichen Bildungsstandes (E. R. 16). Die Entwicklung Schwedens von einer industriellen zu einer mehr und mehr auf Dienstleistungen ausgerichteten Gesellschaft[624] könnte deshalb mit einer positiveren Einstellung der Eltern zur Bildung verbunden sein, was sich aller Voraussicht nach auf die Intelligenzentwicklung der Kinder auswirken würde (E. R. 17).

Zu diesen bereits beobachtbaren Entwicklungen kommen die Bemühungen um den Aufbau einer obligatorischen Vorschule hinzu. Allerdings wird man von diesen Bemühungen keinen allzu großen Beitrag zur Realisierung von Chancengleichheit erwarten können, da die obligatorische Vorschule für alle Sechsjährigen erst ab 1975 eingerichtet sein wird, während kompensatorische Maßnahmen nicht später als im 3. oder 4. Lebensjahr einsetzen sollten[625].
Bei der optimistischen Variante der Theorien zur Chancengleichheit glaubt man, durch Schulreformmaßnahmen zum Erfolg kommen zu können. Wie

---

624 Vergl. hierzu *Wieser, Klaus* (1974), Abschnitt 2.2.1: Wirtschaftsstruktur und -entwicklung.
625 S. hierzu die Ausführungen in I.4.2.

gezeigt werden konnte, wies das traditionelle schwedische Schulwesen eine stärkere soziale Auslese auf, als die nach 1962 eingeführte obligatorische Gesamtschule. Insofern könnte man also von einem Erfolg der Reformen sprechen, der die mit den Reformen anfangs verbundenen Hoffnungen jedoch bei weitem nicht erfüllen konnte. Die sich in der Koppelung von Sozialgruppenzugehörigkeit und Ausbildungsentscheidungen ausdrückende Chancenungleichheit wurde nicht nur im direkten, sondern auch in einem (indirekten) Leistungshandikap deutlich: Kinder gleicher Begabung, jedoch mit verschiedenem sozialen Hintergrund erzielten unterschiedliche Schulleistungen (E. R. 21, 22, 29, 30). Dieses Leistungshandikap läßt vermuten, daß die vor Schulbeginn vorhandenen interindividuellen Leistungsunterschiede sich im Verlaufe der Schulzeit verschärften; demnach wäre es die Aufgabe der Schule, für die Beseitigung der in der Schule entstandenen leistungsmäßigen Benachteiligung der Kinder aus den unteren Schichten zu sorgen. Diese Forderung wirft jedoch einerseits all jene Probleme auf, die sich ganz generell einer Individualisierung des Unterrichts, d. h. der Anpassung der pädagogischen Situation an die Fähigkeiten und Interessen jedes einzelnen Schülers entgegenstellen[626], die sich zum anderen aber auch speziell aus der Zielsetzung eines kompensatorisch ausgerichteten individualisierten Unterrichts ergeben[627]. Hieran wird nun deutlich, daß die optimistische Variante der Theorien zur Chancengleichheit eine sehr ehrgeizige pädagogische Konzeption voraussetzt, wie sie bis heute nur ansatzweise besteht. Andererseits ist aber auch festzuhalten, daß der großzügige Ausbau des schwedischen Bildungswesens die Chancen der Kinder aus allen Schichten wesentlich verbesserte, eine ihren Wünschen entsprechende Ausbildung zu erhalten.

Gegen die Schulreform-Theorie spricht, daß die Ablösung des traditionellen Auswahlsystems durch die Zuwahlschule nicht auch das Verschwinden der sozialen Auslese mit sich brachte. Zudem zeigte sich, daß sich der Zusammenhang zwischen Ausbildungsentscheidungen und schichtspezifischen Berufsvorstellungen auf der grundskola-Oberstufe und beim Übergang auf die gymnasialen Schulformen tendenziell verstärkte. Dies bedeutet, daß schulexterne Faktoren einen zunehmenden Einfluß auf die Ausbildungsentscheidungen erhielten. Damit ist nun die strukturelle Variante der Theorien über Chancengleichheit angesprochen, die eine Änderung der ökonomischen wie auch sozialen Struktur als Voraussetzung für die Realisierung schulischer Chancengleichheit ansieht[628].

626 Ausführlich hierzu I.2.4.

627 Vergl. die Ausführungen in I.4.2.

628 Zur neueren Debatte s. *Sachs, Wolfgang* (1973), Die Entmythologisierung der Schule. Amerikanische Beiträge zu Schule und Ungleichheit — vor und nach der *Jencks*-Studie; in: betrifft: erziehung 6 (1973), Heft 11, S. 29 ff.

Da sich die zu Beginn des Reformprozesses gehegte Hoffnung, soziale Benachteiligungen durch eine zunehmende Integration sowie einen starken quantitativen Ausbau des gesamten Bildungswesens zu beseitigen, nicht in gewünschtem Maße erfüllte, setzte sich zunehmend die Einsicht durch, daß die Schaffung bildungsmäßiger Chancengleichheit, die als Beitrag zur Veränderung der Gesellschaft gedacht war, diese Veränderung bis zu einem gewissen Grade bereits voraussetzt. Unter diesem Aspekt gewann die ursprünglich als Ausdruck der Solidarität erhobene Forderung nach gleicher Bewertung geistiger und manueller Tätigkeit bzw., wie man es in Schweden ausdrückt: theoretischer und praktischer Berufe einen neuen Stellenwert. »... die Freiheit, jene Ausbildung zu wählen, für die man sich am meisten interessiert, ist nicht realisierbar, bevor nicht auch der Arbeitsmarkt diese unterschiedlichen Ausbildungen gleich bewertet«[629]. Hieran anknüpfend soll im folgenden der strukturelle Aspekt von Chancengleichheit diskutiert werden.

Bei der Analyse der Reformziele konnte eine inhaltliche Verschiebung des Begriffs bildungsmäßiger Chancengleichheit von dem liberalen Postulat gleicher Startchancen zur soziologisch begründeten Forderung nach leistungsmäßiger Gleichheit der Schüler festgestellt werden[630]. Eine solche Akzentverschiebung kennzeichnet nun alle Teile der schwedischen Gleichheitskonzeption. Diese Behauptung soll mit Hilfe des folgenden Begriffspaares erläutert werden:

Inklusive Kriterien dienen der Rechtfertigung, allen Menschen gleiche Ansprüche oder Belohnungen welcher Art auch immer zu gewähren, während *exklusive Kriterien* ungleiche Ansprüche oder Belohnungen legitimieren sollen[631].

Die inklusiven Kriterien können danach unterteilt werden, ob sie

a) generelle Gültigkeit besitzen, d. h. allen Staatsbürgern ohne jegliche Einschränkungen Ansprüche gewähren oder an

b) spezifische Situationen gebunden sind, in denen alle Staatsbürger gleiche Ansprüche geltend machen können.

Die exklusiven Kriterien können grob in Ansprüche aufgrund von

a) Macht und Geld,

b) Leistungen, die das Individuum erbringt, oder

c) Eigenschaften, die es besitzt, eingeteilt werden.

---

629 *Carlsson, Ingvar* (S 1970), Gleichheit in der Ausbildung, Stockholm: Frihets förlag, S. 9.

630 Ausführlich hierzu I.4.2.

631 Vergl. hierzu *Johansson, Lena* (S 1970), Ausbildung: Theoretischer Teil, Stockholm: Allmänna Förlaget, S. 42 f.; dieses Begriffspaar geht ursprünglich auf *T. H. Marshall* zurück.

Die liberale Variante der Chancengleichheit ist eng an exklusive Kriterien geknüpft: Ausgehend von wie auch immer definierten gleichen Startchancen soll das exklusive Kriterium »Leistung« sowohl den Zugang zu den Ausbildungsvarianten als auch den sozialen Positionen regeln, die wiederum an ungleiche Belohnungen geknüpft sind. Demgegenüber stellte bereits die Einführung der auf freie Zuwahl aufbauenden integrierten Gesamtschule einen Übergang zu inklusiven Kriterien dar, da jeder Schüler das Recht besaß, unabhängig von seinen Leistungen jede beliebige Wahlfachkombination zu belegen.
Die Diskussion des strukturellen Theorieansatzes wird von folgenden Tatbeständen auszugehen haben:
Im marktwirtschaftlich geordneten ökonomischen Bereich, in dem es um die Erstellung und Verteilung knapper Güter und Dienstleistungen geht, kommt exklusiven Kriterien im Zusammenhang mit Wettbewerb und effizienter Produktion entscheidende Bedeutung zu: Sowohl der Zugang zu den Positionen der Güter- und Dienstleistungsproduktion wie auch die Formen der Verteilung des Sozialproduktes regeln sich nach den exklusiven Kriterien Leistung, Geld und Macht.
Dagegen läßt sich der öffentliche Bereich durch das Vorherrschen inklusiver Kriterien kennzeichnen: Die Benutzung öffentlicher Einrichtungen soll allen Bürgern generell oder doch in spezifizierten Situationen zustehen. Nicht zuletzt der Ausbau dieser Sozialeinrichtungen in Schweden wird dazu beigetragen haben, daß inklusive Kriterien sich zunehmend im öffentlichen Bewußtsein auswirkten, ohne daß jedoch gleichzeitig die exklusiven Kriterien des ökonomischen Bereichs grundsätzlich in Frage gestellt wurden. »Im heutigen Schweden ist ein enormer Konflikt zwischen einer zunehmend dominierenden Gleichheitsphilosophie und einem ökonomischen System, das die Differenzierung ökonomischer Bedingungen fördert, gegeben«[632].
Dieser Konflikt besitzt nun unmittelbare Relevanz für das Bildungswesen, das als Teil des öffentlichen Bereichs enge Verzahnungen mit dem ökonomischen Sektor aufweist[633]. Die Untersuchungen zur sozialen Auslese zeigten z. B., daß sich das direkte (leistungsunabhängige) soziale Handikap in der grundskola zwar stark verringert hatte, wenn eine weite Definition studienbezogener Ausbildung zugrunde gelegt wurde, daß es sich aber auf den direkt auf das Gymnasium und die Universität führenden Varianten auch nach Einführung der Gesamtschule nicht geändert hatte (E. R. 26). M. a. W.: Auf jenen Ausbildungswegen, die Zugang zu den Positionen mit den höchsten Belohnungen eröffneten, hatte sich keine Veränderung der sozial

632 *Dahlström, Edmund* (S 1971), S. 235.
633 Vergl. auch *Bengtsson, Jarl* (S 1972), S. 153.

bedingten Benachteiligungen ergeben. Die Einführung des inklusiven Kriteriums der freien Zuwahl vermochte die durch Geld, Macht und soziales Prestige definierten exklusiven Kriterien des Arbeitsmarktes und das heißt hier auch: der sozialen Schichtung der schwedischen Gesellschaft nicht außer Kraft zu setzen.

Die Ende der 60er Jahre vorgenommene Vereinheitlichung bzw. Entdifferenzierung der Gesamtschule[634] kann so betrachtet als Versuch einer gewissen Loskoppelung der Schule von den Bewertungs- und damit auch Schichtungsmustern des ökonomischen Bereichs interpretiert werden. Damit wurde das Problem der sozialen Auslese sozusagen ex definitione beseitigt, da »negative« Zuwahlsmöglichkeiten seit der Einführung des 1969er Lehrplanes nicht mehr vorhanden sind. Dies verschob allerdings das Problem der sozialen Auslese auf die höheren Stufen des Bildungswesens, wo es auf dem gymnasialen Stadium bereits zur Einführung eines additiven Gesamtschultyps gekommen ist und kommen mußte[635].

Andererseits kann nun aber die Vereinheitlichung und Entdifferenzierung des Bildungswesens nicht beliebig weit getrieben werden, da die Schüler auf den Übergang in eine überaus differenzierte und arbeitsteilig organisierte Gesellschaft vorzubereiten sind. So gesehen kann man der Auffassung nur zustimmen, daß die Entscheidung für einen sich nach exklusiven Kriterien regelnden ökonomischen Bereich zugleich die Grenzen bildungsmäßiger Chancengleichheit absteckt[636].

So paradox das nun auch klingen mag, diese sozio-strukturell bedingten Reformprobleme führten dazu, Chancenungleichheit stärker als vorher als pädagogisches Problem anzusehen: Einmal lenkten nämlich die entdifferenzierenden Reformmaßnahmen den Blick von den schulorganisatorischen zu den primär pädagogischen Problemen des individualisierten Unterrichts hin. Zum anderen hat sich seit Anfang der 70er Jahre die Einsicht verstärkt, daß Reformen des traditionell aufgebauten Bildungswesens, das fast ausschließlich von Jugendlichen besucht wird, alleine nicht weiterhelfen werden. Dies wurde damit begründet, daß sich die bildungsmäßige Kluft zwischen der jungen und alten Generation durch die Reformen so sehr verbreitert habe, daß zur Überwindung der neu entstandenen generationsmäßigen Chancenungleichheit das Schwergewicht in Zukunft auf der Erwachsenenbildung liegen müsse. Ferner begann man unter dem Schlagwort einer »wiederkehrenden Ausbildung« (återkommande utbildning, recurrent education) eine Bildungskonzeption zu diskutieren, die die Trennung zwischen Ausbildung in der Jugend und Berufsarbeit im Er-

634 Ausführlicher zu diesen Reformmaßnahmen s. I.2.2. u. I.2.3.
635 S. hierzu die ausführliche Analyse von *Wieser, Klaus* (1974).
636 Vergl. *Bengtsson, Jarl* (S 1972), S. 153.

wachsenenalter durch eine lebenslange Integration von Ausbildung und Arbeit aufheben soll[637]. Die mit dieser Konzeption angestrebte Pädagogisierung der Gesellschaft würde — im Gegensatz zu den Entwicklungen auf der Grundstufe — auf eine stärkere Koppelung des Bildungswesens an den ökonomischen Sektor und vice versa hinauslaufen, was nach CERI »one of the more promising strategies aimed at equalizing educational opportunity« ist[638]. Da eine Diskussion dieser Konzeption den Rahmen dieser abschließenden Bemerkungen bei weitem sprengen müßte, wollen wir uns auf folgende zusammenfassende Ausführungen beschränken.

Festzuhalten ist — insbesondere für bundesrepublikanische Bildungspolitiker —, daß erst die Einführung der integrierten Gesamtschule sowie die »Folge«-Reformen die mit der Forderung nach gleichen Ausbildungschancen verbundenen Probleme sichtbar werden ließ; erst die Reformpraxis führte auch zur Theorie einer »wiederkehrenden Ausbildung« — also einer Bildungskonzeption, die sich deutlich vom Aufbau des traditionellen Bildungswesens unterscheidet.

Festzuhalten bleibt auch, daß die gemessen an den Reformanstrengungen geringen Erfolge nicht als Argument gegen die Gleichheitspolitik interpretiert wurden. Hierzu bemerkte der damalige Ausbildungsminister *Palme:* »Der Pessimismus ist sicherlich eine Folge unrealistischer Erwartungen auf kurze Sicht. Wenn man die Gesellschaft verändern und demokratisieren will, so ist die Schule ohne Zweifel eines unserer vornehmsten Instrumente. Dabei ist allerdings vorauszusetzen, daß sich die Schul- wie auch die übrigen Gesellschaftsreformen im gleichen Takt vollziehen. Wir sollten nicht von der Schule als einem Weg zur Gleichheit und gleichen Möglichkeiten sprechen, wenn wir nicht auch bereit sind, diese Gleichheitsprinzipien in anderen Gesellschaftsbereichen zur Geltung zu bringen. Auch sollten wir nicht allzu große Hoffnungen an die Demokratie in der Schulklasse knüpfen, wenn wir nicht gleichzeitig bereit sind, Demokratie auch an den Arbeitsplätzen außerhalb der Schule zu verwirklichen. Damit die Schule ihre bedeutungsvolle Rolle im Rahmen einer demokratischen Gesellschaftsentwicklung spielen kann, bedarf es deshalb eines gemeinsamen Willens und einer langfristigen Konzeption«[639].

---

637 Vergl. hierzu *Jämlikhet* (S 1969), S. 77 ff.; CERI (1971), S. 33 ff.; *Bengtsson, Jarl* (S 1972), S. 161 ff.; TCO (S 1972), Erwachsenenbildung und wiederkehrende Ausbildung, Stockholm: TCO sowie das Gutachten von U 68: SOU 1973:2, Die Hochschule. Betänkande av 1968 års utbildningsutredning, Stockholm: Utbildningsdepartementet.

638 CERI (1971), S. 33.

639 *Palme, Olof* (S 1968), Politik ist, zu wollen, Stockholm: Prisma, S. 88 f.

Anhang

1. Kreativitätstest

Der Kreativitätstest wurde 1965/66 einer Stichprobe aller 4. bis 9. Klassen Göteborgs vorgelegt; dabei wurden 4 % der Schüler der Grundgesamtheit erfaßt. Die Zahlen der Tabelle 19 ergaben sich aus folgenden Teiltests (ausführlich dazu siehe *Larsson*, Leif, *Sandgren*, Björn (S 1968), En studie av kreativitetsutvecklingen inom årskurserna 4 – 9 samt en undersökning av kreativitens samvariation med intelligens, Göteborg: Pedagogiska institutionen, Göteborgs universitet):

A. Konsequenzen-Test

5 Fragen, die innerhalb von 25 Minuten zu beantworten waren. Es waren soviele Konsequenzen einer hypothetischen Situation wie möglich anzugeben.
Beispiel: Was glaubst du würde passieren, was würde sich verändern und welche Folgen hätte es, wenn die Sonne nie untergehen würde und es also bei Tage wie bei Nacht gleich hell wäre? (Frage 1).
Es wurden zwei Auswertungsverfahren angewandt:

1. Jede denkbare und nicht zu unspezifische Antwort erhielt einen Punkt (Null Punkte z. B. für eine Antwort wie »Das wäre dumm!«). Hierbei kam es also zu keiner qualitativen Bewertung der Antwort, da lediglich gefordert wurde, daß die Antwort in irgendeiner Weise in der Fragestellung verankert sein mußte.
2. Auswertung nach *Kategorien* von Antworten. Hierbei ging man davon aus, daß es »Bereiche« gibt, die einen kleinsten gemeinsamen Nenner für eine Reihe von Antworten darstellen, die »ideenmäßig« nahe beieinander liegen. An Hand der vorliegenden Antworten wurden unterschiedliche »Bereiche« konstruiert, zwischen denen ein »ideenmäßiger« Abstand vorlag.

Ausgehend von der Annahme, daß es leichter ist, unterschiedliche Antworten zu geben, die ein und demselben »Bereich« angehören, als Antworten, die sich auf mehrere »Bereiche« verteilen, erhielten die Schüler nur dann mehrere Punkte, wenn ihre Antworten unterschiedlichen Bereichen zuzurechnen waren.
Zur Problematik dieses Auswertungsverfahrens siehe *Larsson/Sandgren* (S 1968), S. 50 ff.

B. Doodel-Test

Hierbei wurden vieldeutige Figuren vorgegeben, die auf möglichst viele Arten zu deuten waren.

Beispiel: item 5

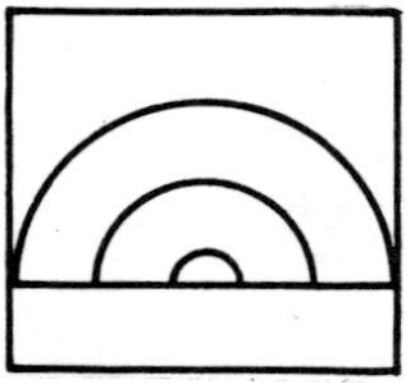

Zwei Aufgaben waren innerhalb von fünf Minuten zu bearbeiten. Auch hier kamen unterschiedliche Bewertungsverfahren zur Anwendung:
1. Jede nicht zu unspezifische Antwort erhielt einen Punkt.
2. Originalitätsbewertung.

Eine Antwort wurde dann als originell klassifiziert, wenn die Figur in irgendeinem Sinne als Ganzheit aufgefaßt wurde. Der in der Antwort unterstellte Zusammenhang mußte seinen Grund in einem Geschehen, einem Ereignis oder einem Funktionszusammenhang von Teilen haben.

Jede so klassifizierte originelle Antwort wurde mit einem Punkt bewertet; zur Problematik dieses Verfahrens siehe *Larsson/Sandgren* (S 1968), S. 52 ff.

C. Warum-Test

Zehn Fragen, die innerhalb von dreißig Minuten zu beantworten waren, bezogen sich auf allgemein bekannte Erscheinungen wie z. B. den Bart des Weihnachtsmannes (Warum hat der Weihnachtsmann einen Bart?) oder die Flügel der Engel (Warum haben die Engel Flügel?).

Dabei wurden folgende Bewertungsverfahren verwendet:
1. Jede Antwort erhielt einen Punkt.
2. Kategorienbewertung.
3. Originalitätsbewertung.

2. Empirische Resultate

E. R. 1: Zwischen Schichtzugehörigkeit und Ausbildung der erwachsenen schwedischen Bevölkerung ist ein klarer Zusammenhang gegeben: Während einer von zehn Angehörigen der Oberschicht lediglich die Volksschule besucht hat, erhöht sich dieser Anteil in der Unterschicht auf acht zu zehn.

E. R. 2: Die Ober- und Unterschicht stellen in ausbildungsmäßiger Hinsicht relativ homogene Sozialgruppen dar, während sich in der Mittelschicht bedeutende Unterschiede in der Ausbildung der verschiedenen Berufsgruppen ergeben.

E. R. 3: Die Inter-Generationen-Mobilität der schwedischen Bevölkerung zeigt, daß die Landbevölkerung tendenziell der Sozialgruppe 3 zustrebt, die ihrerseits stark auf die untere Mittelschicht ausgerichtet ist.

E. R. 4: In der enhetsskola wählten die Schüler beiderlei Geschlechts häufiger eine studienbezogene Ausbildung als im traditionellen System.

E. R. 5: Beim Übergang auf die sekundäre Stufe entschieden sich die Mädchen unabhängig von der Schulform häufiger als die Jungen für einen theoretischen Ausbildungsweg.

E. R. 5 (Spezifizierung): Die Mädchen entschieden sich beim Übergang auf die sekundäre Stufe unabhängig von der Schulform und der Schichtzugehörigkeit der Eltern häufiger für einen theoretischen Ausbildungsweg als die Jungen.

E. R. 6: Innerhalb des traditionellen Schulsystems und der enhetsskola bestand ein ungefähr gleich starker Zusammenhang zwischen Schichtzugehörigkeit und Ausbildungswahl.

E. R. 6 (Spezifizierung): Als Schulform, Geschlecht sowie die Leistungsvariablen Noten und Begabung kontrolliert wurden, zeigten sich weiterhin beträchtliche soziale Unterschiede in der Ausbildungswahl. Die hier festzustellenden Vorteile der enhetsskola im direkten sozialen Handikap können jedoch auch zufällig bedingt gewesen sein.

E. R. 7: Unabhängig von der Schulform und dem Geschlecht wählten Kinder mit Vätern, die mindestens einen Realschulabschluß besitzen, häufiger einen theoretischen Ausbildungsweg als Kinder aus Elternhäusern, wo lediglich ein Volksschulabschluß des Vaters vorhanden ist.

E. R. 8: Unabhängig von der Schulform und dem Geschlecht wählten Kinder von Vätern mit Volksschulausbildung, die aufgrund ihrer *Berufsmerkmale* jedoch der Mittelschicht zugerechnet werden, häufiger eine studienbezogene Ausbildung als Schüler von Vätern, die sowohl aufgrund ihrer Schulbildung als auch ihres Berufes der Unterschicht angehören.

E. R. 9: Unabhängig davon, ob die Begabung oder die Schulnoten kontrolliert wurden, immer waren die Schüler aus den Sozialgruppen A, B und C auf den theoretischen Ausbildungswegen überrepräsentiert, während sich in fast allen Fällen eine starke Benachteiligung der Kinder aus Arbeiter- und Bauernfamilien zeigte.

E. E. 10: Die Begabung der Schüler — gemessen durch einen verbalen, einen induktiven und einen spatialen Test — wies einen Zusammenhang mit der Schichtzugehörigkeit der Eltern auf.

E. R. 11: Die Begabung der Schüler variierte mit der Schulbildung der Eltern: In der Gruppe, in der beide Eltern die gleiche Bildung besaßen, ergaben sich zwischen dem Volksschul- und dem Realschulniveau statistisch signifikante Unterschiede (1 %-Niveau) in allen Begabungsdimensionen (verbal, induktiv, spatial) sowohl bei den Mädchen als auch den Jungen. Ebenso ergab sich ein — wenn auch nicht ganz so starker — Unterschied zwischen Kindern aus Elternhäusern mit Realabschluß auf der einen Seite und Abitur oder akademischem Examen auf der anderen Seite. Zwischen Eltern mit Abitur und akademischem Examen zeigten sich keine Intelligenzunterschiede bei den Kindern.

E. R. 12: In der Gruppe, in der einer der Elternteile eine bessere Ausbildung als der andere besaß, war die Intelligenz der Kinder im Durchschnitt höher als in jenen Elternhäusern, wo beide Eltern dem niedrigeren Ausbildungsniveau angehörten, und niedriger als in den Fällen, wo beide Eltern dem höheren Ausbildungsniveau zuzurechnen waren. Für den Fall Schwedens war es dabei weitgehend gleichgültig, welcher der Elternteile die qualifiziertere Ausbildung besaß.

E. R. 13: Wenn beide Eltern lediglich einen Volksschulabschluß besaßen, aufgrund ihrer Berufsmerkmale jedoch der Mittelschicht zuzuordnen waren, wiesen ihre Kinder das gleiche Intelligenzniveau auf wie die Schüler von Eltern, die beide ein Realschulexamen abgelegt hatten.

E. R. 14: Nur in Familien aus den unteren Schichten, wo mehr als vier Kinder vorhanden sind, scheint die Zahl der Geschwister einen nachteiligen Einfluß vor allem auf das verbale Intelligenztestresultat auszuüben.

E. R. 15: Zwischen Elternhäusern, in denen beide Elternteile die gleiche Schulbildung besaßen, ergaben sich deutliche Unterschiede (1 %-Niveau) in der Einstellung zu einer studienbezogenen Ausbildung der Kinder (zur Einstellungsmessung s. Skala 2, Anhang 3): Eltern mit akademischem Examen oder mit Abitur waren einer höheren Ausbildung gegenüber positiver eingestellt als Eltern mit Realschulexamen und diese wiesen eine beträchtlich höhere Neigung auf, ihren Kindern eine qualifizierte Schulbildung zu empfehlen, als Eltern auf dem Volksschulniveau.

E. R. 16: Jene Eltern, die nur aufgrund ihrer beruflichen Stellung, nicht jedoch ihrer Schulbildung der Mittelschicht angehörten, standen einer weiterführenden Ausbildung der Kinder wesentlich positiver gegenüber als die Eltern, die sowohl aufgrund ihrer schulischen Bildung als auch ihrer beruflichen Qualifikation der Arbeiterklasse angehörten.

E. R. 17: Einerseits variierte die Einstellung der Eltern zur theoretischen Ausbildung der Kinder mit der Schichtzugehörigkeit. Andererseits besaß die Einstellung der Eltern innerhalb aller Schichten einen engen Zusammenhang mit der Begabung (Intelligenz) der Kinder.

E. R. 18: Schichtenspezifische Begabungsunterschiede traten erst im Alter von 2 bis 3 Jahren auf und verschärften sich mit zunehmendem Alter.

E. R. 19: Am stärksten machte sich die Schichtzugehörigkeit der Kinder in den verbal konzipierten Teilen der Intelligenztests bemerkbar, am wenigsten in der räumlichen Komponente.

E. R. 20: Als die Begabung von Schülern der 4. bis 9. Klasse durch einen Kreativitätstest gemessen wurde, verschwanden die in traditionellen Intelligenztests immer wieder festzustellenden sozialen Unterschiede nahezu völlig.

E. R. 21: Schüler aus den höheren Sozialgruppen erhielten bessere Resultate in der standardisierten Kenntnisprüfung, als man dies nach ihrer (verbalen, induktiven u. spatialen) Intelligenz erwartet hätte. Dabei zeigte sich auch hier der stärkste Zusammenhang zwischen Schichtzugehörigkeit und Leistung in den verbal orientierten Teilen der Prüfung.

E. R. 22: Die Kinder aus den oberen Schichten wiesen bessere relative Schulleistungen als die Unterschichtkinder auf. Dabei war es weitgehend egal, ob die relativen Schulleistungen durch die Resultate standardisierter Kenntnisprüfungen bei kontrollierter Intelligenz oder durch die Schulnoten bei Kontrolle der Resultate aus den Kenntnisprüfungen gemessen wurden. Aufgrund dieser Ergebnisse kann man auch sagen, daß die Noten stärker sozial »geladen« waren als die Resultate aus den Kenntnisprüfungen und diese wiederum stärker als die sozial bereits stark beeinflußten Intelligenztestergebnisse.

E. R. 23: Die in der Zuwahlschule gegebene Möglichkeit, unabhängig von den durch die Noten gemessenen Leistungen auf die studienbezogenen Linien überzuwechseln, wurde auf den unteren Notenniveaus in der enhetsskola in beträchtlichem Umfang ausgenutzt. Hierdurch verringerte sich der Zusammenhang zwischen Noten und Ausbildungswahl in der enhetsskola verglichen mit dem traditionellen Schulsystem.

E. R. 24: Der Anstieg der Nachfrage nach theoretischer Ausbildung ging mit einem weitgehenden Abbau der sozialen Auslese einher, wenn von einer weiten Definition studienbezogener Bildung ausgegangen wird; dieser soziale Ausgleich löste sich jedoch nahezu vollständig auf, wenn die direkt auf das Gymnasium und die Universität führenden Ausbildungswege betrachtet werden.

E. R. 25: Die Wahl eines direkt auf das Gymnasium vorbereitenden Ausbildungsweges wies einen stärkeren Zusammenhang mit der Ausbildung als der Schichtzugehörigkeit des Vaters auf.

E. R. 26: Zwischen 1961 und 1966 kam es zu einer starken Verminderung des direkten sozialen Handikaps beim Übergang auf die sekundäre Stufe des Bildungswesens, wenn von einer relativ weiten Definition studienbezogener Ausbildung ausgegangen wird. Legt man der Analyse dagegen nur die direkt studienbezogenen Ausbildungsvarianten zugrunde, so ergaben sich zwischen 1961 und 1966 keine nennenswerten Veränderungen.

E. R. 27: Von 1961 bis 1966 kam es zu einer allgemeinen Erhöhung des Begabungsniveaus dreizehnjähriger Schüler, die insbesondere mit einer Verminderung der großen verbalen Intelligenzunterschiede zwischen Kindern mit unterschiedlichen sozialen Hintergrund einherging.

E. R. 28: Die Mädchen wiesen im Alter von 13 Jahren ungleich bessere verbale relative Schulleistungen auf als die Jungen: Bei gleicher verbaler Intelligenz erhielten sie durchschnittlich um 0,4 Streuungseinheiten bessere Noten als die Jungen.

E. R. 29: Unterschichtkinder erhielten schlechtere Noten in den Sprachfächern, als man dies aufgrund ihrer verbalen Intelligenz erwartet hätte. Dabei entsprachen die Resultate aus der standardisierten Kenntnisprüfung der verbalen Begabung der Unterschichtkinder, nicht jedoch die Schulnoten diesen Prüfungsergebnissen. Das soziale Leistungshandikap zeigte sich also erst dann, als es galt, das verbale Vermögen im sozialen Rahmen der Klasse zur Anwendung zu bringen.

E. R. 30: Unterschichtkinder erhielten schlechtere Mathematiknoten, als man dies nach ihrer mathematischen Intelligenz erwartet hätte. Dabei trat das soziale Leistungshandikap auf, als es galt, die mathematische Intelligenz im Rahmen standardisierter Mathematikprüfungen anzuwenden. Keine soziale Benachteiligung war mehr festzustellen, als es darum ging, die in den Prüfungen dokumentierten Kenntnisse in entsprechende Schulnoten umzusetzen.

E. R. 31: Im Verlaufe der grundskola-Oberstufe (von 13 bis 16 Jahren) verwandelte sich die anfängliche Überrepräsentation der Mädchen auf den studienbezogenen Ausbildungsvarianten in eine Unterrepräsentation beim Übergang auf die gymnasialen Schulformen.

E. R. 32: Während der 60er Jahre verminderte sich der Einfluß der Geschlechtszugehörigkeit und des sozialen Hintergrundes auf die Ausbildungsentscheidungen beim Übergang auf die gymnasialen Schulformen.

E. R. 33: Wie bereits zu Beginn der 60er Jahre kam es auch am Ende des Jahrzehnts im Verlaufe der Gesamtschul-Oberstufe zu einer Verschärfung der sozialen Unterschiede in der Wahl der Ausbildungswege.

E. R. 34: Zwischen den Schichten zeigten sich beträchtliche Unterschiede in den Ausbildungsambitionen: 8 von 10 Oberschichtkindern, jedoch nur 4 von 10 Schülern der Unterschicht entschieden sich bei einer reinen »Wunschwahl« für einen Übergang auf das Gymnasium.

E. R. 35: Sowohl Jungen als auch Mädchen planten häufiger den Besuch des Gymnasiums, wenn sie der sozialen Majorität der Klasse angehörten.

E. R. 36: Unterschichtkinder planten in sozial gemischten Klassenmilieus häufiger auf das Gymnasium überzugehen als in sozial differenzierten Klassen.

E. R. 37: Es bestand eine klare, wenn auch statistisch nicht signifikante Tendenz, daß Jungen aus der Oberschicht in einem stärkeren Maße als die übrigen bestrebt waren, hochqualifizierte Berufswünsche auf der Oberstufe der Gesamtschule beizubehalten.

E. R. 38: Im Alter von 13 bis 16 Jahren wechselten Schüler aus der Oberschicht eher auf höhere Berufsniveaus, Schüler aus den mittleren und unteren Sozialgruppen eher auf die niedrigeren Qualifikationsniveaus über.

E. R. 39: Bei den Mädchen wiesen jene Schülerinnen, die im Verlaufe der Oberstufe ihre Berufswünsche zu einem höheren Qualifikationsniveau hin veränderten, signifikant bessere Intelligenztestergebnisse auf (gemessen durch einen verbalen Test) als die »stabilen« Mädchen, während das Gegenteil im Falle der abwärts mobilen Mädchen festzustellen war. Auch bei den Jungen zeigten sich signifikante Begabungsunterschiede zwischen den aufwärts und abwärts mobilen Schülern.

3. Fragebogen Schule

Ausführlich hierzu *Rovio-Johansson* (S 1972), wo die einzelnen Skalen diskutiert werden. Die folgenden Fragen sind aus *Hörlyk/Kvist* (S 1970), Bilaga 2 entnommen.

Skala 2 Einstellung der Familie zur weiterführenden Ausbildung
(Familjens inställning till högre studier)
(Die Nummern geben den Platz der einzelnen Frage im Fragebogen an)

6) Betrachten Deine Eltern eine fehlende Schulausbildung als großen Nachteil, wenn man im Leben vorankommen will?
(Anser din far och mor att brist på skolutbildning är ett svårt hinder, om man vill komma framåt i livet?)

8) Glaubst Du, daß es interessant sein wird, mit der Schule aufzuhören und zu arbeiten?
(Tycker du det skall bli roligt att få slutta skolan och börja arbeta?)

12) Glauben Deine Eltern, daß Schulkenntnisse im Arbeitsleben sowieso nicht von großer Bedeutung sind?
(Tycker dina föräldrar att man har föga nytta av skolkunskaper i yrkeslivet?)

15) Meinen Dein Vater und Deine Mutter, daß Du weiterhin die Schule besuchen sollst, wenn Du nicht mehr dazu gezwungen bist?
(Anser din far och mor att du skall fortsätta skolan, när du gått de år som du är tvungen att gå?)

18) Meinen Deine Eltern, daß Du Dich vor allem auf einen praktischen Beruf einstellen sollst?
(Tycker dina föräldrar att du i första hand bör inrikta dig på en utbildning till ett praktiskt yrke?)

21) Glauben Deine Eltern, daß man eine sicherere Zukunft besitzt, wenn man die höhere Schule besucht hat?
(Anser dina föräldrar att man får en säkrare framtid, om man går igenom en högre skola?)

4. Schwedische Zitate

Aktuellt från Skolöverstyrelsen (S 1967), specialnummer augusti 1967, S. 17: ». . . en ny och mera tidsenlig lärarprofessionalism«.

Andersson, Bengt-Erik; Wallin, Erik (S 1971), S. 60: »Kameraternas gillande är viktigt, speciellt för vissa ungdomar, men man är också beredd att i vissa situationer acceptera föräldrarnas auktoritet. Man är inte heller beredd att helt förkasta skolan som institution«.
S. 159: »Det finns dock anledning att tro på ett relativt högt samband dem emellan«.
S. 164: ». . . faktorer i hemmiljön, som är knutna till socialgruppen, utövar alltså sin största påverkan i studievalsögonblicket«.

Bengtsson, Jarl (S 1971), S. 44: »Det kan inte uteslutas att barn med jämförliga biologiska förutsättningar under olika sociala förhållanden utvecklas så att de får olika resultat på intelligensmätningar av ett slag som diskuteras här«.
S. 73, Figur 40b: »Ge mig tillfälle att tjäna mycket pengar«,
»Göra det möjligt för mig att arbeta med människor hellre än ting«,
»Ge mig tillfälle att hjälpa andra«.

Bengtsson, Jarl (S 1972), S. 140: »Vad detta jämlikhetsmål konkret innebär råder det sannerligen ingen entydig uppfattning om idag«.

Boalt, Gunnar (S 1967a), S. 145: »... informell sammanvägning av flera faktorer«.

Carlsson, Gösta (S 1969), S. 380: »... klass- eller stratifieringsschemata ...«
S. 411 f.: »... då finns det inte längre klasser i vårt moderna samhälle, kanske inte ens stratifiering. Man kvar står det faktum att det finns social olikhet, en observerbar och inte obetydlig skillnad mellan tämligen grovt och primitivt definierade yrkesgrupper i sådana avseenden som ekonomi och därav styrd konsumtion, i fråga om politik, ideologi och barnens skol och yrkesval. Det är varken orimligt eller ofruktbart att uttrycka det så, att klasser existerar eller att en social stratifiering föreligger och betrakta yrkesgrupperingen som en första approximation till klass- eller statussystemets bestämning«.

Carlsson, Ingvar (S 1970), S. 9: »... friheten att välja den utbildning man känner sig mest intresserad av blir aldrig reell, förrän även arbetsmarknaden värderar dessa olika utbildningar lika högt«.

Dahllöf, Urban (S 1971a), S. 40: »... från faktorsynpunkt tämligen ›rena‹ deltest«.
S. 42: »... vapnen ur händerna«.
S. 46: »... en ganska mörk bild av orienteringsämnena som statiska i sina mål och faktainriktade till sin metodik«.
S. 47: »... i den utbildningsfilosofi och anda som genomsyrar läroplanens mål och riktlinjer«.
S. 126: »... med klart social syftning ...«
S. 134: »Hela grundskolereformen vilar primärt på bedömningen av behovet av mer utbildning från individernas synpunkt i ett föränderligt och alltmer komplicerat samhälle och hela utvecklingen av dess valsystem har basserats på psykologiska och sociala hänsyn«.
S. 140: »... att man kan säga att medlet upphöjs till mål«.

Dahlström, Edmund (S 1971), S. 235: »I dagens Sverige föreligger en enorm konflikt mellan en alltmer dominerande jämlikhetsfilosofi och ett ekonomiskt system som befrämjar differentiering av ekonomiska villkor«.
Erikson, Robert (S 1971), S. 80: »Kvinnorna har inte bara i högre utsträckning än män varit nedåt rörliga till socialgrupp II. De har också i större utsträckning än männen varit uppåt rörliga till socialgrupp II«.

Härnqvist, Kjell (S 1960), S. 114: »Även om konstansen inte är påfallande låg, är förändringarna dock så många redan under ett år att man har anledning att ställa sig tveksam till sådana former av differentiering som är av mera definitivt karaktär eller på annat sätt svår att ändra«.

Härnqvist, Kjell; Grahm, Åke (S 1963), S. 89: »Något tillspetsat skulle man ... kunna säga att pojkarna dras till högre utbildning av sina yrkesambitioner men hindras ibland av dålig skolanpassning. Flickorna lockas till högre utbildning av god skolanpassning men deras yrkesambitioner är ofta sådana att de lika gärna stannar kvar på en lägre utbildningsnivå«.

Hallborg, Monica (S 1973), S. 61, Frage 27: »Om du hadde möjlighet att välja, skulle du då helst vilja vara dig själv eller någon annan«?

Hammarström, Margareta; Hjalmarsson, Lennart (S 1970), S. 1: »... frågans form har bestämt graden av realism i ungdomarnas svar«.

Hörlyk, Sören; Kvist, Göran (S 1970), S. 33: »... en aspirationsnivå som är vanligare inom gruppen«.

Husén, Torsten (S 1971), S. 147: »Det är samhällets skyldighet att se till att varje individ blir maximalt kapabel att ta del i de samhälleliga aktiviteterna«.
S. 168: »Man kan utan överdrift säga, att arbetssättet i det stora flertalet klasserna föga har förändrats under den gångna reformperioden, trots de stora insatser som gjorts vad beträffar hjälpmedel och fortbildning. Klassundervisningen dominerar fortfarande«.

Jämlikhet (S 1969), S. 11: ». . . det är ojämlikheten, klasskillnaderna som stoppar människor i fack och begränsar deras möjligheter att fritt forma sitt liv«.
S. 59: »Utbildning är ett av de viktigaste medlen att förändra samhället«.
S. 69: »Men demokratiseringen inom skolan verkar också som en hävstång i demokratiseringsprocessen av hela arbetslivet. De som under sin utbildning har upplevt medbestämmanderätt kommer att kräva det också i arbetslivet«.

Johansson, Lena (S 1970), S. 9: »Individens, det nuvarande och framtida samhällets behov tänks, om inte sammanfalla, så dock vara jämförelsevis lätt förenliga. Samhället tänks präglat av harmoni snarare än av konflikt — inga påfallande motsättningar mellan individorienterade och samhällsanpassade målsättningar — och antas kunna förändras genom gradvisa reformer snarare än genom revolutionerande omvandlingar — inga påfallande motsättningar mellan samhällsanpassade och samhällsförändrande målsättningar«.

Johansson, Sten (S 1970), S. 85: »Den verklighet som dessa mått söker fånga in är med andra ord så stabil att den knappast missas av det grövsta index«.
Kungl. Maj:ts proposition 1968:129, S. 62: ». . . ett viktigt led i strävandena att förverkliga kravet på demokrati och jämlikhet i samhället«.

Läroplan för grundskolan 1962 (Lgr 62), S. 35: ». . . även i strid med elevens begåvningsmässiga förutsättningar såsom dessa uppfattas av skolan«.
S. 58: »Individualisering i betydelsen *självständigt arbete* är en förutsättning för att läraren skall kunna bedriva enskild handledning eller färdighetsträning och ge den åt de elever som bäst behöver den«.

S. 78: ». . . att ställa sina egna inre och yttre resurser i relation till studiernas och arbetslivets möjligheter och krav«.

Läroplan för grundskolan 1969 (Lgr 69), S. 10: ». . . en fri, självständig och harmonisk människa«.
S. 49: »Jämlikhet och solidaritet utgör viktiga målsättningar på det internationella planet«.

Leissner-Andersson, Inga (S 1968), S. 99: ». . . ett otillräckligt mått på barnets hemmiljö«.

Marklund, Sixten; Söderberg, Pär (S 1964), S. 70: »Skolereformen är i sista hand en politisk fråga«.

Östlund, Margareta (S 1968), S. 80: »åstadkommit en attitydförändring hos det svenska folket, som säkert har bidragit till att göra dessa människor lyckligare«.

Palme, Olof (S 1967), S. 116: ». . . rikta en stöt mot klassamhället«.

Palme, Olof (S 1968), S. 88 f.: »Pessimismen är nog mest en följd av orealistiska förväntningar på kort sikt. Vill man överhuvud förändra och demokratisera samhället så är skolan utan varje tvekan ett av våra förnämsta instrument. Förutsättningen är givetvis att det finns en samklang mellan skolreformer och samhällsreformer i övrigt. Vi bör inte tala om skolan som en väg till jämlikhet och lika möjligheter om vi inte är beredda att inom andra samhällsområden hävda samma jämlikhetsprinciper. Inte heller skall vi fästa alltför stora förhoppningar vid demokrati i klassrummet om vi inte också har en vilja att förverkliga demokratin på arbetsplatser utanför skolan. Det krävs således en gemensam och långsiktig viljeinriktning för att skolan skall kunna spela sin betydelsefulla roll i en demokratisk samhällsutveckling«.

Palme, Olof (S 1970), S. 14: »Den förda utbildningspolitiken speglar en stark tro på utbildningen som ett medel att förändra den sociala verkligheten«.
Rudvall, Göte (S 1970), S. 21: »I regel har endast en mindre del av en skola kunnat engageras i verksamheten, och då denna upphört i form av systematisk försöksverksamhet med rapporteringsskyldighet, tycks ofta återgång ha skett till mera traditionella banor«.

SäU 1962:1, S. 152: ». . . en social reform i vidaste mening med djupgående verkningar för samhällets utveckling på lång sikt«.

Skolöverstyrelsen (S 1959), S. 172: »Därtill behövs måhända en ny lärargeneration och kanske än mer en ny föräldrageneration«.

Skolöverstyrelsen (S 1967), S. 26 ». . . med största sannolikhet inte genomgående valt tillvalsgrupp och linje med hänsyn till intressen«.
S. 31: ». . . som gjort ett i förhållande till de s. k. teoretiska tillvalsalternativen negativt val . . .«
S. 31: ». . . socialt negative miljöer . . .«

Socialdemokraterna (S 1971), S. 4: »Friheten att välja utbildning efter egna anlag blir aldrig verklig förrän man även på arbetsmarknaden värderar dessa olika utbildningar lika högt«.

SOU 1945:60, S. 34: ». . . oberoende av bostadsort och av föräldrarnas sociala och ekonomiska ställning«.

SOU 1948:27, S. 1: Skolväsendet och demokratins samhälle«.
S. 2: ». . . i skilda avseenden är en produkt av andra samhällsformer än demokratins och därför på många sätt står i motsättning till det samhälle den skall tjäna«.
S. 3: »Den enskilde elevens individualitet och personliga förutsättningar bör i skolan inte endast uppmerksammas och respekteras utan vara själva utgångspunkten för uppläggningen av fostran och undervisning«.
S. 34: »En skolklass, en skola är ett kollektiv och har därför förusättningar att genom sitt gemenskapsliv fostra för livet i det större kollektivet, samhället«.

SOU 1961:30, S. 143: »Skolans mål i ett föränderligt samhälle«.
S. 144: »Skolans roll i såväl den enskildes som samhällets liv gör det därtill nödvändigt, att verksamheten inriktas mot framtiden«.
S. 261: ». . . oavsett om de meddelar sig på ett rikt och nyanserat eller torftigt och onyanserat sätt«.

Svensson, Allan (S 1972), S. 17 (im Original gesperrt): »Endast i familjer från lägre sociala strata, där antalet barn överskridar fyra, synes syskonantalet inverka menligt på barnets intelligenstestresultat och då främst i verbala test«.

TCO (S 1970), S. 50: ». . . att sambandet mellan språkutveckling/intelligens och hemmiljö är att hänföra till utbildningsfaktorn snarare än till den sociala klassificeringen som sådan«.

U 68 Debatt (S 1969), S. 24: »Vill man med andra ord skapa ett sådant jämlikhetsbehov att det upplevs som nödvändigt att snabbare förändra samhället?«

Literaturverzeichnis

Aktuellt från Skolöverstyrelsen, (1961), nr. 5—6; (1962), nr. 5—6, Stockholm: Skolöverstyrelsen

Aktuellt från Skolöverstyrelsen, specialnummer augusti, 1967, 1969, 1971, Stockholm: SÖ-Förlaget

Anastasi, Anne (1964), Differential Psychology, 3rd ed., N. Y.: Macmillan

Anderson, C. Arnold (1967), Sociological Factors in the Demand for Education, in: OECD (1967), Social Objectives in Educational Planning Paris: OECD

Andersson, Bengt-Erik (1969a), Studies in Adolescent Behaviour (Project YG: Youth in Göteborg), Stockholm: Almqvist & Wiksell

Andersson, Bengt-Erik (1969b), 9. Project YG (Youth in Göteborg). A Presentation of Background, Design, Instruments, and Population, Göteborg: The Institute of Education, University of Göteborg, mimeo.

Andersson, Bengt-Erik; Ekholm, Mats; Hallborg, Monica (S 1970), UG 65 och UG 65/67. Skolsegregation. Förekomst och vissa effekter därav Göteborg: Pedagogiska institutionen, Göteborgs universitet, hekt.

Andersson, Bengt-Erik; Wallin, Erik (S 1965), UG 63: Instrument, population, genomförande. Project UG, rapport 1 Göteborg: Pedagogiska institutionen, Göteborgs universitet, hekt.

Andersson, Bengt-Erik; Wallin, Erik (S 1971), Tonåringarna och omvärlden, Stockholm: Almqvist & Wiksell

Andrén, Nils (1961), Modern Swedish Government Stockholm: Almqvist & Wiksell

Andrén, Nils (S 1968), Svensk statskunskap, 4. uppl. Stockholm: Liber

Arvidson, Stellan (1968), Die schwedische Schulreform In: MUND der GEW 19 (1968), Nr. 127, S. 5 ff.

Bengtsson, Jarl (S 1971), Val av utbildning och yrke i grundskola och gymnasieskola In: SOU 1971:61

Bengtsson, Jarl (S 1972), Utbildningsval, utbildningsforskning och utbildningsplanering Lund: Studentlitteratur, engl. Zusammenfassung

Berglund, Gösta (S 1970), Kovariansanalys och kvasi-experiment (Pedagogiska rapporter nr. 11) Umeå: Universitetet och Lärarhögskolan, hekt.

Berndtson, Ulla-Christina; Swerlander, Agneta (S 1968), Vilka yrken lockar sextiotalets tonårsflickor? (Individualstatistikprojektet nr. 16)
Göteborg: Pedagogiska institutionen, Göteborgs universitet, hekt.

Bernstein, Basil (1961), Social Structure, Language and Learning.
In: Educational Research 3 (1961), S. 163 ff.

Bernstein, Basil (1971), Der Unfug mit der »kompensatorischen« Erziehung
In: Familienerziehung, Sozialschicht und Schulerfolg
Weinheim/Berlin/Basel: Beltz, S. 21 ff.

Bierschenk, Bernhard (1968), Theorie und Praxis in der Oberstufe der schwedischen Grundschule
Hannover: Schroedel

Bishop, Lloyd K. (1971), Individualizing educational systems.
N. Y./Evanston/London: Harper & Row

Blomqvist, John (S 1961), Elever i två skilda skolmiljöer i och efter årskurs 6
Stockholm: Skolöverstyrelsen

Bloom, Benjamin (1964), Stability and Change in Human Characteristics
N. Y.: Wiley and sons

Bloom, Benjamin (1970), Alle Schüler schaffen es.
In: betrifft: erziehung (1970), nr. 11, S. 15 ff.

Boalt, Gunnar (S 1947), Skolutbildning och skolresultat för barn ur olika samhällsgrupper i Stockholm
Stockholm: Norstedt och söner

Boalt, Gunnar (S 1967a), Socialt beteende, 4. omarb. uppl.
Stockholm: Natur och Kultur

Boalt, Gunnar (S 1967b), Socialpsykologi, 8. uppl.
Stockholm: Almqvist & Wiksell

Boalt, Gunnar; Husén, Torsten (S 1965), Skolans sociologi, 2. uppl.
Stockholm: Almqvist & Wiksell

Boalt, Gunnar; Husén, Torsten (1968), Bildungsforschung und Schulreform in Schweden
Stuttgart: Klett

Carlsson, Gösta (1958), Social Mobility and Class Structure
Lund: Gleerup

Carlsson, Gösta (S 1969), Social stratifiering och rörlighet.
In: *Dahlström,* Edmund (S 1969), Kap. 11

Carlsson, Ingvar (S 1970), Jämlikhet i utbildning
Stockholm: Frihets förlag

Carlsson, Ingvar (1971), Keynote address (Goals and targets of educational policy)
In: OECD (1971), Educational Policies for the 1970's
Paris: OECD, S. 69 ff.

Carlsson, Sten (S 1966), Den sociala omgrupperingen i Sverige efter 1866.
In: Samhälle och riksdag. I. 1966.
Stockholm: Almqvist & Wiksell

Carlsund, Anton (S 1968), Teoretiskt ämnesval för elever i åk 6 från olika skolsystem och socialgrupper (Individualstatistikprojektet nr. 23)
Göteborg: Pedagogiska institutionen, Göteborgs universitet, hekt.

Centern (1970), Equality and Security in a Decentralized Society. Programme adopted by the National Conference of the Swedish Centre Party in 1970
Stockholm: Centern
CERI (centre for educational research and innovation) (1971), Equal Educational Opportunity. 1. A Statement of the Problem with Special Reference to Recurrent Education
Paris: OECD
Coleman, James S. (1968), The Concept of Equality of Educational Opportunity
In: Harvard Educational Review 38 (1968), S. 7—22.
Crites, John O. (1965), Measurement of Vocational Maturity in Adolescence: I. Attitude Test of the Vocational Development Inventory
In: Psychological Monographs: General and Applied, Vol. 79 (1965), No. 2.
Dahlgren, Hans m. fl. (S 1968), Analys och tolkning av målen för grundskolan (Projekt SK nr. 3)
Göteborg: Pedagogiska institutionen, Göteborgs universitet, hekt.
Dahllöf, Urban (S 1967), Skoldifferentiering och undervisningsförlopp. Komparativa mål- och processanalyser av skolsystem I (Göteborg Studies in Educational Science 2)
Stockholm: Almqvist & Wiksell
Dahllöf, Urban (S 1970a), Forskargruppen för processanalyser av utbildningssystem. Kumulativ redovisning för tiden 1/1 1967 — 31/10 1970 (Kompassprojektet no. 32)
Göteborg: Pedagogiska institutionen, Göteborgs universitet, hekt.
Dahllöf, Urban (1970b), The Materials and Methods of Implementation in the Development of the Curriculum. Outline of a Model and some Illustrations from Sweden (Project Compass nr. 21)
Göteborg: Reports from the Institute of Education, University of Göteborg, mimeo.
Dahllöf, Urban (S 1970c), Några problem vid evalueringen av 1970 års grundskolereform. Synpunkter med anledning av en rundfråga från Skolöverstyrelsen (Kompassprojektet nr. 31)
Göteborg: Pedagogiska institutionen, Göteborgs universitet, hekt.
Dahllöf, Urban (S 1971a), Svensk utbildningsplanering under 25 år
Lund: Studentlitteratur
Dahllöf, Urban (1971b), Ability Grouping, Content Validity, and Curriculum Process Analysis
N. Y.: Teachers College Press
Dahlström, Edmund (red.) (S 1969), Svensk samhällsstruktur i sociologisk belysning. 4. uppl.
Stockholm: Läromedelsförlaget
Dahlström, Edmund (S 1971), Klasser och samhällen. Teorier om social skiktning och social integration
Stockholm: Prisma
Dandenell, Anna; Meurling, Brita (S 1968), Vilket samband har moderns respektive faderns utbildning med barnets begåvning och skolprestationer (Individualstatistikprojektet nr. 21)
Göteborg: Pedagogiska institutionen, Göteborgs univ., hekt.

Darley, J. G. (1960), The Theoretical Basis of Interests
In: *Layton, Wilbur L. (1960),* The *Strong* Vocational Interest Blanc. Research and Uses
Minneapolis: University of Minnesota Press, S. 118—145
Dave, R. H. (1963), The Identification and Measurement of Environmental Process Variables that are Related to Educational Achievement. Unpubl. Doctoral Diss.
Chicago: University of Chicago; zitiert nach *Habermas, Jürgen (1968),* Thesen zur Theorie der Sozialisation. Stichworte und Literatur zur Vorlesung im SS 1968, o. O., S. 26
Deutscher Bildungsrat (1970), Einrichtung von Schulversuchen mit Gesamtschulen
In: *Deutscher Bildungsrat (1970),* Empfehlungen der Bildungskommission 1967—1969
Stuttgart: Klett, S. 281 ff.
Dixon, Willis (1965), Society, Schools, and Progress in Scandinavia
Oxford: Pergamon Press
Educational Technology 10 (1970), no. 2: The Changing Role of the Teacher
Egidius, Henry (S 1969), Den svenska skolreformen. Betänkanden och propositioner i urval (Pedagogisk orientering och debatt 26)
Lund: Läromedelsförlagen
Ekholm, Mats (S 1971), Skolans anda och miljö
Göteborg: Pedagogiska institutionen, Göteborgs univ., hekt.
Elmgren, Bo (S 1969), Politik och jämlikhet - Stockholm: Prisma
Elmgren, John (1952), School and Psychology
Stockholm: Ecklesiastikdepartementet
Elmgren, John; Husén, Torsten; Sjöstrand, Wilhelm; Trankell, Arne (S 1959), Skolan och Differentieringen. Fyra professorer har ordet
Stockholm: Almqvist & Wiksell
Erasmi, Tord (S 1964), Studier rörande språkutvecklingen hos barn i åldern 4—6½ år
Göteborg: Pedagogiska institutionen, Göteborgs univ., hekt.
Erikson, Robert (S 1971), Uppväxtförhållanden och social rörlighet
Stockholm: Allmänna Förlaget
Fältheim, Åke (S 1963), Grundskolans pedagogik
Stockholm: Natur och Kultur
Ferguson, George A. (1966), Statistical Analysis in Psychology and Education
N. Y./Toronto/London: McGraw-Hill
Foyer, Lars (S 1961), Former för kontakt och samverkan mellan staten och organisationerna
In: SOU 1961:21, S. 10 ff.
Frick-Strandberg, Kajsa; Westling, Gunilla (S 1968), Trettonåringens begåvning och skolprestationer i relation till föräldrarnas utbildning (Individualstatistikprojektet nr. 24)
Göteborg: Pedagogiska institutionen, Göteborgs universitet, hekt.
Från socialism till ökad jämlikhet. Unveröffentl. Manuskript einer im Herbst 1971 gesendeten Fernsehserie über die Entwicklung der schwedischen Sozialdemokraten
Gesser, Bengt m. fl. (S 1968), Studentekonomiska undersökningen 1968
Lund: Sociologiska institutionen, Lunds universitet

Gesser, Bengt (S 1971), Rekrytering till universitet och högskolor i Sverige
In: SOU 1971:61, S. 126 ff.

Gewerkschaft Erziehung und Wissenschaft (1968), Kräfte und Gegenkräfte. Die pädagogischen und politischen Voraussetzungen der schwedischen Schulreform
Frankfurt a. M.: GEW

Ginzberg, Eli and Associates (1951), Occupational Choice. An Approach to a General Theory
N. Y.: Columbia University Press

Glowka, Detlef (1972), Bildungswesen und Schulreform in Schweden.
In: neue sammlung 12 (1972), heft 5, S. 431 ff.

Gordon, Edmund W. (1972), Toward Defining Equality of Educational Opportunity
In: *Mosteller, F., Moynihan, D. P. (eds.) (1972),* On Equality of Educational Opportunity
N. Y.: Vintage Books, S. 423 ff.

Guilford, Joy P. (1965), Fundamental Statistics in Psychology and Education, 4th ed.
N. Y.: McGraw-Hill

Guilford, Joy P. (1967), The Nature of Human Intelligence
N. Y.: McGraw-Hill

Guilford, Joy P. (1970), Intelligenz und Intelligenztests.
In: *Haseloff, Otto W. (Hg.) (1970),* Struktur und Dynamik des menschlichen Verhaltens
Stuttgart/Berlin/Köln/Mainz: Kohlhammer

Gustafsson, Svea; Henriksson, Anita (S 1969), Syskonantal och intelligens (Individualstatistikprojektet nr. 30)
Göteborg: Pedagogiska institutionen, Göteborgs universitet, hekt.

Gyllensten, Ulla; Nidle, Margaretha (S 1969), Trettonåringars intresseinriktning i relation till begåvningsnivå och social härkomst (Individualstatistikprojektet nr. 26)
Göteborg: Pedagogiska institutionen, Göteborgs universitet, hekt.

Härnqvist, Kjell (S 1958), Reserverna för högre utbildning.
Beräkningar och metoddiskussion.
In: SOU 1958:11. 1955 års universitetsutredning
Stockholm: Ecklesiastikdepartementet

Härnqvist, Kjell (S 1960), Individuella differenser och skoldifferentiering. SOU 1960:13.
Stockholm: Ecklesiastikdepartementet

Härnqvist, Kjell (1966), Social Factors and Educational Choice. A Preliminary Study of Some Effects of the Swedish School Reform (Individualstatistic-project no. 7).
In: International Journal of the Educational Sciences (1966), S. 87—102.

Härnqvist, Kjell (S 1967), Valet av teoretiska studievägar på grundskolans högstadium (Individualstatistikprojektet nr. 11)
Göteborg: Pedagogiska institutionen, Göteborgs universitet, hekt.

Härnqvist, Kjell (1968), Relative Changes in Intelligence from 13 to 18 (Individualstatistic-project no. 15).
In: Scandinavian Journal of Psychology 9 (1968), S. 50—82.

Härnqvist, Kjell, Bengtsson, Jarl (1972), Educational Reforms and Educational Equality. Contribution to a Reader on Social Stratification ed. by R. *Scase* Göteborg: The Institute of Education, University of Göteborg, (Report no. 20), mimeo.

Härnqvist, Kjell; Grahm, Åke (S 1963), Vägen genom qymnasiet. Elevernas syn på valsituationer och studieformer, SOU 1963:15, kurze engl. Zusammenf. Stockholm: Ecklesiastikdepartementet

Härnqvist, Kjell, Svensson, Allan (1967), Milieu social, rendement des élèves et orientation scolaire.
In: Bulletin de Psychologie 20 (1967), 257, S. 782—789.

Hallborg, Monica (S 1973), Klassens sociala miljö och kamratstruktur
Göteborg: Pedagogiska institutionen, Göteborgs universitet, hekt.

Halsey, A. H. (ed.) (1961), Ability and Educational Opportunity
Paris: OECD

Hammarström, Margareta; Hjalmarsson, Lennart (S 1970), Hur stabila är tonårsflickors studie- och yrkesplaner? (Individualstatistikprojektet nr. 33)
Göteborg: Pedagogiska institutionen, Göteborgs universitet, hekt.

Helén, Gunnar (S 1957), Den nioåriga skolan
Stockholm: Folk och samhälle

Henricson, Sven Eric (S 1961), Högstadieelevernas inställning till yrken, ämnen och ämnesval m. m.
Stockholm: 1957 års skolberedning, stencil.

Henrysson, Sten (1964), The Swedish System for Equalizing Marks.
In: Educational Research (1964), nr. 6, S. 156—160

Henrysson, Sten; Åsemar, Carl-Georg (S 1970), Rekryteringen till fackskola och gymnasium.
In: SOU 1970:20. S. 155 ff.

Hentig, Hartmut v. (1968), Systemzwang und Selbstbestimmung
Stuttgart: Klett

Hörlyk, Sören; Kvist, Göran (S 1970), Planerade och faktiska studieval (Individualstatistikprojektet nr. 31)
Göteborg: Pedagogiska institutionen, Göteborgs universitet, hekt.

Hörner, Horst (1970), Demokratisierung der Schule in Schweden
Weinheim/Berlin/Basel: Beltz

Holland, John L. (1968), Explorations of a Theory of Vocational Choice: VI. A Longitudinal Study Using a Sample of Typical College Students
In: Journal of Applied Psychology, *Monograph* Supplement, Vol. 52, nr, 1, part 2, 1968

Hollender, John W. (1967), Development of a Realistic Vocational Choice
In: Journal of Counseling Psychology 14 (1967), S. 314—318

Huhse, Klaus (1968), Theorie und Praxis der Curriculum-Entwicklung. Ein Bericht über die Wege der Curriculum-Reform in den USA mit Ausblicken auf Schweden und England (Studien und Berichte Bd. 13)
Berlin: Institut für Bildungsforschung in der Max-Planck-Gesellschaft

Husén, Torsten (S 1948), Begåvning och miljö
Stockholm: Almqvist & Wiksell

Husén, Torsten (S 1950), Testresultatens prognosvärde
Stockholm: Gebers
Husén, Torsten (1960), Loss of Talent in Selective School Systems: The Case of Sweden
In: Comparative Education Review 4 (1960), nr. 2, S. 70 ff.
Husén, Torsten (S 1963), Skolan i ett föränderligt samhälle
Stockholm: Almqvist & Wiksell
Husén, Torsten (S 1965), Aktivitetspedagogikkens psykologiske forutsetninger
In: *Ness, Einar (red.) (1965),* Arbeids- og aktivitetsskolen i Norge, Europa og USA
Oslo: Gyldendal, S. 108 ff.
Husén, Torsten (1968), Lehrplanforschung in Schweden. Über die allgemeinen Möglichkeiten einer erfahrungswissenschaftlich begründeten Curriculumentwicklung
In: betrifft: erziehung (1968), Nr. 3, S. 13 ff.
Husén, Torsten (1969a), Erziehungswissenschaftliche Forschung und Bildungspolitik
In: betrifft: erziehung (1969), Nr. 8, S. 16 ff.
Husén, Torsten (1969b), Responsiveness and Resistance in the Educational System to Changing Needs of Society: Some Swedish Experiences
In: International Review of Education 15 (1969), S. 476—487
Husén, Torsten (red.) (S 1971), Utbildning år 2000. Utvecklingstendenser i dagsläget och på sikt
Stockholm: Utbildningsförlaget Liber
Husén, Torsten (1972), Social Background and Educational Career. Research Perspectives on Equality of Educational Opportunity
Paris: CERI/OECD
Husén, Torsten m. fl. (S 1956), Standardproven
Stockholm: Almqvist & Wiksell
Husén, Torsten; Dahllöf, Urban (S 1960), Matematik och modersmålet i skola och yrkesliv (Studieförbundet Näringsliv och Samhälle)
Stockholm: Almqvist & Wiksell
Husén, Torsten; Dahllöf, Urban; Bromsjö, Birger (1965), Curriculum Research in Sweden
In: Educational Research 7 (1965), S. 165—185
Hyman, H. H. (1954), The Value System of Different Classes: A Social Psychological Contribution to the Analysis of Stratification
In: *Bendix, R.; Lipset, S. M. (eds.) (1954),* Class, Status, and Power. A Reader in Stratification
London: Routledge & Kegan, S. 426—442
Håstad, Mats; Svensson, Leif; Öreberg, Curt (1968), Some Facts About IMU. A System of Teaching Mathematics in Classes 7—9 Developed by the Swedish Board of Education
Malmö: Hermods
Israel, Joachim (S 1967), Klassbegreppet ur marxistisk och sociologisk synvinkel
In: *Murray, Andreas (red.) (S 1967),* Det svenska klassamhället
Stockholm: Prisma, S. 11 ff.
Israel, Joachim (S 1969), Uppfostran och utbildning

In: *Dahlström*, Edmund (red.) (S 1969), Svensk samhällsstruktur i sociologisk belysning, 4. uppl.
Stockholm: Läromedelsförlagen, Kap. 14

Jansson, Sven; Ljung, Bengt-Olov (S 1970), Vägen genom högstadiet till gymnasiet. En studie av socioekonomiska faktorers betydelse för rekryteringen till gymnasiet för en årskull elever i Västmanlands län (Rapport 45)
Stockholm: Lärarhögskolan, engl. Zusammenf.; eine englische Version findet sich in Scandinavian Journal of Educational Research (1970), no. 1, S. 1—14

Jämlikhet (S 1969). Första rapport från SAP-LO:s arbetsgrupp för jämlikhetsfrågor. Från partikongressen 1969: Alva *Myrdals* föredragning och kongressens beslut
Borås: Prisma; zur deutschen Übersetzung s. *Menningen,* Walter (Hg.) (1971)

Jivén, Lars M. (red.) (S 1968), IMU-projektet: Rapport från utprövningen av IMU-systemet på grundskolans högstadium (I) (Pedagogisk-psykologiska problem nr. 63)
Malmö: Lärarhögskolan

Johannesson, Ingvar (S 1967), Tonåringar i skolan. Högstadieelevers skolanpassning i skilda skolmiljöer. Delrapport III.
Stockholm: Pedagogisk-psykologiska institutionen, Lärarhögskolan

Johansson, Lena (S 1970), Utbildning: resonerande del
Stockholm: Allmänna Förlaget

Johansson, Lena (S 1971), Utbildning: empirisk del
Stockholm: Allmänna Förlaget

Johansson, Sten (S 1970), Om levnadsnivåundersökningen
Stockholm: Allmänna Förlaget

Josefsson, Sture; Rudander, Per-Olof (S 1968), Vilka yrken lockar 13-åriga pojkar under sextiotalet? (Individualstatistikprojektet nr. 20)
Göteborg: Pedagogiska institutionen, Göteborgs universitet, hekt.

Jüttner, Egon (1970a), Der Kampf um die schwedische Schulreform. Eine Darstellung ihres Entstehungsprozesses unter Berücksichtigung politischer, wissenschaftlicher, demographischer, ökonomischer und schulorganisatorischer Aspekte
Berlin: Diss.

Jüttner, Egon (1970b), Zur Sache Bildung. Schweden. Fakten, Analysen, Tendenzen des Bildungswesens
München: Ehrenwirth

Karlberg, Petter u. a. (1968), The Development of Children in a Swedish Urban Community. A Prospective Longitudinal Study, I—IV.
In: Acta Paediatrica Scandinavica, Supplement 187 (1968), bes. S. 81 ff.

Karow, Willi (1969), Individualisierter Mathematikunterricht in Schweden
In: betrifft: erziehung (1969), nr. 2, S. 11 ff.

Klingberg, Göte (S 1966), Grundskoleårens psykologi
Stockholm: Natur och Kultur

Kob, Janpeter (1963), Erziehung in Elternhaus und Schule
Stuttgart: Enke

Kungl. Maj:ts proposition 1950:70. Kungl. Maj:ts proposition till riksdagen angående riktlinjer för det svenska skolväsendets utveckling
Stockholm: Riksdagen

Kungl. Maj:ts proposition 1962:54. Angående reformering av den obligatoriska skolan m. m.
Stockholm: Riksdagen

Kungl. Maj:ts proposition 1968:129. Angående revidering av läroplan för grundskolan
Stockholm: Riksdagen

Läroplan för grundskolan 1962, Lgr 62, 2. uppl. 1964
Stockholm: Skolöverstyrelsen skriftserie 60

Läroplan för grundskolan 1969, Lgr 69, Allmän Del
Stockholm: Skolöverstyrelsens skriftserie 60

Larsson, Leif; Sandgren, Björn (S 1968), En studie av kreativitetsutvecklingen inom årskurserna 4—9 samt en undersökning av kreativitetens samvariation med intelligens
Göteborg: Pedagogiska institutionen, Göteborgs universitet

Lavin, David E. (1965), The Prediction of Academic Performance
N. Y.: Russel Sage Foundation

Lazarsfeld, Paul F., Evidence and Inference in Social Research (Publication no. A-276 of the Bureau of Applied Social Research)
N. Y.: Columbia University

Leissner-Andersson, Inga (S 1968), Om hemmiljöns betydelse för barns intellektuella och sociala utveckling i förskoleåldern
Göteborg: Pedagogiska institutionen, Göteborgs universitet, hekt.

Lewin, Leif (S 1970), Folket och eliterna. En studie i modern demokratisk teori
Stockholm: Almqvist & Wiksell

Liebel, Manfred; Wellendorf, Franz (1971), Schülerselbstbefreiung. Voraussetzungen und Chancen der Schülerrebellion
Frankfurt a. M.: Suhrkamp

Lindblad, Sverker (S 1971), Grundskolans studie- och yrkesorienterande programm. En analys av innehåll och mål med relation till ansvarighetsfrågor (Projekt SK nr. 11)
Göteborg: Pedagogiska institutionen, Göteborgs universitet, hekt.

Lindell, Ebbe m. fl. (S 1966), Elevattityder i årskurs 9 i grundskolan (Pedagogisk-psykologiska problem nr. 28)
Malmö: Lärarhögskolan

Linquist, E. F. (1956), Design and Analysis of Experiments in Psychology and Education
Boston: Houghton, Miffling

Lindstam, R. (S 1965), Normering av en utvecklingsskala för barn i åldern 0—2 år
Göteborg: Pedagogiska institutionen, Göteborgs universitet, hekt.

Lindvall, C. M.; Bolvin, John O. (1970), The Role of the Teacher in Individually Prescribed Instruction
In: Educational Technology 10 (1970), no. 2, S. 37 ff.

Lipson, Joseph I. (1970), Job Description for a Teacher in a New School
In: Educational Technology 10 (1970), no. 2, S. 7 ff.

Ljung, Bengt-Olov (1965), The Adolescent Spurt in Mental Growth
Stockholm: Almqvist & Wiksell

LO (S 1971), Demokrati i företagen. Särtryck ur protokollet från Landsorganisationens 18:e ordinarie kongress
Stockholm: LO
LO/SAP/SUS/SSKF (o. J.), Arbetarrörelsens efterkrigsprogramm. Sammanfattning i 27 punkter
o. O.
Lohmann, Joachim (Hg.) (1969), Gesamtschule — Diskussion und Planung. Texte und Berichte (Pädagogisches Zentrum Berlin), 2. Aufl.
Weinheim: Beltz
Lynn, David B. (1962), Sex-Role and Parental Identification
In: Child Development 33 (1962), S. 550 ff.
Magnusson, David (S 1960), Självvärdering och skolmiljö
SOU 1960:42
Stockholm: Ecklesiastikdepartementet
Marklund, Sixten (S 1960), Enhetsskolan under tio år (Kungl. Skolöverstyrelsens skriftserie 46)
Stockholm: Skolöverstyrelsen
Marklund, Sixten; Söderberg, Pär (S 1964), Grundskolan — framväxt och organisation
Stockholm: Bonnier
Meijer, Hans (S 1956), Kommittépolitik och kommittéarbete. Det statliga kommittéväsendets utvecklingslinjer 1905—1954 samt nuvarande funktion och arbetsformer
Lund: Gleerup, engl. Zusammenf.
Menningen, Walter (Hg.) (1971), Ungleichheit im Wohlfahrtsstaat. Der Alva-MYRDAL-Report der schwedischen Sozialdemokraten
Reinbek: Rowohlt
Merton, Robert K. (1968), Social Theory and Social Structure
N. Y.: The Free Press
Mitscherlich, Alexander (1963), Auf dem Wege zur vaterlosen Gesellschaft. Ideen zur Sozialpsychologie
München: Slg. Piper
Mosteller, F.; Moynihan, D. P. (eds.) (1972), On Equality of Educational Opportunity
N. Y.: Vintage Books
Murray, Andreas (red.) (S 1967), Det svenska klassamhället. En antologi sammanställd av Andreas *Murray*
Stockholm: Prisma
Ness, Einar (red.) (S 1965), Arbeids- og aktivitetsskolen i Norge, Europa og USA
Oslo: Gyldendal
Neymark, Ejnar (S 1945), Skolungdomens vägledning till utbildning och yrke
In: SOU 1945:43, Bilaga V
Neymark, Ejnar (S 1968), Internationell forskning på yrkesvägdledningens område
In: Nordisk Yrkesvägledning 1 (1968), S. 29 ff.
Nordenberg, Lisbeth; Orstadius, Lennart (S 1970), Stabiliteten i tonåriga pojkars yrkesplaner (Individualstatistikprojektet nr. 34)
Göteborg: Pedagogiska institutionen, Göteborgs universitet, hekt.

Norinder, Yngve (1957), The Evolving Comprehensive School in Sweden
In: International Review of Education 3 (1957), S. 257 ff.
Nunner-Winkler, Gertrud (1971), Chancengleichheit und individuelle Förderung. Eine Analyse der Ziele und Konsequenzen moderner Bildungspolitik
Stuttgart: Enke
OECD (1967), Social Objectives in Educational Planning
Paris: OECD
OECD (1971), Educational Policies for the 1970's. Conference on Policies for Educational Growth, Paris 3rd—5th june 1970
Paris: OECD
Ørum, Bente (S 1971), Social bakgrund, intellektuelt niveau og placering i skolesystemet (Studie 20)
Köbenhavn: Socialforskningsinstituttet, engl. Zusammenf.
Östlund, Margareta (S 1968), Analys av grundskolans målsättningar
In: *Dahlgren, Hans m. fl. (S 1968),* Analys och tolkning av målen för grundskolan (Projekt SK nr. 3)
Göteborg: Pedagogiska institutionen, Göteborgs universitet, hekt.
Oevermann, Ulrich (1966), Soziale Schichtung und Begabung
In: Zeitschrift für Pädagogik 6. Beiheft (1966), S. 166 ff.
Oevermann, Ulrich (1969), Schichtenspezifische Formen des Sprachverhaltens und ihr Einfluß auf die kognitiven Prozesse
In: *Deutscher Bildungsrat (1969),* Begabung und Lernen (Gutachten und Studien der Bildungskommission)
Stuttgart: Klett, S. 297 ff.
Orring, Jonas (S 1959), Flyttning, kvarsittning och utkuggning i högre skolor i relation till folkskolans betygsättning (1957 års skolberedning) SOU 1959:35
Stockholm: Ecklesiastikdepartementet
Orring, Jonas (1968a), Aspekte der schwedischen Schulreform
In: Beiträge zur schwedischen Schulreform (1968). Mit Beiträgen von Werner *Bögli* u. a.
Weinheim/Berlin: Beltz, S. 15 ff.
Orring, Jonas (1968b), School in Sweden: A Survey of Primary, Middle and Secondary Education (Amendments up to March 1968)
Stockholm: Skolöverstyrelsen
Palme, Olof (S 1967), Prioriteringsproblemen
In: *Murray, Andreas (red.) (S 1967),* Det svenska klassamhället
Stockholm: Prisma
Palme, Olof (S 1968), Politik är att vilja
Stockholm: Prisma
Palme, Olof (S 1970), Att förändra den sociala verkligheten
In: Utbildningstidningen (1970), nr. 1, S. 14 f.
Paulston, Rolland G. (1968), Educational Change in Sweden: Planning and Accepting the Comprehensive School Reforms
N. Y.: Teachers College Press
Perrucci, Robert (1967), Education, Stratification and Mobility
In: *Hansen, Donald; Gerstl, Joel E. (eds.) (1967),* On Education — Sociological Perspectives – N. Y./Sydney/London: Wiley & sons, S. 105 ff.

P. M. (S 1952), Promemoriam angående den vid 1952 års valstatistik förekommande sociala yrkesgrupperingen
Stockholm: Statistiska Centralbyrån (SCB)

Reuterberg, Sven Eric (S 1968), Val av teoretisk utbildning i relation till sociala och regionala bakgrundsfaktorer (Individualstatistikprojektet nr. 25)
Göteborg: Pedagogiska institutionen, Göteborgs universitet, hekt.

Richardson, Gunnar (S 1967), 1950 års enhetsskolebeslut — en politisk nebulosa
In: Statsvetenskaplig tidskrift 49 (1967), nr. 5, S. 369 ff.

Robinsohn, Saul B. (1971), Bildungsreform als Revision des Curriculum, 3. Aufl.
Neuwied/Berlin: Luchterhand

Roethlisberger, Fritz J.; Dickson, William J. (1939), Management and the Worker
Cambridge/Mass.: Harvard University Press

Rolff, Hans G. (1970), Sozialisation und Auslese durch die Schule
Heidelberg: Quelle und Meyer

Rosenthal, Robert; Jacobson, Lenore (1968), Pygmalion in the Classroom. Teachers Expectation and Pupil's Intellecutal Development
N. Y.: Holt, Rinehart and Winston Inc.

Rovio-Johansson, Airi (S 1972), Individualstatistikundersökningen. II. Undersökningar kring frågeformulär avseende anpassning, motivation och intresseinriktning i skolsituationen (Individualstatistikprojektet nr. 39)
Göteborg: Pedagogiska institutionen, Göteborgs univ., hekt.

Rudemo, Lisbeth (S 1970), Om tonåringars yrkesönskningar (Projekt Ungdom i Göteborg)
Göteborg: Pedagogiska institutionen, Göteborgs univ., hekt.

Rudvall, Göte (S 1970), Växlande gruppstorlek och lagundervisning (VGL): Begreppsdiskussion och probleminventering (Pedagogisk-psykologiska problem nr. 123)
Malmö: Lärarhögskolan

Sachs, Wolfgang (1973), Die Entmythologisierung der Schule. Amerikanische Beiträge zu Schule und Ungleichheit — vor und nach der *Jencks*-Studie
In: betrifft: erziehung 6 (1973), Heft 11, S. 29 ff.

SäU 1962:1. Särskilda utskottets utlåtande nr. 1 vid 1962 års riksdag
Stockholm: Riksdagens protokoll

Samuelsson, Kurt (S 1970), Det fördömda kapitalet. En kritik av den nymarxistiska mytologin
Stockholm: Bonnier

Schorb, Alfons Otto (1970), Der internationale Vergleich als Instrument der Bildungsreform
In: *Hilligen*, W. (Hg.), Pädagogische Forschung und pädagogischer Fortschritt
Bielefeld: Bertelsmann, S. 15 ff.

Sem, Tove (S 1967), Kjønnsroller og studiemotivering
Zitiert nach TCO (S 1970), S. 146

SIFO (S 1969), Föräldrarna, lärarna och grundskolan. En SIFO-undersökning av attityder och information bland föräldrar och lärare hösten 1969
Stockholm: Skolöverstyrelsen

Siegel, Sidney (1956), Nonparametric Statistics for the Behavioral Sciences N. Y.: McGraw-Hill
Sjöstrand, Per (S 1968), Karriärens utveckling — en social-psykologisk analys av yrkesval
Göteborg: Sociologiska institutionen, Göteborgs univ., hekt.
Sjöstrand, Wilhelm (S 1960), För och mot den nya skolan
Stockholm: Natur och Kultur
Sjöstrand, Wilhelm (S 1970), Frihet och jämlikhet. Två grundbegrepp inom 60-talets svenska pedagogik
Uppsala: Gebers
Skolöverstyrelsen (S 1959), Försöksverksamhet med nioårig enhetsskola. Sammanfattande redogörelse för läsåren 1949/50—1958/59
Stockholm: Kungl. Skolöverstyrelsens skriftserie 42
Skolöverstyrelsen (S 1964), Varierande klasstorlek och lagundervisning (Utredningar i skolfrågor 12)
Karlshamn: Skolöverstyrelsen, engl. Zusammenfassung
Skolöverstyrelsen (S 1967), Läroplanöversyn. Grundskolan. Förslag till Kungl. Maj:t angående översyn av läroplan för grundskolan
Stockholm: SÖ-Förlaget
Smelser, Neil J. (1968), Essays on Sociological Explanation.
Englewood Cliffs/N. J.: Prentice-Hall
Socialdemokraterna (S 1971), Skola för jämlikhet
Borås: SAP
SOS (Sveriges officiella statistik), Riksdagsmannavalen 1933—1936
Stockholm: SCB
SOU 1943:19, 1940 års skolutrednings betänkanden och utredningar. Bilaga II: Den psykologiska forskningens nuvarande ståndpunkt i fråga om den psykiska utvecklingen hos barn och ungdom m. m. Utlåtanden avgivna till 1940 års skolutredningen av professorerna G. A. R. *Anderberg;* J. K. G. *Elmgren;* D. *Katz* och *J. Landqvist*
Stockholm: Ecklesiastikdepartementet
SOU 1944:20, 1940 års skolutrednings betänkanden och utredningar. I. Skolan i samhällets tjänst. Frågeställningar och problemläge
Stockholm: Ecklesiastikdepartementet
SOU 1944:21, 1940 års skolutrednings betänkanden och utredningar. II. Sambandet mellan folkskola och högre skola
Stockholm: Ecklesiastikdepartementet
SOU 1945:60, 1940 års skolutrednings betänkanden och utredningar. IV. Skolplikttidens skolformer. I. Allmän del
Stockholm: Ecklesiastikdepartementet
SOU 1948:27, 1946 års skolkommissionens betänkande med förslag till riktlinjer för det svenska skolväsendets utveckling
Stockholm: Ecklesiastikdepartementet
SOU 1961:21, Författningsutredningen. V. Organisationer. Beslutsteknik. Valsystem
Stockholm: Justitiedepartementet
SOU 1961:30, Grundskolan. Betänkande avgivit av 1957 års skolberedning. VI.
Stockholm: Ecklesiastikdepartementet

SOU 1963:42, Ett nytt gymnasium. 1960 års gymnasieutredning. IV. Stockholm: Ecklesiastikdepartementet
SOU 1966:3, Yrkesutbildningen. Yrkesutbildningsberedningen. I. Stockholm: Ecklesiastikdepartementet
SOU 1968:25, Studieprognos och studieframgång. Kompetensutredningen III. Stockholm: Utbildningsdepartementet
SOU 1970:20, Behörighet, meritvärdering, studienprognos. Kompetensutredningen. Stockholm: Utbildningsdepartementet
SOU 1970:21, Vägar till högre utbildning. Kompetensutredningen Stockholm: Utbildningsdepartementet
SOU 1970:71, Svensk ekonomi 1971—1975 med utblick mot 1990. 1970 års långtidsutredning Stockholm: Finansdepartementet
SOU 1971:61, Val av utbildning och yrke. Rapporter från undersökningar genomförda av 1968 års utbildningsberedning 2 Stockholm: Utbildningsdepartementet
SOU 1972:26, 27, Förskolan, del 1 och 2. Betänkande avgivit av 1968 års barnstugeutredning Stockholm: Socialdepartementet
SOU 1973:2, Högskolan. Betänkande av 1968 års utbildningsutredning Stockholm: Utbildningsdepartementet
Satistiska meddelanden, U 1969:3; U 1969:9; U 1971:1. Stockholm: SCB
Stenholm, Britta (1970), Education in Sweden Stockholm: The Swedish Institute
Stukát, Karl-Gustav (1970), Teacher Role in Change (Research Bulletin no. 4, oct. 1970) Gothenburg: School of Education
Svalastoga, Kåre (1959), Prestige, Class and Mobility Kopenhagen: Gyldendal
Svensson, Allan (S 1963), Yrkesönskningar hos elever i 13 årsaldern (Individualstatistikprojektet nr. 3) In: Nordisk Yrkesvägledning (1963), S. 111 ff.
Svensson, Allan (S 1964), Sociala och regionala faktorers samband med över- och underprestation i skolarbetet (Individualstatistikprojektet nr. 5) Göteborg: Pedagogiska institutionen, Göteborgs univ., hekt.
Svensson, Allan (1971), Relative Achievement. School Performance in Relation to Intelligence, Sex and Home Environment (Individualstatistikprojektet nr. 35) Stockholm: Almqvist & Wiksell
Svensson, Allan (S 1972), Hembakgrund och prestationsnivå (Individualstatistikprojektet nr. 40) Göteborg: Pedagogiska institutionen, Göteborgs univ., hekt., engl. Zusammenf.
Svensson, Nils-Eric (1962), Ability Grouping and Scholastic Achievement. Report on a Five-Year Follow-Up Study in Stockholm (Stockholm Studies in Educational Psychology 5) Stockholm: Almqvist & Wiksell

Sveriges Socialdemokratiska Arbetarpartis 25:e kongress 30 september — 7 oktober 1972, dagsprotokoll, måndagen den 2. oktober
Swedner, H.; Edsrand, G. (S 1969), Skolsegregation i Malmö
Lund: Sociologiska institutionen, Lunds univ., hekt.
Tausch, Reinhard (1971), Wesentliche Verhaltensdimensionen und Zusammenhänge der sozialen Interaktion in Erziehung und Unterricht
In: Neuer Stil in Schule und Unterricht. Didaktische Studien, hg. von Ernst *Meyer*
Stuttgart: Klett, S. 70 ff.
TCO (S 1966), Daghem och lekskolor i integrerad förskola
Stockholm: TCO:s Utbildningspolitik 1
TCO (S 1970), Familj och samhälle. Rapport från TCO:s familjepolitiska grupp
Stockholm: Prisma
TCO (S 1971), Demokratisering av arbetslivet. TCO:s kommitté för samarbetsfrågor på arbetsplatsen (SAMKO)
Stockholm: TCO
TCO (S 1972), Vuxenutbildningen och återkommande utbildning
Stockholm: TCO
Teschner, Wolfgang P. (1972), Pädagogische Innovation in Schweden. Eine Fallstudie über die Region Malmö
Stuttgart: Klett
Thorndike, Robert L. (1963), The Concepts of Over- and Underachievement
N. Y.: Teachers College Press, Columbia University
Tomasson, Richard F. (1965), From Elitism to Egalitarianism in Swedish Education
In: Sociology of Education 38 (1965), S. 203 ff.
Trouillet, Bernard (1967), Die schwedischen Schulreformen (Deutsches Institut für Internationale Pädagogische Forschung) 2. Aufl.
Weinheim: Beltz
Trump, J. Lloyd; Baynham, Dorsey (1961), Focus on Change. Guide to Better Schools
Chicago: Rand McNally
U 68 Debatt (S 1969), Mål för högre utbildning
Stockholm: Norstedt & söner
UNESCO (1967), Access to Higher Education from the Point of View of the Social, Economic and Cultural Origins of the Students
Paris: Unesco
Wellendorf, Franz (1969), Soziologische Probleme der Gesamtschule
In: *Lohmann, Joachim (Hg.) (1969),* Gesamtschule — Diskussion und Planung. Texte und Berichte
Weinheim/Berlin/Basel: Beltz, S. 96 ff.
Wieser, Klaus (1974), Bildungspolitik und Gesellschaft in Schweden — Dargestellt am Beispiel der Einführung der »Gymnasialschule« als Berufsgrundschule
Hamburg: Diss.
Wolff, de, P.; Härnqvist, Kjell (1961), Reserves of Ability: Size and Distribution
In: *Halsey, A. H. (ed.) (1961),* Ability and Educational Opportunity
Paris: OECD

Zapf, Wolfgang (Hg.) (1970), Theorien des sozialen Wandels
Berlin: Kiepenheuer & Witsch

Zelditch, jr., Morris (1955), Role Differentiation in the Nuclear Family: A Comparative Study
In: *Parsons, Talcott, Bales, R. F. (1955),* Family, Socialization and Interaction Process
Glencoe/Ill.: The Free Press, S. 307 ff.